U0525898

钱三强
往来书信集注

葛能全　陈丹　编注

世界图书出版公司
北京　广州　上海　西安

图书在版编目（CIP）数据

钱三强往来书信集注 / 葛能全，陈丹编注. —北京：世界图书出版有限公司北京分公司，2023.5
ISBN 978-7-5232-0288-3

Ⅰ.①钱… Ⅱ.①葛…②陈… Ⅲ.①钱三强（1913-1992）—书信集 Ⅳ.①K826.11

中国国家版本馆CIP数据核字（2023）第043455号

书　　名	钱三强往来书信集注 QIANSANQIANG WANGLAI SHUXIN JIZHU
编 注 者	葛能全　陈　丹
策划编辑	徐国强
责任编辑	夏　丹　刘天天
封面设计	陈　陶
出版发行	世界图书出版有限公司北京分公司
地　　址	北京市东城区朝内大街137号
邮　　编	100010
电　　话	010-64038355（发行）　64033507（总编室）
网　　址	http://www.wpcbj.com.cn
邮　　箱	wpcbjst@vip.163.com
销　　售	新华书店
印　　刷	北京中科印刷有限公司
开　　本	787mm×1092mm　1/16
印　　张	34.25
字　　数	510千字
版　　次	2023年5月第1版
印　　次	2023年5月第1次印刷
国际书号	ISBN 978-7-5232-0288-3
定　　价	128.00元

版权所有　翻印必究
（如发现印装质量问题，请与本公司联系调换）

三强鉴。你到法后发寄来一信。均一一收到。去年十一月廿四日五弟寄你一信。内附我一纸。计旬日前可到达。兹将十二月廿九日见你政令杨俊情。因久不得家信。向他独询吾家情形。昨日（十二月卅一日）得十二月九日来信。一一均悉。我身体尚安。惟精神日见衰老。三年久病。血压日高。十二月中请德国医院及日华同仁医院两医检查。均云血压最高时至二二五。最低而头脑稍适时则一九五。医生均切嘱屏除一切事物。绝对静养。最于病体有好释者。为爱惊与愤恕。为摆生计已遵此医嘱

父亲钱玄同致钱三强家书首页　1938年1月1日

钱三强致何泽慧大姐何怡贞向何家堂上的"求亲信"　　1945年9月10日

PARIS. 29 Dec. 1945

Mon cher Powell,

Il y a un mois que je vous ai quitté et je vous remercie beaucoup de votre gentillesse et votre hospitalité envers moi pendant mon séjour à Bristol.

Maintenant à l'occasion d'un ami, M. Chastel, rendant à l'Angleterre, je vous envoie cet petit mot. M. Chastel est un jeune travailleur chez Prof. Joliot, qui va s'occuper aussi de la technique de la méthode photographique. Il a l'intention d'aller à Bristol pour vous demander les renseignements et les conseils. Je vous serais très reconnaissant si vous pouviez lui accorder de facilité pendant son court séjour en Angleterre.

Je vous écrirai dan une autre lettre d'autres questions qui vous intéressent.

Avec meilleurs amitiés et remerciements.

Tsien San Tsang

钱三强致英国物理学家鲍威尔（1950年诺奖得主）的交流信　1945年12月29日
（原件存布里斯托尔大学档案馆，由刘晓采集）

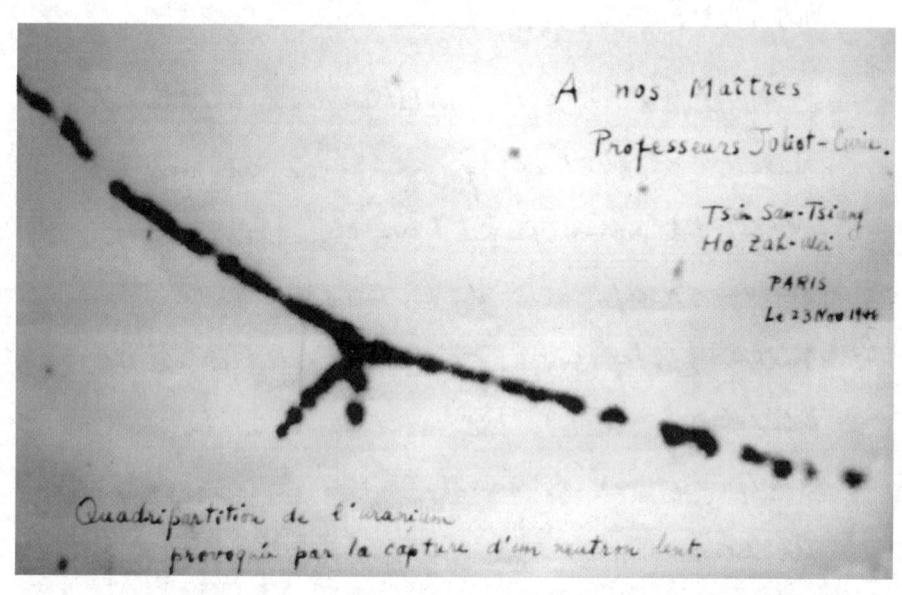

世界首例四分裂照片，由钱三强题赠给其导师约里奥－居里夫妇　1946年11月23日
（原件存巴黎居里博物馆）

钱三强致梅贻琦的受聘信 1947年2月1日
（信件右方及中间为梅贻琦批注，左方为叶企孙批注）

中 国 科 学 院

李局向植物研究所借調之
简焯坡君自徑到局工作後,任計
划方面工作,務工作積挺負責,態
度和靄,全局工作人員愛戴.
現徵得笁局長同意,為便悍来
工作進行方便計,擬請
任用简君為本局計划處长,
是否之處,尚請定奪,此呈

郭院長

錢三強

郭沫若 廿

计划局副局长 錢三強 五月廿日

钱三强致郭沫若的工作函　1950年5月20日
（信件右上为郭沫若批注）

学森同志：

关于肇真同志分你部（即九六部）工作方也一定听采，终了请你对他认该一点评价？

和他的研究室的工作是很有成绩的，应该得到鼓励。

钱三强 3.24

钱学森 1978.3.24

三强同志：

关肇真同志和他的研究室几年十多年来一直深入到国防武器系统的设计中，学习了工程技术人员所到困难之所在，提出了比较系统的理论，理论和实践的联系比较好。但由于过去这几年在科技战线上普遍存在的问题，工程技术人员能真正运用他们理论的人很少，以致未发挥其应有的作用。再一点就是这个研究室的工作还未能推广到其他方面，如民用工业。总之，关肇真同志

钱三强和钱学森会议期间互书便笺　1978年3月24日

SCIENCE AND CIVILISATION IN CHINA PROJECT
THE NEEDHAM RESEARCH INSTITUTE
East Asian History of Science Library, 16 Brooklands Avenue, Cambridge CB2 2BB
Telephone 0223-311545/0223-69252 Telex 817672 VESCOL

9 January 1984

Director: Joseph Needham, FRS, FBA
Associate Director: Lu Gwei-Djen, PhD (Cantab.)
Librarian: Li Chia-Wên (Carmen Lee Kar Man), Dip. Lib.

Professor Chhien San-Chhiang
State Science and Technology Commission
   of the People's Republic
Sanlihe
Beijing
China

My dear Chhien San-Chhiang:

      As my oldest friend among the members of the Science and Technology Commission of China, I feel I must write to you personally to give you my warmest thanks for the great honour which has recently been bestowed upon me. It seems that I am only the seventh man, and the first Westerner, to have been given the National Award (First Class) of the Chinese Science and Technology Commission. I have telegraphed and written to Dr Wu Hêng, expressing my deep gratitude.

      I sincerely hope that you are well and active as ever. I was delighted to get your nice New Year card a few days ago. I always will remember the time we were together in Korea in 1952. I am sure you know that Volume IV Part 1 of "Science and Civilisation in China" was dedicated to you; it appeared ten years later, in 1962, and it is all about the history of physics in China. You may remember that I apostrophised you there as "reader and rider in a time of need", and this was, of course, a quasi-quotation from one of the poems of W.H. Auden. It begins, if I remember right, "'O where are you going?' said reader to rider...", the contrast being, of course between the book-learned scholar on the one hand, and the scholar who takes an active part in public life for the redressing of evils and the well-being of the mass of the people on the other. May you long continue your admirable endeavours!

                Ever your faithful friend,

                Joseph Needham
                李约瑟

李约瑟致钱三强的感谢信　1984年1月9日

写在前头的话

钱三强（1913—1992），一位有成就有建树的实验核物理学家，是20世纪中国颇具声望和影响的科学名人，在国际上也有相当知名度；他出自文化世家，祖父钱振常，清同治进士，曾在绍兴龙山书院教导出蔡元培；父亲钱玄同是"五四"新文化运动的先锋健将，《新青年》的几位轮值编辑之一，曾经在北京绍兴会馆补树书屋催生了鲁迅的第一篇白话小说《狂人日记》，并使得鲁迅的写作"从此以后，便一发不可收"。钱三强本人阅历丰富，结识甚广，亲历过许多科学的、政治的、社会的重要事件，有的还处在一些关节点上。

遗憾的是，钱三强这位有文化渊源、阅世渐宽的科学名人，却没有留下多少往来书信。梳理个中原因，无外乎主观和客观两个方面。

从客观上说，钱三强往来书信少，因为他一生中多半处在外界因素限制的环境下。早期在法国，遭遇"二战"之灾，陷身希特勒占领下的巴黎多年，被禁止对外通信；回国后，他参与中国第一颗原子弹和氢弹的研制工作，因"隐姓埋名"需要断绝个人书信交往，亲朋学友也自觉避而远之；接着，"文革"十年浩劫中，他被"抛出"批斗审查，抄家时，大半辈子的日记、笔记，以及为数不多的信件等统统被抄走，连本子上记的一处香港通信地址，也曾被当作敌特嫌疑线索进行了清查。

主观方面，钱三强一向不习惯动笔写东西，尤其不喜欢写与科学业务无关的书信，后来他意识到这一"缺点"，但说："几十年养成的习惯，要改还是不容易的。"还有一点，他也没有留信的习惯，看完便随手一放。

然而，还是值得庆幸。经过多年方方面面努力搜寻、"捡漏"，特别得到钱先生几位家人（钱德充及钱祖玄、钱民协、钱思进等）和一些学友襄助，终归汇集成这本具有文献价值的《钱三强往来书信集注》，也一定程度上有助于多视角认识钱三强及有关的事和人。

关于这本书的编辑体例，现作如下简述。

（一）本书收集的钱三强往来书信，共计275通（包括信函、电报、明信片、评语、贺词、赠诗），时间跨度近六十年，最早的是1933年（钱三强刚入清华大学物理系），最晚的是1992年6月17日（钱三强逝世前11天）。

（二）本书以附文方式收入若干通信对象不是钱三强的他人信函。书中，有具重要历史意义和研究价值，并与钱三强直接相关的若干他人信函（如：胡适1946年致函约聘钱三强为北大教授，随而为"启动原子物理研究为国防工业用"的计划，专致国防部长白崇禧和参谋总长陈诚的书信；1948年中央研究院总干事萨本栋转达美国大使馆查询钱三强主办北平原子物理研究中心事，致清华大学梅贻琦、北京大学胡适密函等），以引录附于相关信函之下。书后，附录若干人士悼念钱三强致夫人何泽慧等的信函、电报、诗文，这些文字均属亲历者对某些历史事件的记录与述怀，且重要并鲜为人知，弥足珍贵。

（三）所辑书信均按年月日顺序编排。凡月份不详的排该年之末，日期不详的排该月之末。

（四）编者在每封书信的标题下，标注了信件时间和语种、译者、内容大意等信息，以方便读者。

（五）书信据原文照录，外文书信依原文译录，原有错字以小括号及楷体字体在正文处注明，脱字或补足内容以中括号及楷体字体注明；少数带有时代性和因书写习惯产生，而不造成阅读误解的文字（如动词"作"为"做"，语助词"的"与"地"、"的"与"得"等），尊重原文。

（六）为便于读者和研究者了解书信及涉信相关情况，本书加入编者注释，为的是辅以关节性历史材料，起到对简洁信文的扩充作用。"编者注"分三类：（1）对有些书信所涉重要事件的背景及前后情况，以"解说"形式在该信后做必要说明，使得所涉事件及本意更清晰；（2）通信对象中的重要人士，以脚注作简介；（3）书信中一些重要人士用简称或别名的，直接在正文中以小括号及楷体字体形式加注说明。

本书编辑过程中，中国科学院档案馆为查阅相关档案提供了极大方便；世界图书出版公司重视本书出版，特别是徐国强、夏丹、刘天天三位编辑，以认真、细致、专业的工作精神为之付出了大量有效劳动；中国科学院院史研究项目积极支持并给予出版经费支持；科技史专家刘晓教授在采集信函以及本书的出版上给予了有力协助，钱三强与鲍威尔教授的早期通信，是他在布里斯托尔大学采集的，在此一并致以谢忱。

如有不当，诚请指出并批评。

编注者

2022年6月28日

目录

1933 年 —— 父亲钱玄同书勉三强"从牛到爱" / 1

1937 年 —— 于光远为钱三强赴法求学临别赠言 / 3
　　　　　钱三强致艾维超新年寄语 / 4

1938 年 —— 钱玄同致三强 / 6
　　　　　大哥秉雄致三强 / 12

1939 年 —— 大哥秉雄告三强父亡书 / 13

1940 年 —— 伯母单士厘赠三强诗 / 15

1941 年 —— 导师伊莱娜·约里奥 – 居里致钱三强 / 16

1942 年 —— 里昂大学 M. 莫朗致钱三强 / 18

1943 年 —— 何泽慧致钱三强 / 20

1945 年 —— G. P. 汤姆孙致约里奥 / 22
　　　　　伊莱娜·约里奥 – 居里复汤姆孙介绍钱三强 / 24

钱三强致何怡贞 / 26

钱三强致布里斯托尔大学鲍威尔 / 29

1946年　胡适致钱三强约聘电函 / 31

鲍威尔致钱三强 / 34

鲍威尔致钱三强 / 35

钱三强致鲍威尔 / 36

鲍威尔致钱三强 / 38

梅贻琦致（电）钱三强 / 39

钱三强、何泽慧发现首例四分裂致约里奥 – 居里夫妇 / 41

钱三强复（电）梅贻琦 / 43

1947年　钱三强致鲍威尔 / 44

钱三强致梅贻琦 / 49

鲍威尔复钱三强 / 51

梅贻琦复（电）钱三强 / 53

梅贻琦复钱三强 / 54

何泽慧钱三强贺葛庭燧科学发明 / 56

1948年　钱三强致梅贻琦 / 58

约里奥 – 居里夫妇致钱三强评议书 / 65

钱三强致鲍威尔 / 68

钱三强致李书华 / 71

梅贻琦致（电）钱三强 / 73

1949年　钱三强致葛庭燧 / 76

钱三强复《留美学生通讯》编者 / 78

钱三强致约里奥 – 居里夫妇 / 81

钱三强致王淦昌 / 84

1950 年 —— 孟雨致函介绍钱三强在法国 / 86
钱三强致郭沫若 / 88
钱三强致王大珩 / 89
吴有训、钱三强致郭沫若 / 92
约里奥 – 居里夫妇致（电）钱三强 / 93

1951 年 —— 钱三强致严希纯 / 95

1952 年 —— 钱三强致国际调查委员 / 96
钱三强致李约瑟 / 97
郭沫若致钱三强 / 98

1953 年 —— 刘宁一复信介绍钱三强在法国 / 100
袁葆华复信介绍钱三强在法国 / 101
钱三强拟函科学院办公厅 / 102

1954 年 —— 孟雨再致函介绍钱三强在法国 / 104
郭沫若书赠钱三强马克思语录 / 105

1955 年 —— 尹达致钱三强、张稼夫 / 106

1956 年 —— 钱三强致张劲夫 / 107
钱三强致张劲夫 / 110
钱三强致张劲夫 / 113

1959 年 —— 钱三强致中国科学院办公厅 / 115
钱三强致王淦昌 / 116

1960 年 —— 钱三强致（电）刘杰 / 117

1961 年 —— 钱三强、何泽慧致《文字改革》杂志 / 119

　　　　　　　　裴丽生、钱三强致聂荣臻 / 120

1962 年　　　　冼鼎昌致钱三强 / 129
　　　　　　　　冼鼎昌致钱三强 / 131
　　　　　　　　李约瑟题献叶企孙和钱三强 / 132

1965 年　　　　法国 P. 巴杭德致钱三强 / 133

1969 年　　　　钱三强致何泽慧 / 135
　　　　　　　　钱三强致何泽慧 / 137

1970 年　　　　何泽慧致三个子女 / 139
　　　　　　　　钱三强致侄女祖同、祖蕙 / 140
　　　　　　　　钱三强、何泽慧致思进 / 142
　　　　　　　　钱三强、何泽慧致思进 / 143
　　　　　　　　钱三强、何泽慧致祖同 / 144
　　　　　　　　钱三强致五弟夫妇 / 145

1971 年　　　　钱三强致五弟夫妇 / 146
　　　　　　　　钱三强、何泽慧致思进 / 147
　　　　　　　　钱三强、何泽慧致五弟 / 148

1972 年　　　　钱三强、何泽慧致五弟并大哥 / 149

1973 年　　　　钱三强致五弟夫妇 / 150
　　　　　　　　钱三强、何泽慧致五弟夫妇 / 151

1974 年　　　　钱三强致五弟夫妇 / 152

1975 年　　　　马卢西娅·西妮思致钱三强 / 153
　　　　　　　　钱三强致五弟 / 154

1977 年 —— 戴文赛致钱三强 / 155

钱三强致全国地震局长会议 / 160

1978 年 —— 林家翘致钱三强 / 161

钱三强致钱学森 / 163

钱学森复钱三强 / 164

钱三强复李约瑟 / 165

林家翘致钱三强 / 166

钱三强复林家翘 / 167

钱三强致 P. 萨维奇 / 168

钱三强致普列高津 / 169

钱三强致李昌 / 171

杨振宁复钱三强 / 173

钱三强致李昌 / 175

钱三强致方毅 / 176

1979 年 —— 钱三强致杨振宁 / 178

钱三强致王浩 / 179

王浩复钱三强 / 182

钱三强致杨振宁 / 183

钱三强致 A. 玻尔 / 185

钱三强致杨振宁 / 187

杨振宁致钱三强 / 188

陈省身致钱三强 / 189

钱三强致编辑部同志 / 190

A. 布朗利致钱三强 / 192

A. 玻尔复钱三强 / 193

张绍进致钱三强 / 195

钱三强致杨振宁 / 197

钱三强致李政道 / 199

杨振宁致钱三强 / 201

李政道致钱三强 / 202

杨振宁致钱三强 / 203

李政道致钱三强 / 204

钱三强复 A. 布朗利 / 205

中国科学院《图书馆工作》致钱三强 / 207

沈君山复钱三强 / 210

杨振宁致钱三强 / 211

李政道致钱三强 / 212

《长知识》副刊致钱三强 / 213

1980年——— 中国大百科全书出版社致钱三强 / 215

钱三强致于光远 / 219

武衡、于光远、钱三强致方毅、胡乔木 / 221

王淦昌致钱三强 / 223

于光远致武衡、钱三强 / 224

钱三强致方毅 / 225

朱洪元致钱三强 / 226

弗兰克·罗兹致钱三强 / 227

钱三强致于光远 / 229

钱三强致方毅 / 231

钱三强致吴家玮 / 232

周光召致钱三强 / 234

周光召致钱三强 / 236

钱三强致方毅 / 238

杨振宁致周培源、钱三强 / 240

周培源、钱三强复杂振宁 / 241

钱三强致杂振宁 / 242

王应睐致钱三强 / 243

钱三强致"三学"联合学术讨论会 / 246

甘柏致钱三强 / 248

1981年 —— 钱三强、何泽慧致五弟德充 / 250

竺玄致钱三强 / 251

钱三强致李昌 / 254

李昌复钱三强 / 255

钱三强致胡克实 / 256

钱三强致李昌 / 257

钱三强致《物理教学》编辑部 / 259

李昌复钱三强 / 261

曹天钦致钱三强 / 262

钱三强致钱临照 / 269

钱三强致武衡 / 272

李政道致钱三强 / 274

1982年 —— 大哥钱秉雄致三强 / 275

马临致钱三强 / 276

钱三强致杂振宁 / 277

李政道致钱三强 / 279

浙江大学化工系毕业生致钱三强 / 281

钱三强致浙江大学化工系毕业生 / 283

钱三强致卢嘉锡 / 284

钱三强致杂振宁 / 287

钱三强致娘舅徐世燕 / 289

周培源致钱三强 / 291

丁肇中致钱三强、严东生 / 293

钱三强复谢家麟、张厚英 / 296

李昌致钱三强 / 298

李政道致钱三强 / 301

1983年 —— 钱三强致思进 / 302

李政道致钱三强 / 303

商务印书馆致钱三强 / 305

谢毓章致钱三强、何泽慧 / 310

乔玲丽致钱三强 / 311

钱三强致葛能全 / 313

皮埃尔和安娜·约里奥致钱三强 / 315

1984年 —— 李约瑟致钱三强 / 316

周光召致钱三强 / 318

钱三强致葛能全 / 320

钱三强致科学出版社 / 321

钱三强致葛能全 / 324

钱三强致葛能全 / 326

钱三强、何泽慧致五弟夫妇 / 328

钱三强、何泽慧致五弟夫妇 / 330

钱三强致葛能全 / 331

钱三强致思进 / 332

郁文致钱三强 / 333

1985年 —— 钱三强致张麟玉 / 334

刘静宜复钱三强 / 336

钱三强致思进 / 337

钱三强致葛能全 / 338

钱三强致《科学学与科学技术管理》杂志 / 340

钱三强致栾中新 / 342

《中国教育报》编辑部致钱三强 / 343

钱三强致葛能全转《中国教育报》 / 344

钱三强致葛能全 / 347

杜石然致钱三强 / 349

钱三强致葛能全 / 351

钱三强、何泽慧致思进 / 352

胡乔木复钱三强 / 353

1986年 —— 钱三强致科学院办公厅 / 354

钱三强致葛能全 / 355

钱三强致葛能全 / 356

钱三强致葛能全 / 360

葛能全复钱三强 / 361

钱三强复葛能全 / 362

钱三强致葛能全 / 363

袁翰青致钱三强 / 365

钱三强致谷羽 / 366

中央文献研究室周恩来研究组致钱三强 / 368

1987年 —— 周丰一复钱三强 / 372

钱三强致葛能全并转告记者 / 374

中央文献研究室办公室致钱三强 / 376

倪平致钱三强 / 378

大哥秉雄致三强 / 380

钱三强致钱学森 / 381

国务院领导致钱三强 / 383

钱三强致《中国大百科全书》编辑部 / 384

杨振宁致钱三强 / 386

1988年——— 钱三强致葛能全 / 388

钱三强致《中国大百科全书》编辑部 / 391

杨福家致钱三强 / 393

钱三强致葛能全 / 394

钱三强、何泽慧复王豫生 / 396

钱三强致五弟夫妇 / 398

任继愈复钱三强 / 400

王允智致钱三强、何泽慧 / 401

1989年——— 丹尼尔·克里比埃致钱三强 / 402

钱三强致教育科技界人士 / 403

刘盛纲致钱三强 / 404

吴惕生致钱三强、何泽慧 / 406

曾昭璇致钱三强 / 407

张德禄之侄致钱三强 / 408

徐飞致钱三强 / 410

任继愈致钱三强 / 412

王大珩致钱三强祝寿诗 / 413

1990年——— 董光璧致钱三强 / 414

钱三强致国家自然科学基金委员会 / 415

茅以升之女致钱三强 / 417

宋振能致钱三强 / 418

钱三强致国务院总理 / 420

钱三强复茅以升之女 / 423

都学山致钱三强 / 424

葛运培致钱三强 / 425

钱三强致葛能全 / 426

葛能全致钱三强 / 427

钱三强致葛能全 / 428

中共中央文献研究室致钱三强 / 429

王洲致钱三强 / 430

钱三强致陈泓、汤寿根 / 431

胡丕显致钱三强 / 432

钱三强致葛能全 / 434

1991年 张纪夫致钱三强 / 435

钱三强致葛能全转张玉台 / 437

钱三强复葛能全 / 438

钱三强致葛能全 / 439

钱三强致葛能全 / 447

钱三强复宋振能、樊洪业 / 449

钱三强致葛能全并汤寿根、林自新 / 452

徐飞致钱三强 / 453

钱三强致葛能全 / 455

钱三强致钱正英 / 456

钱三强复刘梦梅 / 457

朱光亚复钱三强 / 459

钱学森致钱三强 / 461

钱三强致葛能全 / 462

潘吉星致钱三强 / 463

宋健致钱三强 / 465

1992年 —— 李政道致钱三强、何泽慧 / 467
钱三强复薛攀皋 / 468
徐文镐致钱三强 / 470
葛能全致钱三强 / 471
李政道致钱三强 / 472
栗培良致钱三强 / 473
葛能全致钱三强 / 475

附　　录 —— 宋守信致何泽慧 / 479
顾毓琇致何泽慧 / 480
张劲夫致何泽慧 / 481
彭桓武改《送别钱三强》诗稿致葛能全 / 485
萨本豪忆述钱三强致葛能全 / 487
丁大钊等忆述钱三强致葛能全 / 495

钱三强生平大事年表 / 499
索引 / 511

1933年

父亲钱玄同*书勉三强"从牛到爱"
（1933年10月10日）

从牛到爱

一九三三年双十节为三强书　玄同

解说

1929年，钱三强在李石曾、蔡元培等创办的"孔德学校"高中毕业前夕，偶尔读到孙中山的《建国方略》，为"实业计划"所吸引，想报考上海的交通大学"将来做电机工程师"。在得知上海交大用英文教本而自己在孔德学校所学法文不能适应时，决意先入北京大学读预科，待英文水平提高后再考交大。在北大两年预科期间，他兴趣转至物理学，便于1931年升入北京大学物理系本科，后为清华诸教授讲课所吸引，便又放弃在北大预科、本科的三年学历，于1932年考入清华大学物理系。

1933年10月10日，语言文字学家父亲钱玄同为了表示鼓励与期望，

---

*钱玄同（1887—1939），字德潜，语言文字学家，留学日本，师事章太炎。历任北京大学、北京师范大学教授。"五四"时期，参加新文化运动，编辑《新青年》，提倡白话文，鲁迅的第一部白话小说《狂人日记》，是经他约稿并编辑发表的。致力于国语运动和汉字改革，曾创议并参加拟制国语罗马字拼音方案。"七七事变"后恢复原名"夏"，拒绝伪聘，决不做顺民。

别出心裁为三强写了"从牛到爱"四字横幅，以为勉慰。其时钱玄同解释写这几个字寓意有二：一则喜欢三强属牛的那股子牛劲，要继续发扬，勤于耕耘；二是在物理科学上以牛顿、爱因斯坦为榜样，努力进取。从此，"从牛到爱"陪伴钱三强终生，1992年还被镌刻在他的大理石墓盖上。

"从牛到爱"，也是钱玄同自己认识上的有感而发，标示了这位新文化运动健将由经学到科学的学术思想革新。就如著名学者、香港中文大学前校长金耀基所说："新文化运动不单是反中国传统文化，它基本上是去儒学中心化，进入一个新学时代。真正核心的还有一个转变，就是从经学走向科学。"

1937 年

于光远*为钱三强赴法求学临别赠言

（1937年6月）

钱三强同学赴法求学临别留念

科学与民族解放都是我们所迫切需要的。民族解放事业需要科学的协助，科学也只能在自由独立的国土上开花。让我们将科学与民族解放事业紧紧地配合起来。

于光远题

解说

于光远和钱三强系清华大学物理系同班同学（1934年于从上海大同大学转入清华，时名郁钟正），1936年毕业后，于往广州岭南大学执教，钱至北平研究院物理研究所从事带状光谱研究，并于次年考取法国居里实验室镭学研究生。1937年6月，于光远奉中共外围组织"民族解放先锋队"之命，从广州经上海抵达北平。一天他登门向即将赴法的钱三强送行话别，并在钱三强的一本纪念册里写下"临别赠言"。纪念册"文革"中被抄家抄走，终不明下落，赠言原文引自钱三强1953年2月20日亲笔写的"自传"。

---

*于光远（1915—2013），哲学家、经济学家，中国科学院哲学社会科学部首批学部委员（院士）。曾任中共中央宣传部科学处处长，国务院政治研究室负责人，国家计委经济研究所所长，国家科委副主任，中国社会科学院副院长等。

钱三强致艾维超*新年寄语

（1937年底于巴黎）

这是巴黎一九三七年博览会的苏俄馆的外形。你看这建筑上的一对青年，多么朴实，多么勇敢，象征着复兴国家的精神。维超兄，希望你将来也这样勇敢的参加复兴我们可爱的祖国的工作！

三强

一九三七年底

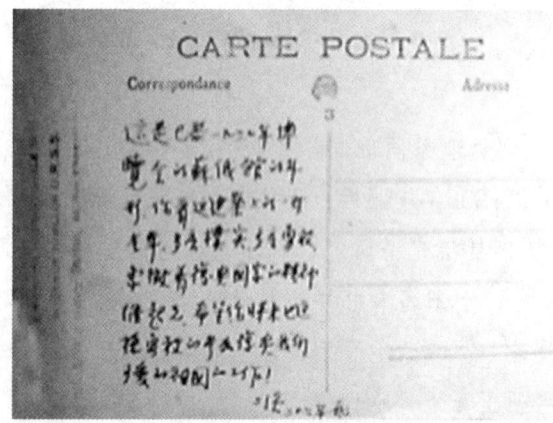

钱三强寄艾维超明信片上手书的新年寄语

明信片正面图像

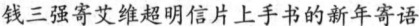

*艾维超（1913—？），教授。上海市人。1936年毕业于清华大学电机专业，1948年获美国匹兹堡大学理学硕士学位。曾任中山大学教授。新中国成立后，历任燕京大学教授、机械系代主任，清华大学、上海工学院和上海机械学院教授、电机系副主任，上海工业大学教授、副校长。中国民主同盟盟员。长时间从事电机理论的教学和研究，主持永磁直线电机磁场的研究，进行超导同步发电机三维场的优化设计获得成果。他的直线电机理论及其应用研究1985年获国家科技进步奖二等奖。

解说

艾维超，曾系钱三强清华大学物理系同室学友（后转入清华电机系），二人关系密切。钱三强清华毕业后于1937年夏考取法国巴黎居里实验室的镭学博士研究生。是年，恰逢巴黎举办世界博览会，钱三强参观博览会购得一枚印有苏联馆建筑（上有两个男女青年手举镰刀斧子标志）的明信片，随信邮寄艾维超作纪念，并在明信片上写下新年寄语，以为互勉。

这枚明信片珍藏70年之后，由艾维超之女艾大惠于2007年11月捐赠给2010年上海世界博览会。

1938年

钱玄同致三强

（1938年1月1日）

三强鉴：

你到法后寄来各信，均一一收到。去年十一月廿四日五弟寄你一信，内附我一纸，计旬日前可以达到，然否。十二月廿九日见你致令扬信，因久不得家信，向他转询吾家情形，昨日（十二月卅一日）得十二月九日来信，一一均尘。我身体尚安，惟精神日见衰老。三年久病，血压日高。十一月中请德国医院及日华同仁医院两处检查，均云血压最高时至二一五，较低而头脑较舒适时则一九五。两处医生均切嘱摒除一切事务，绝对静养。最于病体有妨碍者，为受惊与发怒。为摄生计，已遵照医嘱，谢绝一切应酬，杜门不出，安心养病。偶有老友来访，必先告以只谈风月，或商量旧学，万勿以不相干之事相聒。欲期病体康复，不得不如此也。

你屡次来信，报告近来读书情形，知专心求学，蒸蒸日上，极为欣慰。惟云精神兴趣欠佳，思及家中，时形梦寐，且谓学成以后，未必便能谋得较优之职业，因此觉一身之前途甚为渺茫。此等忧虑，于少年人极不相宜。吾家三世业儒，故料量田产及经营米盐之事非所谙悉。我才尤短，更绌于治生之道，以致近年生活日趋贫困。你有志求学，作显亲扬名荣宗耀祖之想，自是吾家之孝子顺孙。数年以后，领得学位文凭，博得一官半职，继承祖业，光大门楣，便足以上对祖先，下亦慰我老怀，娱我晚景矣，何必鳃鳃忧虑耶。

你常有信来，固所欣盼。惟求学之时，光阴最可宝贵，以后来信，大可简单，我所欲知者，为学业之进度与身体之健康，其余均可不谈。不但家信如此，即与此间诸学友如沈、陈诸君通信，亦当如此。此乃时间经济之道也，切记切记。

大哥尚在其岳家，十二月廿六日尚得其十二月四日来信，云身体壮健如昔，湘君亦较夏间为肥胖。惟因其岳家迁居未定，寄信或恐遗失，你暂时可不必去信，俟得彼来信后，再写信去可也（去信亦以简单为宜）。五弟身体甚好，功课亦有进步。你母亦甚健康。苏郎早已离开北京，回乡过年矣。

我虽闭门养病，但自幼读孔孟之书，自三十岁以后（民五以后），对于经义，略有所窥知。故二十年来教诲后进，专以保存国粹昌明圣教为期，此以前常常向你们弟兄述说者。今虽衰老，不能多所用心，但每日必温习经书一二十页，有时卧病在床，则闭目默诵，此于修养身心最为有益，愿终身行之也。手此即问 近好。

德潜手泐
廿七年元旦

解说

原信均以"。"标点，由编注者根据语意句读。

三强鉴。你到法后，寄来外信。均已妆到。去年十一月廿四日五弟寄你一信。内附我一纸。计旬日前可以达到。兹否。十二月廿九日因你胜含扬信。因久不得家信。向他转询吾家情形。昨日（十二月卅一日）得十二月九日来信。已均坐我身体尚安。惟精神日见衰老。三年久病。血压日高。十二月中请德国医生及日华同仁医院两宴检查。均云血压最高时至二二五。後低而头脑稍觉适时则一九五。医生均切嘱屏除一切事务。绝对静养。最於病体有好转者为受惊与发怒。为择生计已遵此医嘱。

谢绝一切应酬。杜门不出,安心养病,偶有老友来访,必先告以只谈风月,我尚望旧字画勿以兵桐干之事相聒,致期病体康复,不以不如此也。你屡次来信,报告近来读书情形,知专心於当蒸,兴日上,极为欣慰。惟之精神兴趣欠佳,思及家中时形梦寐,且觉学成以後,未必便能谋得较优之职业,因此觉一身之前途甚为渺茫。此等爱虑於少年人极不相宜。吾家三世业儒,故料田产及经营术业之事,我尤为短,更继於诒生之造,以致近年生活日趋贫困,你有志求学

钱玄同1938年致钱三强原信(页二)

作题,亲揭名荣宗耀祖之想。自足吾家之孝子顺孙矣。年少负笈异邦,博得一官半职,继承祖业光大门楣,便足以上对祖先,下亦慰我老怀,娱我晚景矣。何必鳃鳃爱唐耶。你常古信来闻哥欲聆惟求学之时光阴最可宝贵,复来信大可简单,所欲知者为学业之进度与身体之健康其馀均可不谈。不但家信如此,即与此间诸友以沈陈诸君通信亦当以此,此乃向经济之适也。切记。

十二月廿六日发其十二月四日来信。

大哥均在其岳家。

云自作壮健,名芦湘君亦发,甚为肥胖,惟因其岳家

钱玄同1938年致钱三强原信（页四）

大哥秉雄致三强

（1938年5月）

三弟：

你很惦念父母身体和家中情形，听了有关父亲健康的传闻很着急，写来好几封信。令扬说他寄了信给你，想必情况已经知道了吧。

父亲高血压病虽是老毛病，但近年因外部刺激心中恼怒而发展得愈加重了，只能卧床静养。尤其年初，父亲右眼患视网膜炎，每见光亮就头晕目眩，精神感觉疲惫，不能书写，伏案片刻就头重心悸手颤。这是他元旦给你写了长信以后不久发生的事情，可能令扬告诉你了。

我和你嫂在湖州岳父家一住半年不得回京，最近才与你嫂一同回到父母身边。家人的团聚，使父亲的心情略有放宽，母亲情形如常，我们的回来她自然更觉宽慰。

你在巴黎的近况，令扬将他知道的都告诉我了，父母也知道，全家人为你高兴。

一个人在异乡多加珍重，家里有我和你嫂还有五弟，可不过于牵挂。

大哥写于北平

1939年

大哥秉雄告三强父亡书

（1939年1月27日）

三弟：

父亲于一月十七日下午九时三刻逝世。

是日午饭后父亲还出门，下午四时余归家，我在五点左右课毕回家，父亲还和我闲谈。六时余，父亲从南屋走到北屋正预备吃晚饭，他一边谈笑一边走。父亲忽觉一阵头晕便躺在床上，嘴流出痰沫，我急往扶起已不能言语，只做手势命拍背部，吐出痰唾液甚多。我们急请德国医院史大夫来诊，注射一针，医嘱送医院救治。当就雇病车送往德国医院，经其内科主任伊大夫诊断为右脑部溢血，病势危急。当时又打了一针，仍不清醒，只是呼吸稍匀而带痰声。我当时以为还有希望，谁想得到不久呼吸便突然停止，脉搏也渐细了。唉！从那时候起，我们弟兄三个已是无父的孤儿了！

父亲病势危急时，我曾和德国医院方面接洽请协和医院医生共同诊断病况，刚接洽好，医生尚未到，父亲已离我们而去了。这次父亲的突然逝世，我无论如何也想不到。灵柩在家停了七天，现在移殡于法源寺暂厝，已找到北平一处乡间墓地，不日便可入土为安。讣闻等诸事因路远不便计议，好在父亲生前朋友、学生均极操劳，我有许多不清楚，请建功（语言学家魏建功）在昆明报上刊一讣闻。这讣闻稿是兼士、静山、憩之诸先生代拟的。在此发的讣闻署名有父亲大哥方面一系，今稿加上"丧主"二字，则只列我们这一支就行了，这是比较更合于父亲的意思。

父亲故去后，留在北平的学界同仁好友，在刑部街教育部内为父亲举行了追悼会,在外地的朋友们闻讯后,有的致电哀悼,有的写了悼念诗文寄来,我等甚为感激,并以我们三弟兄之名敬致谢忱。

父亲的突然故世对母亲刺激非常重,悲痛的心情你会想像得到,但身体尚可,有我们在身边终日陪伴护理,精神会渐渐好起来的,你可以放宽心,也不必为这突发不幸过于悲哀。在此互致节哀,多多珍重。

秉雄于北平
一九三九年一月廿七日

解说

钱玄同逝世后,先是留北平的学界同仁好友,在刑部街教育部为其举行追悼会,继而5月7日,迁陕西城固的西北联合大学的北平师大校方以西北联大名义开追悼会,国文系同人并以"清酒香花"作为奠仪,怀念他对新文化运动的功绩。时在西北联大的当年留日同在《民报》听章太炎讲《说文解字》的老友许寿裳,为钱玄同写了挽联:"滞北最伤心,倭难竟成千古恨;游东犹在目,章门同学几人存"。另一位国语统一与汉字改革的同人黎锦熙,一气写了四首挽诗"略抒哀感"。

同年7月,国民政府发布明令褒扬钱玄同,算作对他一生所作的"盖棺定论"。令称:

> 国立北平师范大学教授钱玄同,品德高洁,学识湛深。抗战军兴,适以宿疾不良于行,未即离平。历时既久,环境益艰,仍能潜修国学,永葆清操。卒因蛰居抑郁,切齿仇雠,病体日颓,赍志长逝。溯其生平致力教育事业,历二十余载。所为文学,见重一时,不仅贻惠士林,实亦有功党国。应予明令褒扬,以彰幽潜,而昭激劝。此令!

1940年

伯母单士厘*赠三强诗

（1940年6月10日）

庚辰端午家宴，忆三强侄，时在巴黎围城中

今岁天中节，阶兰得二雏。
一家兼戚党（长孙外姑增田夫人同座），四代共欢娱。
不尽樽前话，难忘海外孤。
烽烟怜小阮，无计整归途。

解说

旧历庚辰端午节，系公历1940年6月10日。是日，钱三强的母亲徐婠贞带领长子秉雄、幼子德充等全家，向独居北平中南海别墅的兄嫂单士厘拜节，四代人一起举行家宴，叙谈娱欢中，不禁说起远在巴黎沦陷中的三强，想必处境危困和孤苦。时年八十四岁的单士厘，感慨之下即兴写下五言诗《庚辰端午家宴，忆三强侄，时在巴黎围城中》。

句中"小阮"，系以魏晋文学家、诗人阮籍与其侄阮咸（叔侄均为"竹林七贤"）并称为"大小阮"，后代文人习惯以"大小阮"作为叔侄关系的代称。此处以小阮借喻三强侄。

---

*单士厘（1856—1943），其夫钱恂为清末外交家，官至二品，住中南海别墅，钱曾以随员、参赞和大臣身份出使俄、日、德、法、奥、荷、意、瑞士、埃及、土耳其等国，单氏同行游历诸国，以其广博见闻著有《癸卯旅行记》《归潜记》以及大量诗作，为同辈女性中著述颇丰者。

1941年

导师伊莱娜·约里奥-居里[*]致钱三强

(1941年11月8日　为钱三强准备回国写的工作评语　法文　钱祖玄译)

钱三强先生从1937年起在居里实验室工作。开始他装配一架威尔逊云室，用这台设备研究了α射线穿过含氢物质时产生的质子的径迹和分布。这项工作不但给出了非常好的实验结果，而且带动了理论分析。他用这项工作获得了法国国家博士学位。

通过这项工作他不但验证了用其他方法得到的结果，而且有了新的发现：他观察到6组H射线，每组被一个特定能量的α射线激活，与$^7_3$Li的核能组相对应。大幅度增值表明$^4_2$He与$^1_1$H之间有一个大约8×10^{-13}cm的活动距离；如果把它理解为共振，很难用现有的理论解释。

博士论文通过后，钱三强先生与我合作研究铀的裂变生成的放射性元素的能谱。后来他还接触了很多不同的课题，这使他有机会学到不同的技术。特别是他与Surugue女士合作的项目：利用放射性钍的β射线的能谱的磁偏差来解释一个有争议的问题。另外他做了一个氙气的电离室，用来测量锕系放射性元素发射的低能量γ射线的光（量子）数目。

在所有这些研究工作中，钱三强先生不但表现出他是一个很有才华的实验工作者，而且有很高的科学修养，这使他能够在与同行进行讨论时富

---

[*] 伊莱娜·约里奥-居里（1897—1956），法国物理学家，玛丽·居里夫人的长女，她与其夫弗莱德里克·约里奥（1900—1958）因发现人工放射性并合成新的放射性元素，共同获得1935年诺贝尔化学奖。为了表示彼此尊重，他们互以双姓公开署名（即约里奥-居里）。他们是钱三强博士论文的合作导师。1941年11月，钱三强计划回国，离开巴黎时伊莱娜·居里写下书面评语，表达对其工作及能力的印象。

有成效。

钱三强先生在法国期间熟悉了居里实验室使用的主要的物理和化学技术。他学会了检测矿石中的放射性元素的含量，制备和提纯各种放射性元素：镭D、钋、镭、射钍、锕。他在这些化学工作中表现出在物理工作中同样的聪明，以至于实验室可以交给他一些需要大量的放射性物质的工作。

我坚信，钱三强先生有很高的科学水平，他能够在高等教育和科学研究方面服务于他的国家。他特别适合组建一个放射性和核物理实验室，因为在这个领域他有广泛的理论和实践知识，而且他同时拥有物理学家和化学家的能力，这些对这门科学来讲是绝对必要的。

伊莱娜·约里奥−居里
1941年11月8日

1942 年

里昂大学 M. 莫朗致钱三强

(1942年12月12日　对钱三强在里大短期工作的评语　法文　钱祖玄译)

关于钱三强先生在1941—1942学年的工作报告

钱三强科学博士在过去一年多的时间内做本所助理研究员，他（通过自己的工作以及指导别的研究人员的工作）参加了新的核物理方面的理化物理实验室的组建。钱先生分别指导了两个物理系学生：M. M. Cüer和Coche的毕业论文。前者的课题是"α粒子在照相底版上的作用"；后者的课题是"用电解法分解重水"。钱先生亲自做实验，对这两个课题做了大量的研究。

钱先生积极参与学院的物理研讨会，他曾经作过一个很有意思的报告，是关于其博士论文中的实验结果的理论阐述，该工作是与Beck教授合作完成的。最近他作了题为《α粒子在敏感乳胶底版上的作用》的报告，对课题的研究结果做了全面、独特和准确的阐述。

钱先生具有高水平的从事科学研究及指导他人进行科学研究的素质。他对周围的人非常真挚，这是作为研究学者和教授应有的品质。里昂大学物理实验室感谢他无保留的合作。

M. 莫朗
1942年12月12日

解说

1941年，钱三强回国途中突遇太平洋战事爆发受阻于里昂，既不能前行又无法返回德军占领区巴黎。为生活计，他应比利时籍教授莫朗（M. Morand）所长之邀，临时在里昂大学物理研究所担任助理研究员并指导两名大学生的毕业论文。其间，他利用伊莱娜·居里赠予带回国的少许钋源，研究粒子在照相胶片上的感光作用，写成实验报告《用照相乳胶记录带电粒子》（1943年发表于法国《物理手册》），在里昂物理学会报告时颇受好评；同时，这也为他后来被派往英国布里斯托尔大学鲍威尔教授实验室学习核乳胶技术，并在法国率先应用该项技术打下了专业基础。

1943 年

何泽慧致钱三强

（1943年11月5日，通过国际红十字会）

巴黎　钱三强：

我与家人中断通信很久，如你能与国内通信请转告平安。

何泽慧
1943年11月5日于柏林

解说

这是钱三强、何泽慧清华大学物理系毕业分别七年后第一次通信。第二次世界大战在欧洲爆发后，钱、何所在的法与德互为敌国，断绝了邮路，1943年在国际红十字会干预下，允许交战国邮寄私人信件，但限定每封信不得超过25个单词，并且使用统一格式的专用信纸，包括填写双方姓名、地址、国籍及收信人年龄、出生地等（见下页附信）。

1943年11月5日何致钱原信不存，信中大意系钱三强本人后来的回忆记述。

1944年春，当钱三强家信久无的时候，他同样也给在德国的何泽慧写了25个单词的信，托她便中向北平家人转达平安，使得何家第一次知道了钱三强的名字。据何泽慧妹妹何泽瑛1945年12月4日从苏州写信告知在美国的大姊何怡贞称："第一次听到钱君的大名，是去年五月小阿姊（即何泽慧）由瑞士转来一信中说起他，叫我转告钱的家中说钱三强在法国安好等语，故知道钱的父亲就是钱玄同先生。"

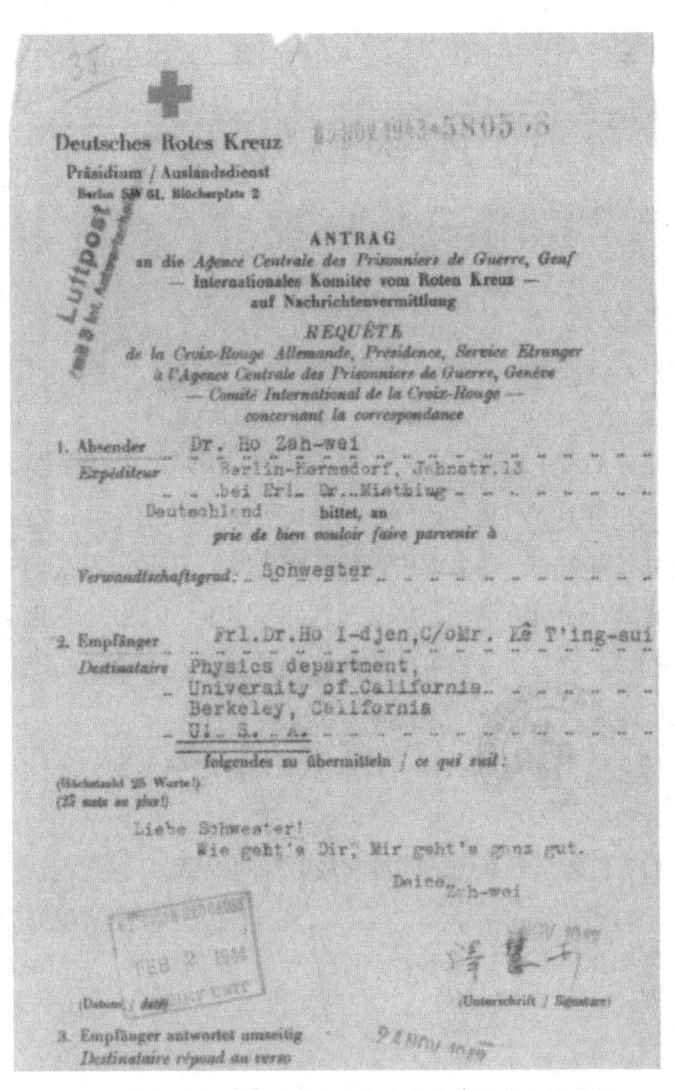

此为1943年11月何泽慧通过国际红十字会寄美国何怡贞信，何泽慧寄法国钱三强的信类此

1945年

G. P. 汤姆孙[*]致约里奥

（1945年6月4日　为接受钱三强工作　英文　钱思进译）

亲爱的约里奥：

钱三强先生通过一位朋友申请到我的实验室来工作。他出示了你和约里奥-居里夫人的证明信。他是一位相当有能力的人，我也十分愿意接受他。只是你们信中未曾提及他的个人品德，不知是否有意忽略。我们不时发现某人在科学上有重大成就，但他却不断与身边的同事发生矛盾。这样的事例你我都可在一些名人中找到。因为我们研究室将会有许多新人加入，并且重新开始研究活动，将会遇到许多困难，因此，我很不愿意使自己困扰在这类麻烦之中。很可能我的担忧是多余的，但是如果我有机会接受他来工作的话，我将会在这方面加以注意。

很遗憾在你上次访问英国时没有见到你。之前见到你和约里奥-居里夫人是多么愉快。

向你们二位致以最亲切的问候和最美好的祝愿。

您忠诚的G. P. 汤姆孙
1945年6月4日

---

[*]G. P. 汤姆孙（1892—1975），英国物理学家（系发现电子获1906年诺贝尔物理学奖的J. J. 汤姆孙之子）。剑桥大学理学博士。英国皇家学会会员。伦敦大学帝国学院教授。因发现电子在晶体中的干涉现象，同发现晶体对电子的衍射现象的C. J. 戴维森（美）共同获得1937年诺贝尔物理学奖。

ERIAL COLLEGE OF SCIENCE AND TECHNOLOGY

ent OF PHYSICS
INSTITUTE ROAD
• KENSINGTON 4861
GE P. THOMSON, M.A., F.R.S.

ROYAL COLLEGE OF SCIENCE
SOUTH KENSINGTON
LONDON - - S.W.7

PHY/T/G

4th June, 1945

My dear Joliot,

  Mr. Tsien San-Tsiang has applied through a friend to work in the laboratory here and has presented a testimonial from you and Madame Joliot-Curie. I should very much like to take him and he is clearly a man of considerable ability but I notice that nothing is said as to his personal qualities and I wonder whether the omission is deliberate. One sometimes finds a man of important scientific attainments who has the capacity of stirring up trouble among those with whom he has to work. We could all think of examples even among the very eminent! As we shall have a lot of new people and many difficulties in starting research again I should be unwilling to hamper myself with trouble of this kind. Most probably, however, my fear is quite unfounded and I should certainly like to take him if I can.

  I was sorry to miss you on your last visit to England, it was such a pleasure to see you and Madame Joliot-Curie on a previous occasion.

  With kindest regards and best wishes to you both,

    Yours very sincerely,

      G. P. Thomson

汤姆孙致约里奥信

（原件存巴黎"居里和约里奥-居里档案馆"，

由P. Radvanyi教授提供复印件给钱思进）

伊莱娜·约里奥-居里复汤姆孙介绍钱三强

(1945年6月12日)

亲爱的汤姆孙教授：

您应当对钱三强先生的情况放心。他是一个十分和蔼可亲的人，而且他又是一个人才。他在我们实验室工作期间，约里奥和我本人同他相处得极其愉快。

谨向亲爱的汤姆孙教授致以最美好的祝愿。

I. 约里奥-居里

1945年6月12日

解说

1945年春英法恢复学术交流伊始，钱三强受约里奥-居里夫妇委派，前往英国布里斯托尔大学鲍威尔教授实验室学习新发明的核乳胶技术（为时约两个月）。离开巴黎时，钱三强提出想趁机去伦敦帝国学院汤姆孙实验室工作一段时间，增加科学阅历，多了解原子核领域的新进展。因此前汤姆孙受约里奥关于链式反应可能性报告启发，申请到了一吨氧化铀，并且正领导莫德委员会（MAUD Committee）研究铀作为爆炸物的用途，包括久闻大名的中子发现者查德威克也在一起从事这项工作。正是莫德委员会的研究报告送到美国，对美国启动曼哈顿计划起了决定性的推动作用。

法国老师约里奥-居里夫妇支持钱三强去汤姆孙实验室工作的计划，并为他写了简短的介绍信，当时汤姆孙团队的工作极为敏感，而约里奥-居里的介绍信过于简短，故汤姆孙亲自致信以解除心中疑虑。

钱三强后来并未去汤姆孙实验室工作，主要是因为1945年9月在布里斯托尔举行的英法宇宙线会议上，他报告了何泽慧从德国海德堡寄来的发现正负电子弹性碰撞照片，被公认为"一项科学珍闻"，登在《自然》杂志上。何获悉后很兴奋，立即给钱写信说她要到法国来，因而钱三强改变留在英国工作的计划回到巴黎，并在巴黎与何泽慧约定婚姻，成为终生科学伴侣。

```
                                12 JUIN 1945.

                        Monsieur le Professeur THOMSON.
                        ROYAL COLLEGE OF SCIENCE
                        SOUTH KENSINGTON
                        LONDON  -S.W.7
                        ─────────────────────────────


    Cher Professeur THOMSON,

         Vous pouvez être tranquille en ce qui concerne M. TSIEN
    SAN-TSIANG. C'est un homme d'un caractère des plus agréables
    en même temps qu'un homme de valeur, et nous avons été extrê-
    mement heureux, M. JOLIOT et moi-même, de son séjour dans
    nos laboratoires.

         Veuillez agréer, Cher Professeur THOMSON, l'expression
    de mes sentiments les meilleurs.


                                              I. JOLIOT-CURIE.
```

伊莱娜复汤姆孙信

（原件存巴黎"居里和约里奥–居里档案馆"，

由P. Radvanyi教授提供复印件给钱思进）

钱三强致何怡贞*

（1945年9月10日　报告与何泽慧约定婚姻）

怡贞女士：

我是从来尚未与您通信的人，请您原谅我的冒昧，并且请您原谅我对您的称呼。

我最近收到令妹泽慧的信，她叫我转写一信给您。

泽慧同我是在清华大学时的同学，一九三六年她到德国，一九三七年我到法国，在居里实验室从若利欧夫妇作关于放射学原子核物理的研究工作。因为战争的关系，我们于一九四〇年论文完结后，都不能回国。自一九四三年冬起她因柏林有受炸的危险，离柏林在海德堡从波特（Bothe）教授作原子核物理方面的工作，极得教授之赞扬。由她的信中知她对于这门物理非常之有兴趣。因为工作的范围相同及互相认识的清楚，我们最近决定将我们未来生活及工作完全连系一起。但是泽慧因为有点小孩脾气，所以叫我向您报告我们的决定，并且希望您能有机会时，代向堂上报告。我们现在尚处于异国，所以没有任何仪式，但是我们相信我们的决定已经如同有过仪式一般。至于将来的事情，尚希望您指教。

现在泽慧尚不能离德，我希望她今年底或者明年初能出德，出德后的事情尚未有具体计划。原则上她可以到法国，因为我是法国科学研究部的研究员，可以代她想办法（工作及生活方面），但是我现在被派到英国作

---

*何怡贞（1910—2008），固体物理学家，中国第一批留美物理学女博士。曾任燕京大学教授、中国科学院金属研究所、固体物理研究所研究员等。

数月的实习，不知将来情形如何？也许我预备在英住一个比较长的时间，若是这样的话，还是泽慧到英国来好，因为语言对她方便。另外在亚洲战事未完时，我们曾作回国前到美一年半载的计划，但是现在环境变了，我们似乎又觉得应该明年春夏回国，作点建设工作以尽我们数年来未参于（与）祖国战事努力的国民义务。你们二位也许对这些事情有类似的考虑，所以很想听听您的高见，并且对于现在美国原子核物理实验室现状也请告诉一些消息（因为以往有原子炸弹之军事秘密问题，听说对于外国人比较不如以前方便）。还有到美国手续及奖学金诸问题，希望您都能代为劳神打听一下。

您住在Cambridge，不知认识汪德熙先生否？他也是我们清华同学，化学系的，如果有机会见到时，请您代为向他致意，并且告诉他的兄嫂汪德昭夫妇尚在巴黎，生活如常。

听泽慧说葛先生是个物理学家，曾在加大物理系作研究，我听了之后非常之高兴，第一多认识一个同行的先进，第二从此更可有地方请教了。若是葛先生不弃的话，希望他不吝加以指教。匆匆不尽

敬祝

俪安

钱三强敬上
一九四五，九，十日

我在英国的通信处为Dr. Tsien San-Tsiang, c/o Mission Scientifique Française, no. 1 Caslton Gardens, London SWI

附：泽慧的意思是叫我将我的"情形"告诉您，请您转告堂上。我想不知应说什么好，只好写一点"历履"罢。

钱三强，浙江吴兴人，民国二年生。清华大学物理系毕业（1936）。国立北平研究院物理研究所研究助理（1936—1937）。考取中法教育基金委员会留法"镭学"公费生（1937）至法居里实验室作放射学的研究工

作。法国国家博士（1940）。居里公费生（1940—1943）。法国科学研究部研究员（1943— ），现在被研究部派在英国各实验室实习数月。

解说

  这是钱三强与何泽慧确定婚姻后写信给何家堂上的"求婚"信，受信人是和丈夫葛庭燧同在美国MIT的大姊何怡贞。大姊收到钱三强的信后，旋将原信转寄国内父母，先是在苏州的母亲王季山看后，感觉或者由于"句子造的曲折"，看了几遍没有看出意思，而当钱信再转寄暂居北平的父亲何澄，他看后则表示"一切均悉，甚慰。慧总算有结果矣，使余减一责任矣"，并同意钱何结合。

  何澄于1946年5月11日突发脑溢血，客逝于画家张大千为他租住的颐和园养云轩，没有见到1948年归国的女儿何泽慧和女婿钱三强。

  钱三强致何怡贞原信见文前插图。

钱三强致布里斯托尔大学鲍威尔[*]

(1945年12月29日　法文　吴颖译)

亲爱的鲍威尔:

离开您已一个月了。非常感谢您在我在布里斯托尔期间对我的关怀和帮助。

这次给您写信,是要向您介绍沙士戴勒先生。他是在约里奥教授这里工作的一位青年学者,想在照相方法技术领域进行研究。他想去布里斯托尔向您请教一些问题,听取您的建议。如果您能在他短暂赴英国期间提供便利,我将非常感谢。

关于其他几个您感兴趣的问题,我将另外给您写信详述。

顺致敬意!

钱三强

1945年12月29日于巴黎

解说

1945年夏,钱三强受约里奥-居里委派前往英国布里斯托尔大学鲍威尔教授实验室学习新发明的核乳胶技术,很快就学会了。鲍威尔对钱很友好,当时专门生产核乳胶的工厂还没有出正式产品,便选了一些未出厂的乳胶板送给钱三强带回法国试用。钱三强的两位导师还派了三个年轻学者

---

[*]鲍威尔(C. F. Powell, 1903—1969),英国物理学家。布里斯托尔大学教授、实验室主任,因发明核乳胶技术及基于该技术对有关介子的研究发现,获得1950年诺贝尔物理学奖。

（沙士戴勒是其中之一）跟他学习研制和使用核乳胶，他们成为法国核乳胶工作的开创者。1946年底，钱三强领导研究组（主要成员有何泽慧）发现铀核三分裂和四分裂现象，就是采用核乳胶作探测得到的成果，因而鲍氏写祝贺信称：我们得到了"反射"过来的荣誉。钱三强和鲍威尔一直保持友谊。

钱三强1945年致鲍威尔信见文前插图。

1946年

胡适致钱三强约聘电函

（1946年 春）

钱三强博士：

　　北京大学约聘您和夫人何泽慧博士为物理系教授。兹汇去800美金以为夫妇二人归国旅费。

北京大学校长　胡适

解说

　　1945年秋，胡适携赵元任（均为钱玄同故交）代表中国政府出席在伦敦举行的联合国教育、科学及文化组织（简称联合国教科文组织，UNESCO）会议（11月1—16日），胡为会议副主席之一。其间，胡、赵得知旧友之子钱三强已是成绩斐然的物理学家，正在布里斯托尔大学研习核乳胶新技术，为聚集人才计，便通过大使馆约见钱三强，执意邀其回国到北京大学执教和研究最新的物理学。随后，胡适又各处罗致物理学人才，于1947年夏郑重致函国防部长白崇禧（字健生）和参谋总长陈诚（字辞修），提出"一件关系国家大计的事"，拟在北京大学成立"原子物理研究中心"，"集中全中国研究原子能的第一流物理学者，专心研究最新的物理学理论与实验，以为国家将来国防工业之用"，而钱三强则被列为"第一流物理学者"的第一名。

附：

胡适致白崇禧、陈诚信函

（1947年，月日不详）

健生、辞修两位先生：

我今天要向你们两位谈一件关系国家大计的事，还要请你们两位把这个意思转给主席，请他考虑这件事。

简单说来，我要提议在北京大学集中全国研究原子能的第一流物理学者，专心研究最新的物理学理论与实验，并训练青年学者，以为国家将来国防工业之用。

现在中国专治这种最新学问的人才，尚多在国外，其总数不过七、八人，切不可使其分散各地，必须集中研究，始可收最大的成效。此七、八人之名如下：

钱三强　现在法国居利实验室，已接受北大聘约。

何泽慧女士（钱三强夫人，其成绩与其夫相埒）　现在法国居利实验室，已接受北大聘约。

胡　宁　前在美国，现在爱尔兰国立研究院，已允来北大。

吴健雄女士　现在歌伦比亚大学（曾在美国战时原子能研究所曼赫丹设计工作），已允来北大。

张文裕　现在美国普林斯敦大学，已允来北大。

张宗燧　现在英国剑桥大学，愿来北大。

吴大猷　北大教授，现在美国密昔根大学。

马仕骏　北大教授，现在美国普林斯敦研究院。

袁家骝（吴健雄之夫）　现在美国普林斯敦大学，已允来北大。

以上九人，可谓极全国之选，皆已允来北大。他们所以愿来北大之主要原因有三：一是他们都不愿分散各地；二是因为北大物理学系已有点基础；三是因为他们颇喜欢北大的学术空气。

我们仔细考虑，决定把北大献给国家，作原子物理的研究中心。人才罗致，由北大负全责。但此项研究与实验，须有充分最新式设备，不能不请国家特别补助，使我们可以给这些第一流专家建造起一个适宜的工作场所。

我们想请两位先生于国防科学研究经费项下指拨美金五十万元，分两年支付，作为北大物理研究所之设备费。第一年之二十五万美金，由北大指定吴大猷、吴健雄在美国负责购备，并指定钱三强、何泽慧在欧洲与英国负责购备，其第二年之二十五万美金，则于明年度另指定专人负责购备。其购置细帐（账），均由北大负全责随时详报告国防部审核。

我知道此数目甚巨，责任甚大，故甚盼两位先生于便中报告主席，请其指示裁夺。

我写此信，绝对不为一个学校设想，只因这些国外已有成绩、又负盛名的学者都表示愿来北大作集中研究，故为国家科学前途计，不敢不负起责任来，担负这个责任。科学研究的第一条件是工作人才。第二条件才是设备。现在人才已可集中，故敢请国家给他们增强设备。此意倘能得两位先生的赞助，我可以断言，我们在四、五年内一定可以有满意的成绩出来。

（引自《胡适书信集》（中），北京大学出版社，1996年9月）

鲍威尔致钱三强

(1946年10月11日　英文　吴颖译)

亲爱的钱：

　　我一直希望在离开巴黎前能再见到你，但是在演讲之后，我觉得很累，也有事情需要做。我给你留了一些麦克斯韦的论文集印本，并和罗森布鲁姆给你和夫人一些小礼物。真诚感谢您的热情款待。

　　我答应过给你寄三篇来自回旋加速器的粒子散射的相关论文复印件，以及一份莱特、福勒和奎尔写的有关BL核乳胶的论文（包含了质子、负离子的射程能量关系和分辨率等）复印件。前三篇论文很快可以准备好，但是由莱特及其他人写的这篇还不是很完整，要在莱特回来之后才能完成和影印，届时，我们将寄给你最新的论文复印件。

您诚挚的
鲍威尔
1946年10月11日

鲍威尔致钱三强

（1946年10月15日　英文　刘晓译）

亲爱的钱：

随信放入了寄给皇家学会的三篇论文的影印本，这些论文在五月初曾和皇家学会交流过，将在近期发表。

新乳胶的材料将随后很快寄送。

您诚挚的

鲍威尔

1946年10月15日

钱三强致鲍威尔

（1946年11月1日　英文　吴颖译）

亲爱的鲍威尔博士：

非常感谢您善意的礼物以及有关照相板的最新论文。我夫人及我都非常高兴在您在巴黎短暂停留期间见到您。我们希望您偕夫人能在我们回中国（可能是在明年春末）之前再来一次。

我们一直在做照相板的工作，并且已证实李弗西有关在铀分裂过程中有可能发射粒子的结果。我们有关射程-能量关系的小论文已经发表在十月份的《法国科学院周报》上了。我们正在等着论文的抽印本，收到时我们将寄送给你。

如果您能告诉我们照相板的材料成分，我们将非常高兴，因为对某些计算非常必要。

我寄给您一些我及我夫人的论文的抽印本，如果您能将几本转交给莫特教授和弗洛里奇博士，我们将感激不尽（他们的名字都已写在抽印本上了）。

您诚挚的

钱三强

1946年11月1日于巴黎

Paris 1 Nov 1946

Dear Dr. Powell,

Thank you very much of your kind present and the advanced copies of your work on photographic plates. My wife & I, we are very glad to meet you during your short stay in Paris, we hope you will come once more with Mrs Powell before our return to China, which will be probably at the end of next spring.

We continue the work on photographic plates and we have confirmed the result of Livesey on the emission of probably α-particle during the fission of U. Our small article on large-energy radiation is already published in C.R. Oct. We wait for the reprints and we will send it to you.

I should be very grateful if you could tell me what is the composition of the photographic emulsion, which is necessary for certain calculations.

I send you here certain reprints of my wife and mine. I should be very glad if you could transmit some ones to Prof Mott and Dr. Frölich (we have written their names on the reprints).

With my best friendship and gratitude.

Yours

Tsien Sanstiang

钱三强1946年致鲍威尔信

（原件存布里斯托尔大学档案馆，由刘晓采集）

钱三强往来书信集注　　**37**

鲍威尔致钱三强

（1946年11月7日　英文　刘晓译）

亲爱的钱：

前段时间我曾用快件寄给您一些论文抽印本，如果已安全抵达您处，我将非常高兴。如果没有收到，我将再寄一些复印件。

随信寄上关于新核乳胶论文的抽印本，我认为你们目前还没有这种核乳胶。

您诚挚的
鲍威尔
1946年11月7日

梅贻琦*致（电）钱三强

（1946年11月21日）

钱三强博士：

　　清华大学聘任您为物理系教授，可否于1947年3月回国。

　　请电复。

梅贻琦
1946年11月21日

解说

　　1946年秋，清华大学物理系教授周培源同钱三强在英国剑桥出席牛顿诞辰300周年纪念会相遇时，周即提出希望钱回母校任教，当他到巴黎参观了钱的实验室后，更是力主钱回母校服务，充实物理系，并表示将促请梅校长发出聘函。

　　周培源回国即商理学院院长叶企孙，同年11月11日，由叶企孙向校长梅贻琦提出书面报告（后附）。梅校长及清华聘任委员会旋即批准叶的报告，于11月21日由梅贻琦先发电报聘任钱三强为清华大学物理系教授。随后寄出正式聘函，并附汇500美元回国旅费。

　　在此同时，还有北平研究院（副院长李书华）、中央大学（物理系主

---

*梅贻琦（1889—1962），字月涵。中国教育家。美国芝加哥大学机械工程硕士，历任清华大学教授、教务长，时任清华大学校长。

任赵忠尧)及中央研究院(总干事萨本栋)等,亦先后致函约聘钱三强,最后他接受了母校清华大学约聘,并于1948年6月偕夫人何泽慧回国。

附:

叶企孙*致梅贻琦

梅校长钧鉴:

敬陈者:本校物理系毕业生钱三强君于抗战前考取法庚公费,赴巴黎留学,迄今在法国师从Joliot教授夫妇从事原子核物理,六七年以来发表论文多篇,成绩斐然,实为留法学生中成绩最优者之一。查原子核物理占当代物理学研究之中心,本校虽有赵(赵忠尧)、霍(霍秉权)两教授从事于此,尚嫌不强,拟请提出聘任委员会,准予添聘钱三强君为教授。

专陈敬请

钧安

企孙
十一、十一

(原信存清华大学档案馆)

---

*叶企孙(1898—1977),中国物理学家、教育家。中国科学院首批学部委员(院士)。美国哈佛大学博士,历任清华大学、西南联合大学教授,中央研究院总干事,中国物理学会理事长等。时任清华大学理学院院长。

钱三强、何泽慧发现首例四分裂
致约里奥-居里夫妇

（1946年11月23日　法文）

献给我们的导师约里奥-居里夫妇：

俘获一个慢中子产生的铀的四分裂。

钱三强　何泽慧
1946年11月23日

解说

钱三强领导的研究小组（成员有何泽慧、R. 沙士戴勒和L. 微聂隆）继发现铀核三分裂，并对其机制进行合理解释后，1946年11月22日晚，何泽慧在巴黎法兰西学院核化学实验室发现首例铀核四分裂径迹，经钱三强与何泽慧共同检测确定后，即于次日首先将四分裂径迹照片联名呈献给两位法国老师，共同分享。照片上的文字（法文）为钱三强书写。

这张原始照片珍藏于巴黎居里博物馆，几十年不为他人得见，直至2011年清华大学百年校庆举办"清华校友与巴黎镭学研究所展览"，由法方提供复制件首次展出，葛能全参观展览看到它如获至宝，便用照相机拍下，并在同年5月7日"中国现代科学家"第五组（含贝时璋、钱学森、侯祥麟、钱三强）纪念邮票设计图样审稿会上，力荐用这张首例四分裂照片作为《核物理学家——钱三强》邮票的背景图，得到采纳。

世界首例四分裂照片及钱三强亲笔书见文前插图。

《核物理学家——钱三强》邮票

钱三强复（电）梅贻琦

（1946年11月25日　英文　吴颖译）

中国北平清华大学梅校长：

感谢您的邀请，可能在明年夏天回国，随后寄一封详细说明信。

钱三强

1946年11月25日

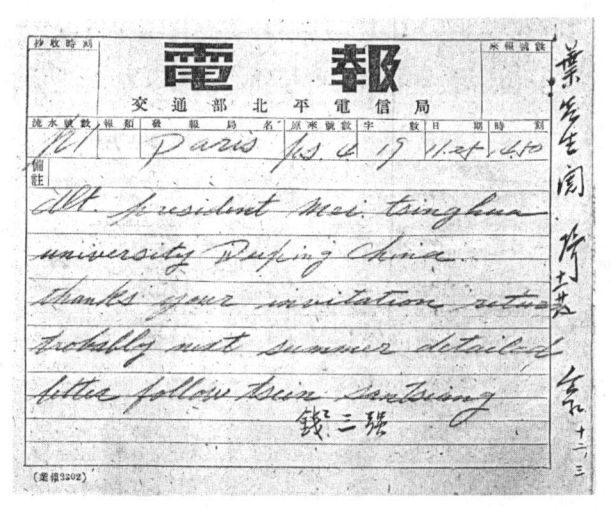

钱三强复电

（原件存清华大学档案馆）

解说

电报右侧有接钱三强复电后，梅贻琦批"叶先生阅　琦　十一，廿八"，叶企孙批"企孙　十二，三"。

1947 年

钱三强致鲍威尔

（1947年1月9日　法文　吴颖译）

亲爱的鲍威尔博士：

很久没有听到您的消息了，我衷心希望您和您的科学研究都能如您所愿的好。上次我寄给您的论文抽印本应该也已经顺利到达您那里了吧。自您离开巴黎，我开始通过照相方法研究铀分裂的工作。我的夫人、沙士戴勒和微聂隆都加入这一工作。十月，我发现了李弗西在剑桥会议上展示的裂变事例，您向我提供过其中一张照片。经过分析推理，我认为解释为三分裂要比"二分裂"更为正确。目前我们已经找到大约20个事例，第三粒子（最轻粒子）的质量在3~20之间，以5~6和9~10最多，另一些独立实验得到的第三粒子是第二、三周期的放射性粒子。这说明它不一定必须是粒子。

在进行三分裂工作期间，我们还发现了三例四分裂事例。首例是我的夫人发现的，当时我正出席世界科学工作者联合会的会议。随信寄给您一张首例四分裂的照片，以此见证我对在布里斯托尔您的实验室受到您的热情接待的极其诚挚的感谢。没有那几次惬意的访学，我们关于三分裂和四分裂的工作不可能开展。

我已经在《法国科学院周报》上发表了两篇文章（十二月九日和二十三日），第三篇也将在一月发表。一篇较为科普的文章已在《原子》（一月）*上发表。文中我提到照相板是在您的提倡和指导下制造的。待我

---

*Tsien San-Tsiang 1947. Un Nouveau mode d'explosion de l'uranium. *Atoms*. 10.

有了新的抽印本，我会寄给您的。

　　约里奥先生刚刚收到您寄给我们的乳胶板，他将直接向您道谢，但我也要向您表达我个人的谢意。

　　我已经应邀将在这个夏天回国，但我仍不知道客观条件是否允许我顺利回国。我始终记着在离开布里斯托尔前关于我回国后的科学合作的谈话。我希望我们为一个更为健康、更为理性的世界而工作，那时科学领域的国际合作将有关键地位。

　　今年春天我或许会去英国，我们将有可能在布里斯托尔见面。

　　最后请接受我对您1947年的新年祝福，我夫人也请我转达她对您和您太太的诚挚谢意，并请转达对奥恰里尼博士的问候。

钱三强
1947年1月9日于巴黎

Paris, 9 Jan 1947

Cher Dr. Powell,

Il y a longtemps que je ne vous ai pas entendu et j'espère que vous allez bien et vos travaux scientifiques vont aussi bien que vous espérez. La dernière fois que je vous envoyais les tirages à part et j'espère qu'ils sont bien arrivés. Depuis votre départ de Paris, j'ai commencé les travaux sur les fissions de l'uranium par la méthode photographique. Ma femme, Chastel et Vigneron ont assisté à ce travail. Au mois d'Oct., j'ai trouvé des cas de fission comme Livesy a montré au Conférence de Cambridge et aussi que vous avez la gentillesse à me donner une de ces photos. Après de raisonnements analytiques, je crois que l'interprétation de "Ternary fission" est plus correcte que ce qu'il dit : "fission with a secondary." Maintenant nous avons trouvé à peu près vingt cas dont la masse de la particule légère (third particle) varie entre 3 et 20. la plupart est vers 5 ou 6 et 9 ou 10. D'autres expériences indépendantes ont montré qu'ils sont (les particules légères) radioactifs avec 2 ou 3 périodes. Donc ils ne sont pas nécessairement les particules α.

Au moment cours des travaux sur la tripartition (ternary fission), nous avons trouvé 3 cas de quadripartition (Quaternary fission) dont la première ait trouvé par ma femme au moment où j'ai assisté au conférence de la fédération mondiale des travailleurs scientifiques. Je vous envoie ci-joint une photo de la première quadripartition comme une faible témoignage de mes remerciements très sincères de votre hospitalité de mes séjours dans votre laboratoire de Bristol, sans ces séjours agréables mes travaux sur la fission

钱三强1947年致鲍威尔信（页一）

钱三强1947年致鲍威尔信（页二）

钱三强信中附寄首例四分裂照片及1月1日书写的赠言

尊敬的鲍威尔博士：

  谨向您致以最深的谢意。十一月二十二日，在巴黎法兰西学院核化学实验室，通过一个慢中子的捕获，产生了第一次铀的四分裂。

何泽慧　钱三强
1947年1月1日

信中附寄照片及赠言

（原件及照片存布里斯托尔大学档案馆，由刘晓采集）

钱三强致梅贻琦

（1947年2月1日　建议清华成立原子物理研究中心）

月涵校长尊鉴：

去年十一月底承蒙电约归校任教物理系，不胜荣幸，铭谢不尽。当时生因研究工作一时不能结束，故立即上电奉告，未能应命于三月归国，尚祈见谅。

去夏在英剑桥开物理学会时，母校物理系校友到者约十人，培源师亦参加，曾谈起母校吴正之（吴有训）、赵忠尧*二师离校，实验物理研究乏人负责，劝生归校效劳。后培源师至法开实用力学会议，曾参观生等之研究室，又重诉母校之需要补充，故力主生应归校服务，并称将电校长令生归校。周师之盛情实令生感激。

自一九三七年得中法基金来法后，生即从若利欧-居里夫妇专攻放射学及原子核物理，虽在德军占法时期，亦勉强维持研究工作。去岁底，法国之科学院曾因生数年之研究结果而给以Henri de Parville之物理奖金。最近同内子（何泽慧，亦系清华之校友，与生同级同系，留德九年，去岁来法）合作关于铀核三部及四部分裂工作，颇引起各国学者之注意，此工作于短期内不能完毕，放弃可惜，故预计于暑假前后始能回国。

对于教学树人，生素感兴趣，在祖国目前情况下，尤觉重要，但生甚望教学工作外，尚能树立一原子物理研究中心，此等意见，周师亦极赞成。先生等对此等设备不知有无计划？据生在欧之经验，一小规模原子核

---

*赵忠尧（1902—1998），核物理学家，中央研究院院士。中国科学院首批学部委员（院士）。

物理实验室设备费约需五万美金，详细情形，如蒙垂询，当即奉告。

最近生等收到驻法使馆转来之教［育］部通知，谓今后欲归国服务之同学，旅费应由聘用机关拨发，不知先生有无所闻？生之归国旅费是否可由母校负责，尚请示知，以便早日准备归程。如有汇款转拨困难，则请直接汇至留美友人处，俾请彼等代购船票也。专此敬复，并请

教安。

学生　钱三强敬上
二月一日

企孙师前请代致意

解说

钱三强致梅贻琦信重要之点，在接受邀聘的同时，提出在清华大学建立一个"原子物理研究中心"的提议，即："对于教学树人，生素感兴趣，在祖国目前情况下，尤觉重要，但生甚望教学工作外，尚能树立一原子物理研究中心，此等意见，周师亦极赞成。先生等对此等设备不知有无计划？据生在欧之经验，一小规模原子核物理实验室设备费约需五万美金，详细情形，如蒙垂询，当即奉告。"

3月3日，梅贻琦收到钱三强信后批："叶先生阅"。并在"在一九三七年得中法基金来法"之侧批"1936物理系毕业"。

3月4日，叶企孙阅后批："钱君所需之夫妇旅费，似可照发。"

3月7日，梅贻琦再批："500元教授"。即按当时教授级最高限发500美元旅费。

钱三强1947年致梅贻琦信见文前插图。

鲍威尔复钱三强

(1947年2月3日　英文　刘晓译)

亲爱的钱：

非常高兴收到你1月9日的来信，我应该更快一点回信的，但日程被我们的宇宙线方面的工作占满了。非常感谢你的铀四分裂照片，我将珍藏。在英国，我们已经从《新闻纪事报》上的一篇报道中得知了此事，并且我们得到了反射过来的荣誉，因为报纸说你在布里斯托尔停留了一两个月。请接受我们对您和您夫人及同事们的这项杰出成就的祝贺。

我们非常期待在春天能见到你。我们希望能在七月举办一个有关照相技术的会议。一旦会议细节得到确定，我将尽快将通知寄给你。你和你在巴黎的同事如能出席，那就太好了。

我们最近正忙于负介子的工作，已经发现了这种粒子产生的12个蜕变事例，在其末端还发现了14个正介子事例。对此的解释将发表于2月8日的《自然》杂志。请接受随信寄上的相关照片，以此表达最良好的祝愿。

鲍威尔

1947年2月3日

3rd February 1947.

Dear Tsien,

  I received your letter of the 9th January with great pleasure and would have replied sooner but we have been very much occupied with our work on the cosmic rays. Thank you very much for your photograph of the quadri partition of uranium which we shall treasure. We had already heard of it in this country for an account appeared in the News Chronicle and we got some reflected glory because the news-paper found that you had stayed a month or two in Bristol. Please accept our congratulations to you and your wife and colleagues on a very fine piece of work.

  We shall look forward to seeing you in the spring. We are hoping to organise a Conference on the photographic method in July and I will send you information about it as soon as details are fixed. It would be nice if you and your other colleagues in Paris could attend.

  We have been very busy recently with the negative meson and have now found 18 examples of disintegrations produced by this particle and 14 examples of positive mesons at the end of their range. An account of this work will appear in Nature for February 8th. Please accept the enclosed photographs with our best wishes.

          Yours sincerely,

鲍威尔1947年致钱三强信

（原件存布里斯托尔大学档案馆，由刘晓采集）

梅贻琦复（电）钱三强

（1947年3月24日）

电钱三强先生，查前发函住址及姓名拼法（此为嘱工作人员）。

钱三强博士：

信已收到，欢迎六月回国。将为全家安排住所。

梅贻琦

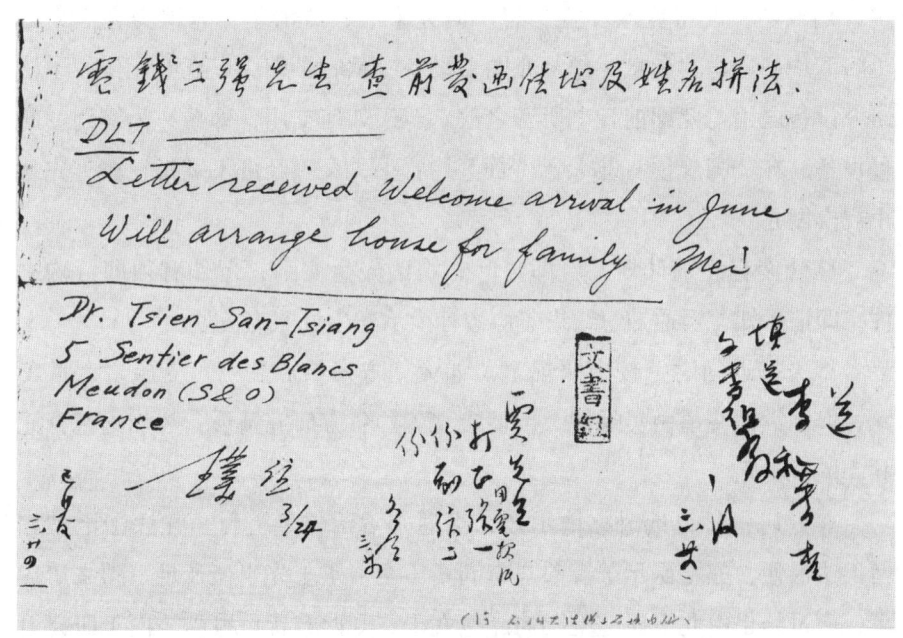

梅贻琦复电手稿及承办签注

（原件存清华大学档案馆）

梅贻琦复钱三强

(1947年5月15日 同意成立原子物理中心)

三强同学惠鉴：

月前曾发一电想已达览。嗣因校务繁忙竟未得作信，甚歉甚歉。

尊处二月一日来函所提，为供给原子核物理研究须有一小规模实验设备，校中企孙、重衡（霍炳权）、培源诸先生均极赞成。盖原子核之研究，实今日科学上最重要之工作，而国内尚少推进。最近，中央研究院有在南京举办之计划，建筑新研所，费用颇巨，设备尚在筹划中。但即中央院计划成功，北平区域亦宜更有一研究中心，故清华在筹得美金五十万（除清华基金积存利息）作补充图书设备专款时，即决以五万元作原子核研究设备之用，此即前日电所言之数。至于如何支用，即希详为筹划。此种设备，在美国规模有甚大者，吾等初着手，又因经济不宽裕，故宜先从小规模做起。

尊处倘有详细计划，希即与叶、霍诸先生商酌，但倘有须即订购之件，即请示知，当通知纽约华美协进社孟治先生处照为拨款。

尊夫妇返国时，校中照规定（如无他方发给旅费）可支旅费六百美元，但因欲请绕道由美返沪，以便参观美国各方研究情形，故加给贰百元共为捌百美元。

尊处启程日订期时亦请示知，当通知孟治先生汇付（往法国汇款如何汇法最便，亦希函示）。前与李润章（李书华）先生谈及足下聘来清华事，商量结果由北平研究院聘何泽慧女士，则两方皆可顾到，而于研究更可收合作之效矣。清华复校开学已逾半年，一切情形均甚良好，惟图书设备缺乏甚多，近自筹得五十万美金特款，已起始添购，而琦以为，欲维持清华在教育、学术上之地位，最重要者实为师资之罗致。十余年来，吾校物理系人才之盛、成就之大，恐系吾国近代学术史中重要之一点，而最近数年，因地方需要之迫切，先有萨（萨本栋）先生之离校，继之吴（吴有训）、赵（赵忠尧）二先生去中大，今日系中虽良师尚多，确需补充，尤以原子核物理研究方面欲更求充实，故足下之来校最所期待者也。余不一一。

  即颂

俪祺

梅贻琦　敬启
五月十五日

何泽慧钱三强贺葛庭燧*科学发明

(1947年)

敬贺
　　庭燧姐夫
　　科学成功

　　　　　　　　　　　　　　　　　　泽慧　敬赠
　　　　　　　　　　　　　　　　　　三强

1947年何泽慧和钱三强庆贺葛庭燧发明"葛氏扭摆"赠的安培铜牌

解说

葛庭燧曾于1947年发明测试金属内耗的装置,被科学界称为"葛氏扭摆",并以"葛氏低频扭摆内耗仪"词条,列入《英德法俄汉物理学词

---

*葛庭燧(1913—2000),金属物理学家。1937年毕业于清华大学物理系,1941年与何怡贞结婚后自费赴美留学,获加州伯克利大学博士学位。参加芝加哥大学金属研究所筹建,进行金属内耗和金属力学研究。时为副教授级研究员。

典》。钱三强、何泽慧在巴黎得悉后特意定制一枚法国发明家A. M. 安培头像铜牌致贺，并书贺词。

葛庭燧1995年自述称：

> 我受到鲁班发明锯的故事的启发，忆起了30年代在清华大学物理系读书的时候，曾用扭动装置测定金属杆的弹性模量。根据这个联想以及在电学测量中久已熟悉的对数减缩量概念，我体会到可用扭摆来测量丝状或棒状这样的低频内耗。当时有人认为这是不现实的，因为外部环境以及夹持试样的夹头所引起的"外耗"一定会远大于试样内部原因所引起的"内耗"。我顶住了这种非议，开始了试验。当时这个研究所并没有自己的任何设备，我最初用来夹持扭摆炉的架子是从普通化学实验室借来的工具架，用回纹针代替扭摆的摆锤，最早用的试样是从实验台下的抽屉里发现的绕在线轴上的铝丝。为了同时测量滞弹性所表现的准静态效应，即在恒应力作用下的滞弹性蠕变和在恒应变下的滞弹性应力弛豫，我又忆起大学期间用墙式转动线圈装置测量电流的情况，就用试样来代替电流计的悬丝，把吊起来的试样连接到一个转动线圈的上端，并把转动线圈放在一组马蹄磁铁所产生的均匀磁场内，这样就可以通过试样及转动电流来度量作用到试样上的切应力，用灯尺和光学反射装置来度量试样所发生的切应变。

> 我用上述这种十分简单的仪器装置对纯铝进行了测量，在1946年9月就发现了多晶铝的晶粒间界内耗峰（作为温度的函数）。这个内耗峰在多晶体中出现而在单晶体中不出现。我的工作在1947年4月出版的《物理评论》发表以后，甄纳（M. Zener）教授于1948年出版了他的经典名著《金属的弹性和滞弹性》。从这种意义上来说，关于铝的晶粒间界的研究成果，可以说是奠定了滞弹性理论的实验基础，而扭摆内耗仪的发明和晶粒间界内耗峰的发现，则是取得这一系列成果的关键环节。

1948 年

钱三强致梅贻琦

(1948年3月7日　建议成立联合原子物理中心)

校长尊鉴：

　　前接赐函，赞同生设立原子核研究之计划，深令生钦佩校长鼓励学术研究之精神。后又得周培源师函，知校方准备起始用五万美金，以后逐渐增至十五万以完成此项计划。但去岁因内子生产前后行动不便，未能于十月前后归国。现小女已将四月，而法国船期现暂定一年三次（一、五、九月），九月船期归国生等恐将赶不及开学，故决定提早订五月船位归国，六月底或可抵沪。如校方仍认为聘约有效，生当即来平服务，关于生等住所问题亦祈请校方于分配住所时代为设法安插。

　　去岁生寄还应聘书，生个人精神上即认为已与校方有约。故后来虽北大胡校长来电约生及内人二人至北大执教，并先母校寄下八百美金作为归国旅费，生等当即退还。校长及北大胡校长均为熟友，请见面时代生等解释，以免发生误会。生退还胡校长旅费时，曾上一函，说明生等对于学术研究之观点，极力拥护在北平设立一联合原子核物理中心之计划，在此计划未得实现前，如北大方面缺乏原子核物理教师，生等当可帮忙授课。

　　去岁暑假后，因生个人应将重原质三部分裂之理论检讨完成，且法国科学研究中心给生之"研究导师"新职务颇繁重，又加以内子生产关系，故无暇顾及买仪器等事务。至于转美归国，校方虽愿补助在美生活费，但全家开支由校方负担实属过分，故思之再三，决暂先归国，将来与校长、叶、霍、周诸师商定设备计划及组织方法后，再决定实施办法。因设立一研究中心，主要在一重要仪器（如Cyclotron［回旋加速器］）之设置，若预备购买，则第一年之五万不够，似应将第一年及第二年之准备放在一起同时设计。故第一年已定之五万似乎不宜于先零星支用。再者既已决定用此巨款，当然希望其能发挥效用。生去年致叶师等函中即称，若此计划完成，充分利用，可供三十至四十人工作。因此对未来组织机构及聘请研究师生及技术人员等事，事先似亦应有一筹划。自原子核物理发展以来，学术研究规模亦远超于前。生因顾虑到将来，故决定先归国服务，以便与校长及叶师等请教此事，商得一合式发展方式，以免因未思虑周全而浪费金钱。将来有所决定后，再托在美母校休假教授购买仪器，或必要时，生亦可出国（其时之旅费，生自当另行设法，只请校方发给在美生活费）。

在此一年中，中研院及中大萨（萨本栋）、赵（赵忠尧）二师曾数次来函相约，因生已与母校有约，故皆婉辞，惟为学术发展计，中央二机关之合作方式似可借鉴，如是则教学研究合而为一，同时聘请研究人员及技术人材问题亦可解决。以规模而论，二中央拟组织之中心与生预想中之计划亦颇相合。然母校胜于中央机关者乃已有一健全之物理系，培养后进，尤理论方面良师更多于中央，如此更可使理论及实验辅助发展。

前孟治先生曾得校长命，发给生八百美元旅费已转到，特此申谢。为买试验室之零星用品，生又支五百元，将来账单当奉至校方，若有余款当在美退还给孟治先生处。生等启程日期（因轮船公司不敢早期预定船期）确定后，当再奉闻。匆此敬请
教安

学生　钱三强敬上
三月七日

叶、霍、周师等均此

钱三强1948年致梅贻琦信（页一）
（原件存清华大学档案馆）

钱三强1948年致梅贻琦信（页二）
（原件存清华大学档案馆）

解说

钱三强两次建立原子物理研究中心的提议得到积极回应后,便迫不及待准备回国,不顾此时他与何泽慧有了一个不足半岁的女儿,依然决定5月2日从马赛乘船回国。但当6月10日抵达上海后,他和何泽慧的全部行李被美国有关机构扣留达两个月之久,既无法探望病重的母亲,也不能履约清华教职;接着,7月19日美国驻中国大使馆致函给中央研究院,直接追查钱三强在北平建立原子能研究中心一事。

录附几件相关信函于后。

美国大使馆致萨本栋*查询函

(1948年7月19日　英文)

亲爱的萨博士:

有报告说,北方一组科学家要求中国政府允许在北平建立原子能研究中心。根据美国大使馆得到的情报,一位姓钱的先生将领导所提议的这个研究中心。据报告,钱先生是法国约里奥-居里夫妇以前的学生,他发现了一种产生原子能的方法。我将十分感激您对这一报告所提供的任何情报。

如蒙允许,您对这一事件发展为我提供的真实情报和您对任何相关进展的可能性所作出的评论,将受到重视。

美国驻中国大使馆一等秘书
卡尔·H. 勃林格

---

*萨本栋(1902—1949),物理学家。美国斯坦福大学博士。历任清华大学、厦门大学教授,时任中央研究院总干事。

萨本栋致梅贻琦、胡适密电

（1948年7月19日）

北平清华大学梅校长、北京大学胡校长研密，美大使馆函询北方科学家拟请政府准在平创立原子能研究室，并称已定由钱三强主办，查此事果系在平设置亦不应于此时即事宣传，因所需仪器待美方供给者尚多，随时均有冻结可能。为政不在多言，务请转告负责宣传者注意，以免事未成先遭忌而失败。

栋

萨本栋致梅贻琦函

（1948年7月20日）

月涵校长函丈：

昨得美国大使来函，询问北方科学家拟请政府在北平创立原子能研究室，并云已定由钱三强主办一节，窃以此项宣传，似非其时，曾电请转促注意，兹敬将原电文附呈，至恳赐办！

敬候

铎安

受业萨本栋　谨上（钤印）

萨本栋在美国使馆查询函上致梅贻琦附言

（1948年7月29日）

月涵夫子：

赐函已奉悉。兹将美使馆函抄上，乞望收阅后付丙。适之先生处已另抄送矣。

对于此函，数处只用电话告彼"this agitatia has been on and off

for a long time"。来函者对于国内原子研究已多次来院询问究竟，此为第一次之书面询问。外此，尚有其他为外交秘密（暗指法国及约里奥–居里）不便奉告。

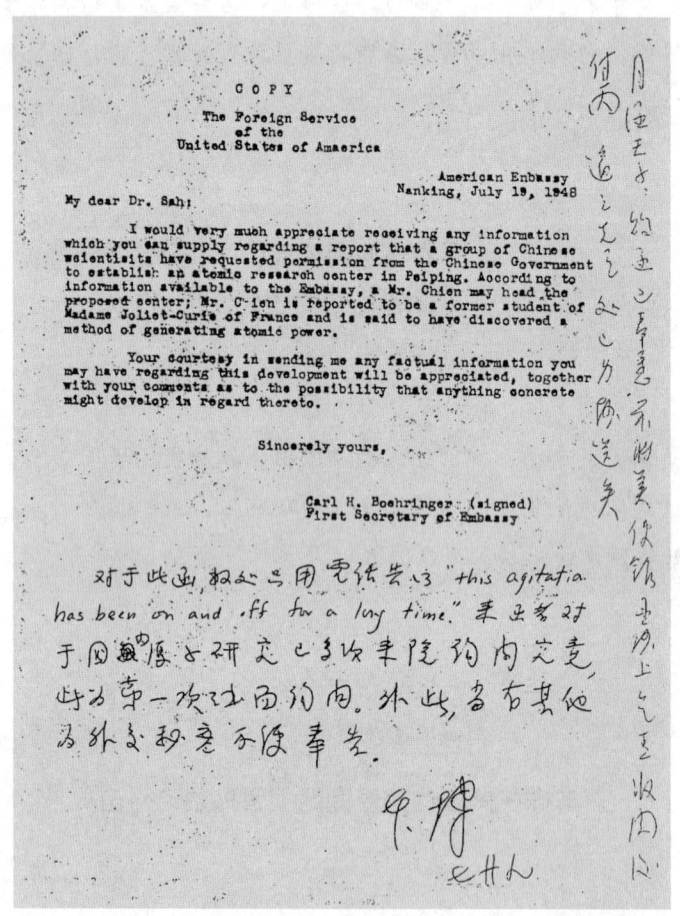

本栋

七、廿九

美国大使馆查询函及萨本栋在函上手书致梅贻琦附言

（以上附录原件均存清华大学档案馆）

约里奥-居里夫妇致钱三强评议书

（1948年4月26日　法文　张麟玉译）

物理学家钱先生在我们分别领导的实验室——巴黎大学镭学研究所和法兰西学院核化学实验室从事研究工作，时近十年，现将我们对他的良好印象书写如下，以资佐证。

钱先生在与我们共事期间，证实了他那些早已显露了的研究人员的特殊品格，他的著述目录已经很长，其中有些具有头等的重要性。他对科学事业满腔热情，并且聪慧、有创见。我们可以毫不夸张地说，十年期间，在那些到我们实验室并由我们指导工作的同时代人当中，他最为优秀。我们这样说，并非言过其实。在法兰西学院，我们两人之一曾多次委托他领导多名研究人员，这项艰难的任务，他完成得很出色，从而赢得了他那些法国和外国学生们的尊敬与爱戴。

我们的国家承认钱先生的才干，曾先后任命他担任国家科学研究中心研究员和研究导师的高职。他曾受到法兰西科学院的嘉奖。

钱先生还是一位优秀的组织工作者，在精神、科学与技术方面，他具备研究机构的领导者所应有的各种品德。

　　　　　伊莱娜·约里奥-居里　　弗莱德里克·约里奥-居里
　　　　　　巴黎大学教授　　　　法国原子能总署高级专员
　　　　　　　　　　　　　　　　和法兰西学院教授

由伊莱娜·约里奥-居里亲笔书写并与弗莱德里克·约里奥-居里 共同签署的对钱三强的评语(页一)

由伊莱娜·约里奥–居里亲笔书写并与弗莱德里克·约里奥–居里共同签署的对钱三强的评语（页二）

钱三强致鲍威尔

（1948年初　告即将回国　法文　吴颖译）

亲爱的鲍威尔博士：

很久没有您的消息了，希望您和您的科研工作一如既往的顺利。

上次信里提到了我即将回到我的祖国。我期待我在北平的年轻的实验室能继续和您保持联系。在我回国前，请原谅我无法亲自向您表达我对您的款待和您的建议的最真诚的谢意。我想，不仅仅是我个人，全世界的科学工作者都受益于您在照相技术和发现介子这两个领域的科研成果。我非常幸运受益于您的科学观点和科学进步主义。我们期待在不远的将来，能有可能邀请到您和奥恰里尼博士，到自由中国来举行你们的成果报告会。

我归国的时间定在4月29日，在4月27日之前，我的通讯地址依然是莫东区德布朗街5号。如果您还有一些文章（去年夏天之后发表的）能寄给我，我将很荣幸能收到并带回中国。当然，其他的文章也同样欢迎。

我也随信给您寄去了一些我这边的文章。

我在中国的通讯地址是：中国，北平，国立清华大学，物理系，钱三强。

请转达对奥恰里尼博士和鲍威尔太太的问候。

此致

钱三强

1947

Cher Dr. Powell,

Il y a longtemps que je n'ai pas de nouvelle de vous. J'espère que vos travaux scientifiques s'avancent toujours comme avant.

Dernièrement je décide de rentrer dans mon pays, et j'espère que notre jeune laboratoire à Peiping aura toujours de contact avec vous. Avant mon départ, je ne peux pas m'empêcher de vous dire tous mes remerciements envers vous pour votre hospitabté et votre conseil. Je crois que non seulement moi-même j'ai profité de votre expérience, mais tous le monde scientifique à vous doit beaucoup, tant dans la technique photographique que dans la découverte de deux espèces de mésons. Je suis heureux pour vous, non seulement du point de vue scientifique mais aussi du point de vue des progressistes. Nous espérons que dans un avenir prochain, nous aurons la possibilité de vous inviter, ainsi que notre cher ami, Occhialini, de venir en Chine libre de faire des conférences de vos découvertes.

钱三强1948年致鲍威尔信（页一）
（原件存布里斯托尔大学档案馆，由刘晓采集）

Mon départ sera le 29 Avril. Mon adresse est toujours 5 Sentier des Blancs, Meudon (S±o) avant 27 Avril. Si vous avez encore des tirés à part de vos publications (à partir de l'été dernier), je serais très reconnaissant de l'avoir et de les emmener en Chine. D'autres publications de votre école seront aussi très appréciées. (Par example, la relation de parcours et énergie par Fowler —).

Je vous envoie ci-joint quelques tirés à part de nos travaux.

Mon adresse en Chine est : Tsien San-Tsiang, Department of Physics, National Tsinghua University, Peiping, China.

Tous nos amitiés à M. Occhialini et nos hommages à Madame Powell.

Bien respectueusement

Tsien San tsang

钱三强1948年致鲍威尔信（页二）
（原件存布里斯托尔大学档案馆，由刘晓采集）

钱三强致李书华 *

（1948年5月27日回国途中于西贡）

润章师台鉴：

　　生等于四月三十日自马赛东行，昨日晚到达西贡，一路风平浪静。生等本颇为小女焦虑，恐其不能受热带气候，但结果颇全。

　　生等离法时，行李除衣箱尚有书籍等共装九木箱，代研究院买之书籍杂志约装一箱共十箱。最近在船上听其他曾代他人运寄书箱归国之同学称，上海海关常常留难，非要清单及买书之书局货单不可，不然即可长期扣留。若有要人及机关证明，可变通取出。生等感到，书籍失去固已可惜，但尚有数年集得之放射物亦在内，虽在他人视为不值一文，可抛入海中之物，但对国内未来工作及生个人实为不可复得之宝物。至于代研究院购买之书籍及 Geiger Muller 管失去亦颇可惜。因此特望先生能个人或用研究院名义帮忙，使海关勿过分留难。

学生　钱三强匆上
五月二十七日于西贡

解说

　　李书华6月17日（距发信时过20天）收到钱三强发自西贡的信，而钱已于6月10日抵沪，其全部行李已遭美国操控的海关无端扣留。李书华接

---

* 李书华（1890—1979），字润章，物理学家、教育家。早年留学法国获得理学博士学位。历任北京大学物理系教授、北平大学代理校长、中央研究院总干事等，时任北平研究院副院长（院长为李石曾）。

信后即以北平研究院名义给上海海关发出公函，随而李书华电告钱三强称："恐已无用矣。"两个月后被扣行李获放行。

钱三强称所带行李中"不可复得之宝物"，即他多年集得的"放射源铅-210"（含铋-210、钋-210衰变产物）。这点放射源，钱三强一直精心保存没有舍得用，在1960年5月原子能研究所接受第一颗原子弹的点火中子源攻关任务时，他亲手把它交给亲自点将的任务负责人王方定（时为助理研究员，1991年当选中国科学院院士），并对王说："现在可以用到最需要的地方了。"王方定把放射源拿到工棚实验室进行处理，发现瓶子已经变黑，放射源在黑暗中闪闪发光。十几年前的"宝物"，终于派上了用场。

梅贻琦致(电)钱三强

(1948年8月6日)

电
苏州十全街151号何宅转钱三强先生
  盼早日来校并示行期 梅贻琦 麻

琦
八、六

解说

  这是梅贻琦写给工作人员的电文,"麻"字代表第六日。电文为八月七日发出。

  钱三强由于全部行李被海关扣留,而新学季开课在即,迟迟不能北上到校履职,梅贻琦情急之中,一面委派叶企孙乘飞机亲赴上海催行,一面亲拟电报发至苏州何泽慧父母家催促钱三强尽快到校。

  另外一层原因,钱三强回国后,南京方面一度热情很高,想挽留他在南京履职,以图发展原子物理学研究。其间有消息披露,主管国防科技的国防部六厅厅长钱昌祚专请钱三强谈发展原子能;又中央研究院代院长朱家骅、侍从室主任沈昌焕等要人宴请钱三强,席间并许以中研院物理研究所所长之衔;等等。因而梅贻琦担心钱三强被抢走,使得清华大学主持的北平合作计划落空。

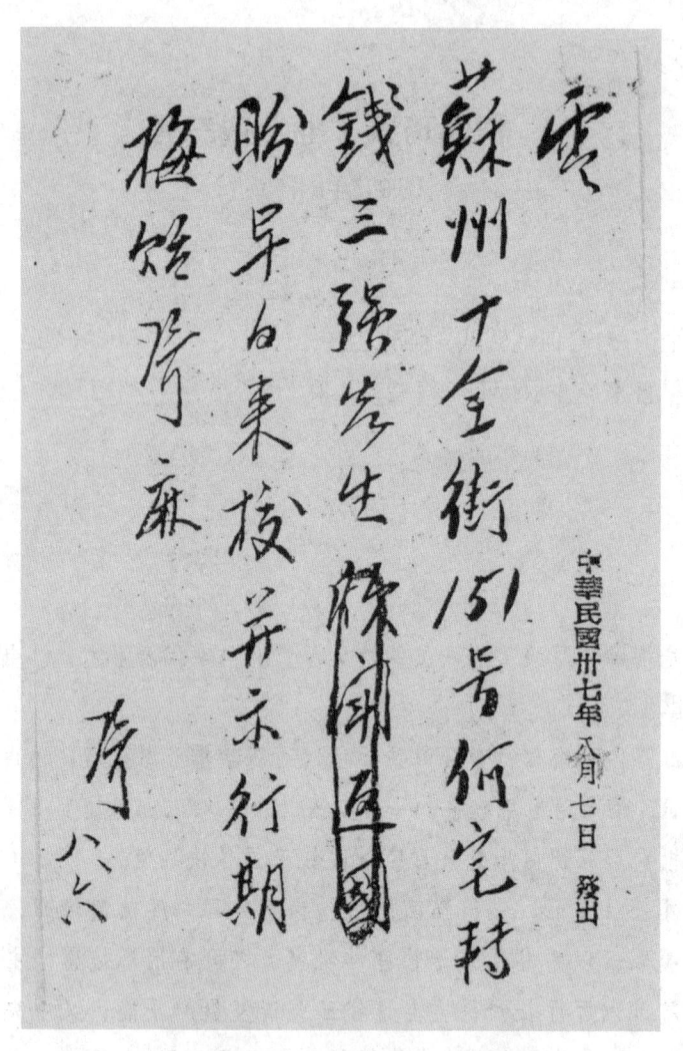

梅贻琦亲拟催促钱三强到校电文手稿

（原件存清华大学档案馆）

附：

叶企孙抵上海与钱三强面谈后复梅贻琦

(1948年8月7日)

涵师钧鉴：

　　受业已于三日下午抵沪，飞行情形甚佳。四日下午即至新华银行访问孙瑞璜兄，承托带沪之件已面交之。六日晨与钱三强兄晤谈甚久，彼仍定乘轮北上，约本月中左右可动身。受业曾于二日与李润章先生谈及北平三机关（清华，北大，北研院）对于原子核研究之合作问题（此次之谈系润章兄所约，可见彼现已认清合作之必要），结论为宜由三机关向政府合请外汇（以三年为期，每年美金九万元）。二日之会谈，润章兄并未约树人兄参加，但受业表示意见，谓宜邀请北大参加，倘北大对此合作计划不起劲，只由清华与北研院定一合作计划，亦无不可。吾师有便时，请再与润章兄一谈。

　　京沪溽暑，迄未稍减。受业拟改迟至十五日后赴京。闻林伯遵兄言，孟真兄将于本月十八日到沪。专陈敬请

钧安

受业　叶企孙敬启
八月七日

1949年

钱三强致葛庭燧

（1949年4月20日于布拉格　邀请回国工作）

庭燧兄：

　　北平解放后，曾得一信，知道今夏要回来，高兴的要命，老人家更是高兴。……

　　新政权比较以前的好得多。想到我们十三四年前曾经共同奋斗所想达到的目标，现在来了。只要我们个人人生观仍旧，一切都觉得很自然。……中国现在就希望非个人主义者来为大众服务。在制度上有许多要改的，比如美国之不许夫妇共同作事，解放区相反地，特别为夫妇工作找方便。关于全盘科学建设，很需要新起的科学工作者来共同筹划，因此老兄回来是最好没有。现在南京、上海一下，今年想怕广东都有希望了。所以全国建设立即要开始，请有志者共同来参加这伟大的工作。……

　　匆祝研安！大姐好。

弟　三强上
四月二十日

解说

　　1949年4月，钱三强参加中国人民保卫和平代表团（团长郭沫若）出席布拉格世界保卫和平大会，期间，他致信在美国的金属物理学家葛庭燧，邀其回国工作。

　　本信选自清华校友通讯丛书《校友文稿资料选编》（第七辑）（2001年4月，清华大学出版社）。丛书编者注：（1）此信写于布拉格，葛当时在芝加哥大学。此信摘要发表于1949年5月28日纽约出版的《留美学生通讯》第一卷第七期上。(2)原信复印件是由葛庭燧教授提供给本刊的。

葛庭燧1993年回忆说:"我把钱三强教授来信发表在纽约的《留美学生通讯》上,推动了当时留美学生回国运动。"葛于1950年回国,任清华大学物理系教授,兼任中国科学院近代物理研究所研究员,1955年选聘为中国科学院首批学部委员(院士)。

钱三强复《留美学生通讯》编者

（1949年4月27日于布拉格　动员留美学人回国）

××兄：

今天收到你寄到巴黎转来的信（四月十六日）。我们没有得到法国外交部无条件之签证，故在布拉格开了很狂热的，以中国为主的和平大会。正好南京在这几天打下，使得我们一群人民的代表也增加了不少的光辉。……以后我们要以建设来充实这个血肉换来的荣誉。因为实在忙，所以写不出报告。只好先回答你所提的几个留美同学所关心的问题。这些答案，是先问过中共朋友的。

一、中共并无一特别对留美学生的政策。凡是本身有用的人才，不是自私自利者，都欢迎回国，参加建设工作。但不像从前，只认头衔不认本领及工作经验。相反的，凡是真埋头苦干，不骄不躁的专家都受到尊重。更谈不到有什么对美国留学生特别实施的政治训练。主要应该想到自己是人民中享受过特别待遇的人。现在既然学有所成，应该从"为人民服务"着想。现在解放后的城市，并无任何特别政治训练，只有自动的学习及看有关书报，请留美同学不要以为回国后，应该受一次类似他们某一时期出国的"特别训练"。

二、留美同学在组织上的准备，与任何公民一样。A. 了解政策问题（现在是新民主主义阶段），内容及材料可由《华侨日报》得到。B. 人生观问题，放弃个人主义，想到自己是大众一分子，为人民服务。C. 在工作上，应该尽量提高自己的知识及技术水准，但同时要时时想到利用知识以及技术，为大众服务。

三、留美学生，从前既不应当特别受到重视，现在也不应当受到轻视。事实上歧视问题毫不存在。在北平的各校教授，大多数是留美的学生，一个也没有解聘。总之，自己不想受到特别重视的人（想受人重视这种人生观就是畸形的个人主义）决不会受到歧视。对于一般政策，中共欢迎批评及提出建议。在为大众服务的人生观下，学术研究及言论是自由的。

所以最后一句话，一切一切，都是自己人生观的问题。若是能够改变人生观，一切都自然。若人生观不能改过来，则需要从实际生活上，一点点的走向适应环境的路。举例来说吧，以小弟之无知，从来未走衙门，拜显要，中共来了以后，也不特别轻视。我觉得一切都很自然。重要的关键，还是在人生观的问题上。

…………

后日午，我们飞莫斯科（将参加五一节）。将住十日，即行回国。五月底，我大概已回北平了。祝
好！

弟　三强上
四月二十七日

解说

本信选自清华校友通讯丛书《校友文稿资料选编》（第七辑）（2001年4月，清华大学出版社）。丛书编者注：

（1）钱三强，曾留学法国，著名核物理学家，1948年回国，在北平清华大学物理系任教直到解放。1949年4月参加了以郭沫若为团长的中国人民出席世界和平大会的代表团。

（2）此信公开发表于1949年5月14日在纽约出版的《留美学生通讯》第一卷第六期上。

又，钱三强信的发表，在留美学生中起到了现身说法的召唤作用，经过方方面面采取措施、做工作，在美国的中国学人中形成一股回国热潮，据权威部门统计数据，从1949年8月至1954年12月，自美国回国的学人总计937人。

钱三强致约里奥 – 居里夫妇

（1949年12月3日　邀请在中国开世界科学工作者协会理事会　法文　邱举良译）

尊敬的老师：

　　我从布拉格回国以后，所有的进步人士都被吸收到国家各个组织的重建工作中。我的工作主要是从事科学领域和青年方面的组织。有一阵我感到有些担忧，因为我不知道是否还能重新回到我的科研工作中，但另一方面，我知道人民的胜利不是件容易的事，为了能取得彻底的胜利，人人都有责任贡献出一份力量。有很多爱国同胞为此献出了自己的一切。如果我能够用我一生中的某个阶段来参加国家的重建工作，这将也是"为胜利而牺牲"，现在我们的政府已经建立，每个人都在一点一点开始做各自的本职工作。我被派到直属政府组织内的一个独立机构——中国科学院，负责筹建原子核物理研究所，这个研究所将包括一个核物理实验室、一个宇宙线实验室、一个核化学实验室和一个理论物理室，后者将面向宇宙线和原子核，将由彭桓武[*]先生领导（Morette女士的论文就是由彭指导的）。另外，我还在中国科学院计划局兼职工作，这是一个负责科研组织工作的机构。

　　在最近闭幕的工会大会上，听说世界科学工作者协会打算下一届大会在中国召开，我们讨论了这个问题，一致表示同意。当我们向全国理事会

---

[*]彭桓武（1915—2007），理论物理学家。1935年毕业于清华大学物理系。1940年获英国爱丁堡大学哲学博士学位，1945年获该校理学博士学位。1948年与钱三强约定回国，1949年一起筹建中国科学院近代物理研究所。中国科学院首批学部委员（院士）。参与我国原子弹、氢弹研制，获"两弹一星"功勋奖章。

主席转达对世界科学工作者协会的以上意见后，他立刻表示同意我们的计划。他还问了需要多少钱，包括旅费。为了与规定条文相一致，他建议我给您写一封正式的信，他还要请吴玉章（70岁，老共产党员，中国科协主席，是加香和保罗·郎之万的朋友）以个人名义给您写信，表达半官方欢迎你们来这个心愿。这两封信经过理事会秘书长过目，已托M. Saillant转交你们。如果世界科协做出决定，请给我们正式来函，表示在中国召开大会的意向。届时我们将一定表示赞成，实际上我们已经开始做这方面的准备工作了。

今后几年，我们的经济条件不可避免地还会遇到困难，在这种情况下，我们科学院计划明年着重发展原子物理研究所，其它的研究所将暂时维持战前水平。这也是为什么我们愿意把世界科协大会纳入计划，以便邀请到众多人士来中国，而这些人士大部分是在核物理、宇宙线、理论物理方面的科学家。我们初步考虑了一个名单：约里奥-居里夫妇、玻恩、海特勒、布莱克特、罗森菲尔德、莫勒、鲍威尔、奥基亚勒、T. H. 冯·卡门、沙普利、李约瑟（F. M. T. S. 的成员未在此列出）。我们请您考虑，如果可以的话，邀请的人士中除了参加此次大会，还希望有人能在中国做些系列性的演讲。

另外，可否请您问一下瑞士的厄利孔，了解一下像您法兰西学院里那台回旋加速器的电磁铁在达拉尔的价格是多少美元。

谨向你们表示最诚挚的敬意，我将再给您写信。

您诚挚的　钱三强

1949年12月3日

解说

原件存巴黎"居里和约里奥-居里档案馆"。

1. 约里奥-居里时为世界科学工作者协会理事会主席。该协会由罗素、爱因斯坦、约里奥等世界知名科学家于1946年发起成立，总部设在伦敦。中国为创始成员之一，钱三强在法国时以个人会员加入。在约里奥积极支持下，世界科协执行理事会1956年4月首次在欧洲以外的中国北京举行。因夫人伊莱娜刚于同年3月去世，加以身体原因，约里奥本人未能来华主持会议，由执行主席英国科学家，也是钱三强的好朋友鲍威尔主持。但此时，钱三强正率领庞大的"热工实习团"在苏联考察访问，未能与鲍威尔相晤。

2. 信中写的"为胜利而牺牲"这句话，是当年巴黎被希特勒占领后，约里奥自愿秘密加入法国共产党并且领导法国教授委员会，发起反抗法西斯、拯救法兰西运动而提出的口号。

3. 信中写到彭桓武指导Morette女士的论文。Morette是法国一位优秀的女物理学家，她1945—1947年在爱尔兰都柏林高等研究院做博士后研究，其论文《对较低能区核碰撞中的介子产生进行精确计算》就是由那时作为薛定谔的助理教授彭桓武直接指导的，当论文在法国发表后，约里奥曾经对这位中国指导者有过很高的评价。钱三强信中特意写到此事，本意是想告诉法国老师，新中国开展核科学研究，是具有人才条件的。

钱三强致王淦昌*

（1949年12月　邀请筹建近代物理研究所）

淦昌教授：近好。

非常高兴7月在中国自然科学工作者代表会时首次得见。您过去的科学成就在国外早有所知，上次北京叙谈中，又知道我兄以物理学将来的发展及教育改进方面的许多见解，更为钦佩。

几个月形势进展很快，中国科学院已于上月通过政务院批准建立了，正忙着接收原有科学机构，再重新调整组建。物理学方面准备先设应用物理与近代物理两个研究所。有关近代物理所的筹建及人员组合，除了原北平研究院的何泽慧等，清华大学的彭桓武会很快来参加。现正式写信，诚恳邀请我兄来京一起筹建近代物理所。这一意见，得到浙江大学老校长现中国科学院副院长竺先生**的积极支持。

等待您的回复。

顺致

问好。

钱三强

---

*王淦昌（1907—1998），核物理学家，德国柏林大学博士。中国科学院首批学部委员（院士）。历任山东大学、浙江大学教授，中国科学院近代物理研究所副所长，二机部九院副院长、二机部副部长兼原子能研究所所长。"两弹一星"功勋奖章获得者。
**竺可桢（1890—1974），气象学家、科技史家、教育家。美国哈佛大学博士，中央研究院院士，中国科学院首批学部委员（院士）。1949年任中国科学院副院长兼计划局局长。

解说

　　王淦昌接钱三强信后，立即从杭州自费购买硬座车厢的坐票启程来京，他后来回忆说："一是自己还年轻，经受得住劳累之苦；二是口袋里没有钱，可怜极了。"12月末到达北京，在地安门东大街中国科学院第一宿舍（时称"月季大院"）同钱三强、何泽慧夫妇进行了长谈，一起吃了饭，还见了同住该院的竺可桢、彭桓武，他们互觉志同道合。于是次年2月16日，王淦昌正式到北京报到，还把他在浙江大学建好的云雾室设备也运到了近代物理所。

　　1958年，标志着进入原子时代的中国第一座原子反应堆和第一台回旋加速器就建在这个研究所，研究所也同时改名为原子能研究所，成为我国原子能科学技术的综合基地。时任所长钱三强和副所长王淦昌、彭桓武以及当时的研究骨干朱光亚、邓稼先、于敏、陈芳允，后来因各自的突出贡献获得了国家颁发的"两弹一星"功勋奖章。据统计，在这个研究所工作过的科学技术专家，后来当选为中国科学院院士或中国工程院院士者达50余人。

1950年

孟雨[*]致函介绍钱三强在法国

（1950年1月9日）

直属机关党委：

钱三强同志为人刚毅忠实，于1937年到法国居里实验室研究原子能的问题，多年来与之相知甚深，过往亦极多。他不但在原子能物理上已有了贡献，即在祖国的抗日战争中、巴黎的沦陷中及胜利后、蒋介石不顾民意发动的内战中，均曾表现出他对于反暴反帝反独裁的斗争的精神，1937年他参加巴黎旅欧华侨抗日救国联合会所出版的抗日情报编辑的工作积极，有热情。巴黎沦陷后他不顾危险藏匿了一个被德军追捕的犹太同事（亦是约里奥的学生），直至巴黎解放后为止。1946年，又参加了巴黎的旅法华侨和平促进会，为反对独裁、争取和平而斗争。尤其是该年7月7日在巴黎召开的旅法华侨和平促进会成立大会上，他与蒋驻法使馆国民党特务头子×××、×××（名字为编者所隐）等所率领的浙江侨商400余人携带武器霸占会场的斗争，表现了他的大无畏的精神，他在紊乱的会场上，在特务势力的压迫下，曾正言厉色、不屈不挠的揭破蒋利用美元发动内战，以图消灭进步力量的迷梦，几有生命的危险。这是事实，这是为吾党在法的同志及在法的进步华侨所共知的事实。

孟雨
1950年1月9日

---

*孟雨（1893—1967），原名孟稜崖，1919年和陈毅、蔡和森等同船赴法勤工俭学入巴黎大学，1932—1946年在巴斯德研究所从事细菌学研究，为中共旅法支部成员，1949年回国先后任中国人民保卫世界和平委员会联络副部长，卫生部生物制品研究所副所长、所长等。

解说

这封信是应中国科学院党组织要求写的，原件存钱三强人事档案。

其时同在巴黎学习（师从郎之万）的物理学家汪德昭，1969年4月6日写材料称："钱在巴黎的群众中，公认他的主流还是进步的，例如他为了争取国内和平事业曾出席过一个会，会上和国民党反动派作了针锋相对的斗争，会后巴黎小报有所反映，称赞钱是'李逵式的人物'，单刀直入，敌人望风披靡。在开会的前一天，我曾为了他的安全，劝他不要出席，我拖了他的后腿。"

1953年2月20日，钱三强本人在申请入党"自传"中也写到了这件事："1946年2月重庆发生校场口事件后不久，国内及法国报纸上都登载了政协被破坏事，蒋介石动员打解放区，孟雨同志来与我商量组织留学生和华侨和平促进会，我即完全同意，并愿意积极参加。在开会时，敌人打手数百人已在场，而我们方面只有百余人。敌人一开始即包办会场，使当时情况有利于敌人，有可能通过敌人的议案：'打电报给蒋介石，要他剿共到底，因为中国之无和平就是因为共产党拥有武器。'那时我的正义感及愤怒使我以骂人的姿态扰乱了会场，使之散会，后来才知道那次打手们是带了六把手枪来捣乱的。那次事情过后，我受到的刺激相当大，认识到了蒋介石的流氓手段，于是积极参加了《和平呼声》的编辑，并且物资上也去支持它。"

钱三强致郭沫若[*]

（1950年5月20日，任用植物学家简焯坡）

郭院长：

　　本局向植物研究所借调之简焯坡[**]君，自从到局工作后，任计划方面事务，工作积极负责，态度和蔼，全局工作人员爱戴。现征得竺局长同意，为使将来工作进行方便计，拟请任用简君为本局计划处兼代处长，是否之处，尚请定夺。此呈

　　　　　　　　　　　　　　　　　　计划局副局长　钱三强谨上
　　　　　　　　　　　　　　　　　　　　　　　　　五月廿日

（钱三强致郭沫若手函见文前插图）

---

[*]郭沫若（1892—1978），作家、历史学家、考古学家、社会活动家。中央研究院院士、中国科学院首批学部委员（院士）。早年留学日本学医，后从事文艺创作和中国古代史及甲骨文、金文研究，著述颇丰。1949年任中国科学院院长兼哲学社会科学部（后改称中国社会科学院）主任、中国人民保卫世界和平委员会主席等。

[**]简焯坡（1916—2004），植物分类学家，毕业于西南联合大学生物系。原北平研究院植物所助理研究员，系进步组织"助理研究人员联合会"成员。后任中国科学院植物研究所研究员、所长。

钱三强致王大珩 *

（1950年8月　邀请筹建仪器馆）

大珩教授：

　　我们回国两年来，看到国家的各个方面发生了迅速变化。知道你早于我们到了解放区在大连大学任教，并且组建了应用物理系开始培养需要的建设力量。

　　去年中国科学院建立后，现在正重新组建科学研究机构，我除了近代物理研究所的工作，还参与新机构的设立与人员配备，有些情况想与你商讨，希望你来北京见面详谈。

钱三强

泽慧嘱代问好！

解说

　　钱三强和王大珩系清华大学物理系同班同学，1936年毕业后钱赴法国居里实验室专攻实验核物理，王赴英国留学从事应用光学研究，于1948年上半年与何泽慧、彭桓武一起约定回国。

　　钱三强致信王大珩系为筹建仪器馆事。

　　1950年7月25日，负责筹组中国科学院研究机构的计划局副局长钱三强同物理学家丁西林，向竺可桢副院长兼计划局局长提出设立仪器制造厂

---

*王大珩（1915—2011），应用光学家，中国科学院首批学部委员（院士），中国工程院院士，"两弹一星"功勋奖章获得者。时任大连大学教授、应用物理系主任。

的建议，后经研究定名"仪器馆"，继而钱三强推荐时任大连大学应用物理系主任王大珩负责仪器馆的筹建并获领导同意，但不知王大珩本人意愿，故钱写信约来北京面谈。

王大珩接信后即应约来京。2001年王大珩在《我的半个世纪》中，对此有如下忆述：

三强认真地说："科学院要建立一个仪器研究机构，我想推荐你去挑这个头，不知道你是否愿意？"

我的心一下就跳了起来。

三强继续说："大珩，我认为你适合做这件事。你本身是搞应用光学的，又在工厂干过，而且我知道你一直想搞光学玻璃，想发展我们中国自己的光学事业，我想，对你来说是一个难得的机会。"

机会！这是两个多么诱人的字眼儿。世间所有的人终其一生都在追寻着各种各样的机会，但是并不是所有的人都能有幸得到适合于自己的机会。我父亲就是这样，他有才气有能力但却生不逢时，他苦苦追寻了一辈子的就是机会。而我在经历了许多次的努力和失望之后，终于有了这样一个毕生向往的机会。我只觉得浑身的血都在往上涌，心里产生了一股压抑不住的冲动。

三强说："这个机构就叫仪器馆吧。因为这个机构不仅要负责研究工作，还要担负制造任务，兼有研究所和工厂的两种性质。叫所和厂都不合适……"

"好！这种结构是最合理的。必须要有工厂，否则什么事情也做不成的。"还没待三强解释完，我就兴奋地打断了他的话。

三强笑了笑，补充说："就是名字不太好听，馆长。"

我毫不犹豫地说："馆长就馆长，只要能做事就成。"

1951年5月17日，钱三强和王大珩同往北京西郊为仪器馆选址，选定清华园公路以南、车站以西约四十亩地，用于仪器馆新建馆址。

后决定，仪器馆建在工业基础相对较好的东北长春，并于1957年更名为"光学精密机械仪器研究所"，后发展成为国家光学研究、开发、生产的综合基地，为国防建设和经济发展屡建功勋。王大珩于1999年获得国家"两弹一星"功勋奖章。

吴有训*、钱三强致郭沫若

（1950年9月30日　为赵忠尧申请生活补助）

郭院长：

由于赵忠尧被驻日美军扣押后，其家庭断绝经济来源，申请院方核定赵每月薪金1300斤小米，并按百分之七十发给其在宁家眷生活补助费，直至赵到所工作为止。

近代物理所所长　吴有训

近代物理所副所长　钱三强

1950年9月30日

解说

1948年，赵忠尧奉原中央研究院物理研究所委派赴美国考察，并携5万美元购买核物理研究仪器设备，先后从美国运回加速器部件及相关的器材30余箱。1950年，赵归国途中被美军扣留于日本横滨，直至11月获释归国。赵被扣押期间，其国内家眷无经济来源，日常生活处于困境，于是，准备聘任赵忠尧工作的近代物理所两位所长及时向院方提出报告并获得批准，解除了突发之危。定赵忠尧月薪1300斤小米（合680元），是当时教授中的最高级。

---

*吴有训（1897—1977），物理学家，美国芝加哥大学博士。中央研究院院士、中国科学院首批学部委员（院士）。曾任清华大学教授、物理系主任等，时为中国科学院近代物理研究所所长，1951年辞去所长任中国科学院副院长。

约里奥-居里夫妇致(电)钱三强

(1950年 祝贺近代物理研究所成立)

为科学服务,科学为人民服务
——祝贺中国科学院近代物理研究所的成就

弗·约里奥-居里

致中国科学院近代物理研究所,它将发展新中国的放射性科学

依·约里奥-居里

解说

  1950年初,新中国第一个原子核科学机构——中国科学院近代物理研究所成立,约里奥-居里夫妇闻讯后郑重向钱三强分别发电报表示祝贺。这是唯一来自西方世界科学家的祝贺,钱三强对此铭感难忘。几十年后撰写近代物理所建所历史,许多亲历者对这件事都记忆犹新,但两位诺贝尔奖得主的电文却无从查找,这是钱三强晚年在病中经过回忆亲笔作了补记,没有让历史留下空白。

钱三强晚年回忆约里奥-居里夫妇祝贺中国科学院近代
物理研究所成立的电文手迹

1951年

钱三强致严希纯[*]

（1951年11月15日）

希纯先生：

 本所新聘人员戴传曾[**]将于十一月廿日前后来港，现在不知他是否被英帝送到香港还是直接到国境。他身边带有少数为所中购买的仪器。因此希望先生能写一信给京华公司拜托一番，同时去一电报给广州海关，说明戴是科学院聘请的人员，他带的东西可以留在海关（与货单在一起），验后运到北京。戴本人预备自广州先回上海省亲。诸事有劳。此致

敬礼。

钱三强

十一月十五日

---

[*]严希纯时为中国科学院办公厅秘书处处长。
[**]戴传曾（1921—1990），实验核物理、反应堆物理、反应堆工程专家，中国科学院学部委员（院士）。1942年毕业于西南联合大学，1951年获英国利物浦大学哲学博士学位。曾任中国原子能科学研究院研究员、院长、名誉院长。

1952 年

钱三强致国际调查委员

（1952年4月10日　在布拉格筹组调查细菌战委员会　法文　吴颖译）

先生：

谨随信附上来自中国的邀请函：

我们邀请您参加国际委员会，前往中国和朝鲜观察和收集有关使用细菌战的事实和证据。

邀请函是由中国科学院院长兼中国人民保卫世界和平委员会主席郭沫若先生签署的。

如您所知，这一国际委员会，是在奥斯陆世界和平理事会执行局会议上通过了由中国人民保卫世界和平委员会提出的建议而迅速成立的。受郭沫若主席个人的委托，我一直留在欧洲，直到他离开欧洲。组成该委员会的科学家和传教士将在布拉格汇集，我将亲自陪同他们前往目的地。

委员会的出发日期预定在五月初，如您接受邀请，请尽快告知我。

在此期间，我将随时与中国政府联络。您的旅费和在委员会工作期间的费用将全部由中国人民保卫世界和平委员会（中国政府）承担。

钱三强

中国科学院近代物理研究所所长

中国人民保卫世界和平委员会委员

1952年4月10日

钱三强致李约瑟 *

（1952年4月　法文　陈时伟译）

亲爱的朋友：

　　电报收悉。无论如何，您若能前来一晤将极为有助，我恳求您来一次。在与您面谈的同时您也可以告知我事情的最新进展。除了考虑是否接受我们的邀请之外，您的意见也将使我受益匪浅。您应该知道您在我们国家的影响力，我渴望听到您的回答。

钱三强

解说

　　此件转引自陈时伟《朝鲜战争时期围绕细菌战问题的三场国际政治动员——关于中英两国档案的解读》127页脚注。

---

*李约瑟（Joseph Needham，1900—1995），英国科学家、胚胎生物化学创始人，英国皇家学会会员，中国科学院外籍院士。所著《中国科学技术史》（7卷34分册），指出中国古代科学技术曾极大地影响世界文明进程，获得中国自然科学奖一等奖（1983年）。

郭沫若致钱三强

（1952年5月21日）

三强兄：

您这次做了很好的工作，总理和定一（陆定一）同志们都表示满意，把您辛苦了。我们的意见，望您待国际委员会组成后一道回国，望您把这一任务彻底完成。居里先生处我已有电慰问，今天李一氓*动身，我写了一封信，托他带去。您多留二三星期，我想对于居里先生也当是一种安慰。余由长望**同志面详。

敬礼！

郭沫若
五、廿一、

解说

1952年3月，世界和平理事会在奥斯陆举行执行局特别会议，讨论中国和朝鲜对美国发动细菌战进行国际调查的要求。中国人民保卫世界和平委员会主席郭沫若率代表团（世界和平理事会理事钱三强为成员之一）出席。在世界和平理事会主席弗·约里奥-居里旗帜鲜明主张下，于3月29日

---

*李一氓（1903—1990），沪江大学、东吴大学肄业。1925年加入中国共产党。1927年参加南昌起义。后在上海从事党的秘密工作。曾任大连大学校长。时代表中国参加世界和平理事会的工作。

**涂长望（1906—1962），气象学家，中国现代气象事业创始人之一。中国科学院首批学部委员（院士）。时为新中国中央气象局首任局长、中国科协书记处书记。

通过决议,组织"调查在朝鲜和中国的细菌战事实国际科学委员会"。

委员会的组成,决定由钱三强代表中国科学院院长、中国和平理事会主席郭沫若在布拉格发函邀请。由于美国等的威胁与阻挠,许多科学家不敢应邀,经过两个多月的努力,最后有七位独立科学家接受邀请,自愿参加调查,他们是:瑞典女医学家安德琳博士、英国生物化学家李约瑟教授、意大利解剖学家欧利佛教授、巴西寄生生物学家贝索亚教授、苏联细菌学家茹科夫·维勒斯尼科夫教授、法国动物生理学家马戴尔教授、意大利微生物学家葛拉求西博士(由于时间安排原因不能全程调查,定为"列席顾问")。消息报告国内后,高层领导不胜欣喜,于是,郭沫若写亲笔信托出席维也纳世界科学工作者联合会第11届执行理事会的中国代表团团长、气象学家涂长望,面交在欧的钱三强(钱定为该代表团成员)。

遵照郭沫若的嘱咐,钱三强陪同国际委员会成员于6月21日抵达北京,接着(7月10日)又以联络员名义陪同国际委员们,前往我国丹东和朝鲜战争前线进行实地调查,最后形成调查报告(连同证明附件共45万字),证实朝鲜和中国东北的人民,确已成为细菌武器的攻击目标。报告书于8月31日由各位国际委员亲笔签署,以四种文本(法文本为正本)提交世界和平理事会执行局。同年12月,在维也纳举行的第三次世界和平大会上,巴西寄生生物学家贝索亚代表国际科学调查委员会宣读调查报告。钱三强陪同宋庆龄(团长)、郭沫若(副团长)出席了大会。

1953 年

刘宁一[*]复信介绍钱三强在法国

（1953年5月9日）

中国科学院党委：

　　关于钱三强同志，在法国学物理学，为人正派。我和他的接触是一九四七年开始的，那时在法国他积极参加爱国运动，反对美蒋集团，在留法学生和华侨中有些影响。他之所以未加入党，据我了解不是由于政治关系，而是由于他本人的技术观点，而且个人英雄主义的毛病也相当重。但对党一直是同情，并不断的进步。

刘宁一
一九五三年五月九日

解说

　　此函系应中国科学院党组织要求所写，原件存钱三强人事档案。

---

[*]刘宁一（1907—1994），1925年加入中国共产党，曾任工、青、妇、学联欧洲中国工作组党组书记，时任全国总工会书记处书记、中共中央国际活动指导委员会副主任委员、世界和平理事会理事。

袁葆华*复信介绍钱三强在法国

（1953年6月11日）

中国科学院党总支：

我和钱三强1943年秋在巴黎"东方饭店"相遇，他骂德国法西斯，从此一直争取他。

这个人有正义感，对国民党不满意。1946年他是发起成立华侨和平促进会成员，每次开会他都参加发言，一次大会上他公开骂国民党"祸国殃民"。1948年曾争取他入党，孟雨同他谈过多次。

袁葆华

1953年6月11日

解说

此函系应中国科学院党组织要求所写，原件存钱三强人事档案。

---

*袁葆华曾为中共旅法支部负责人。

钱三强拟函科学院办公厅

(1953年　近代物理研究所迁中关村"原子能楼")

院办公厅：

我所迁西郊日期，经由我所所务秘书李寿楠同志与办公厅陈副主任及赖处长等再次商量，决定于工程验收完毕后，立即停止工作进行搬迁，估计在十月廿日开始，争取在一个月内搬迁完毕，目下我所已在开始进行必要的准备工作，为了使迁西郊工作能够顺利进行及搬迁后一些必要问题得以及时解决，下列几点须要再提请办公厅注意和解决的。

（一）搬迁日期的决定是根据工地负责人口头表示，估计十月廿日以前土建、水电全部可以完工验收，如果说及时尚未能完工而影响到验收时间和搬迁日期，希望办公厅能在十月一日左右告知我所。

（二）为了使正式验收时不至于临时发生重大问题影响验收日期，希基建处能预先检验各主要部工程。

（三）我所曾经申请修隔的一些工程，请办公厅能及早与公司及工地联系好，能同意我所派人去进行隔墙及水、电修装工程，由于基建处任务重，这些修理工作，可由我所负责并派专人前去，关于修理费用，因为原来没有这笔预算，是否可以考虑由基建处从我所基建费中出。

（四）如在十月廿日正式搬迁，则须在十月上旬解决食堂问题，同时工地公司工作人员使用房间包括后面平房请须在十月十五日左右让出来。

（五）我所去西郊后，来往交通是个很大问题，目前公共交通特别是星期六、星期日要等二三小时赶不上车，如果自己没有交通车，影响工作和工作人员生活情绪颇大，我所以前曾向院方申请，现在仍请求院方能为我所买一辆交通车，如果不可能，则希望规定每星期有二次交通车，每星期三下午进城，星期四早晨出城；星期六下午进城，星期日下午出城。

（六）据了解宿舍没有浴室设备，这样搬去后洗澡就成问题，是否可以再加添莲蓬（淋浴）洗澡堂或在后面造一个小澡堂，澡堂部设备我们自己负责，请批示。

上述各点，请办公厅考虑办理之后希答复。

中国科学院近代物理研究所启

解说

此件由所长钱三强拟稿，并改定为中国科学院近代物理研究所致科学院办公厅的公函。

1954年

孟雨再致函介绍钱三强在法国

（1954年1月26日）

中国科学院党总支：

在法国时，钱三强在镭学研究所，我在巴斯德研究所，我们交往很多。据我当时认识的钱三强，有很多优点亦有很多缺点。优点方面：热情、诚恳、纯洁、朴素，有正义感，有责任心。缺点：政治不开展，没有树立正确的无产阶级人生观和世界观，如：他认为陈独秀、胡适等办《新青年》和提倡新文化运动有功，后来陈、胡等虽然走错了路，中国共产党对他们的批判似乎应当宽恕一点，不应该过于严格。这种没有观点立场的想法是明显没有树立无产阶级世界观的表现。再就是，他怀疑中共是不是也懂得科学或者也重视科学；这种不科学的想法，也是他当时不愿意加入组织的原因。

当时争取钱三强，与他联系做他工作的党内同志，1945年有邓发，1946年有刘宁一，1947年有陈家康和陆璀等。

孟雨
1954年1月26日

解说

信上有天坛中央生物制品研究所加盖公章，并注明孟雨为该所所长。原件存钱三强人事档案。

郭沫若书赠钱三强马克思语录

（1954年1月27日，纪念其加入中国共产党）

在科学领域内，没有平安的道路可走，只有那在崎岖小路上攀登不怕劳苦的人，才有希望达到光辉的顶点。

右为马克思《资本论》法文译本序文中的一句话。一九五四年一月二十七日夜录奉三强同志座右，以为纪念。

郭沫若（钤印）

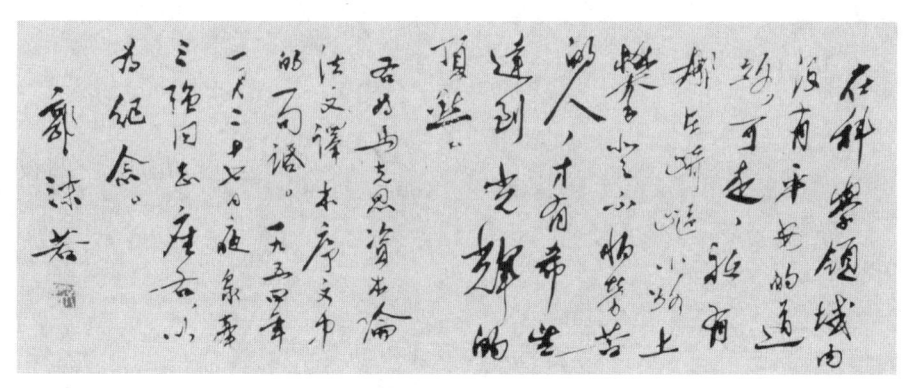

郭沫若书赠马克思语录

1955 年

尹达*致钱三强、张稼夫**
（1955年9月13日）

三强同志并转
稼夫同志：

我抽时间赶写了一个初稿，虽说改了两次，但因情况了解不够，总是觉得空洞，请你们修改好了。

那天会上的意见，我大体上是考虑吸收了。

中心是经过组织改变，说明加强科学领导核心问题，是否妥当请考虑。

布礼！

尹达
九月十三日夜

---

*尹达（1906—1983），考古学家、历史学家。曾任中国人民大学研究部副部长和北京大学副教务长，中国科学院历史研究所副所长，兼任考古研究所副所长、所长，中国科学院哲学社会科学部学部委员。时为中国科学院党组成员。

**张稼夫（1903—1991），时任中国科学院党组书记、副院长。

1956年

钱三强致张劲夫[*]

（1956年5月17日于莫斯科）

劲夫副院长：

接到院中信件及电报，叫我了解一下关于中苏合作黑龙江勘察问题，和UNESCO主持的"人类科学与文化史国际［编辑］委员会"的有关问题，现在将得到情况报告于下：

①关于中苏合作黑龙江勘察事项，在得到竺副院长的电报后，即进行了解，但始终没有明确的答复，只是说准备工作尚未完毕。今天下午苏联科学院学术秘书长托布捷夫院士约我去谈话，在座有即要到中国去的专家。他表示这次准备比较延迟了一些时间是因为准备工作比以前预料的要复杂一些。他说星期日晚有六个人乘飞机到中国去，其中三个人是科学院派去的，三个人是电站工业部派去的。科学院派去的三个人是：普斯多瓦罗夫（Пустовапов）通讯院士——地质学家（石油专家），苏联科学院生产力委员会副主席，代表团团长；司翁可夫（Звонков）通讯院士——水利航运学家；克拉皮夫（Клопов）博士——去年苏联科学院黑龙江勘察队队长，动力学家。

在谈话中，他们说苏方的各调查小队已组成，共有十七个小队，内分水利、水上航运、地质、渔业、自然条件等各组，自然条件组将由去年任我院院长顾问的柯夫达通讯院士担任，其中几个队已定五月底即出发到黑

---

[*]张劲夫（1914—2015），历任浙江省财经委员会主任、华东财经委副主任、国家财政部部长、国务院财经委员会副秘书长、中央财经领导小组秘书长、国务委员兼国家经委主任等。时任中国科学院党组书记、副院长兼国家科委副主任。

龙江北岸。

他们这次到中国的目的是谈判如何合作组织黑龙江两岸的调查工作，预计在北京停留两个到三个星期。

今天下午从苏联科学院回来后即打了一个明电，报告他们的行期。现在将谈话内容补上。他们动身的准确时间，苏联科学院将另有电报通知。

②关于UNESCO主持的"人类科学与文化史国际编辑委员会"事，托布捷夫院士说，苏联的出席该会的代表兹伏磊金，他于本月廿一日或廿二日回到莫斯科，他回来了以后将约我见面将该会的情况详细谈一下。该会的章程也不久即将准备好送给我们。关于胡适与该会的关系，托布捷夫当时不能答，要等兹伏磊金回来才能弄明白。

将来的谈话结果和有关资料，我将及时送回国内。

③苏联科学院将1956年各国的国际性和国家性的学术会议的名单送给我们，现在信中附上（送联络局翻译后再打印）。

④陈泽同志等已经顺利地进行了第一步的工作，现在到列宁格勒参观学习，不久即将回来。今天苏联科学院干部培养处处长告诉我九月一日以后我们即可派一百四十七个研究生到苏联科学院来参加学习。本来苏联只预备接受118名，现在由于我们的需要，增加到147名。详情将由陈泽同志汇报。

我们在此地学习已快告结束，参加刘杰同志主持的代表团工作也快结束，估计六月中旬将回国。葛庭燧将去斯费特洛夫开磁学会议。

本报告中第一项请转告竺副院长，第二项请转告张明远同志，第四项请转告郁文同志。

郭院长、各位副院长、力生同志（两位）、康白同志、武衡同志、郁文同志、庆林同志等请代致意。

此致

敬礼！

钱三强上
1956.5.17日

解说

　　钱三强1955年10月率"热工实习团"（40余名科技骨干）赴苏参加重水反应堆和回旋加速器设计审查，并分组进行对口专业学习；后又参加政府代表团就苏联帮助中国原子能工业和确定援助项目进行谈判，签订协定，直至1956年7月回国。

钱三强致张劲夫

（1956年5月30日于莫斯科）

劲夫副院长：

昨天苏联科学院参加巴黎的"人类文化和科学发展史国际编辑委员会"（UNESCO）的兹伏磊金教授约我去谈关于该委员会的情况，现在将谈话结果报告于下：

1. 胡适是该会的委员，代表台湾［地区］，并不是以个人的名义出席的，这次他没有参加，另有两个代表台湾的人代替出席。

2. 兹伏磊金教授曾将苏联科学院主席团学术秘书长托布捷夫院士致委员会主席的信（见附件一）在委员会中宣读，并且提出胡适不能代表中国，中华人民共和国应该有他的正式代表，陈翰笙[*]是中国科学院推荐的正式代表，但是因为台湾是UNESCO的一员，委员会本身没有权利将胡适驱逐出去。

另外，兹伏磊金曾与委员会主席卡尔涅伊罗（巴西人）交换意见，卡氏也表示胡适不能代表中国，中国应该有他的正式代表，但是作为委员会的主席，他觉得没有权利改变情况，只有UNESCO的领导机构才能改变情况。法国代表莫拉塞也表示中国的文化科学发展史的编辑应该由人民中国的科学家来工作，在莫氏主持编辑第五册的工作中，他已经与中国科学家取得联系。

---

[*]陈翰笙（1897-2004），经济学家。1921年获美国芝加哥大学研究院硕士学位，1924年获德国柏林大学博士学位。1935年加入共产党。专长世界政治经济史。时为外交部国际关系研究所副所长、中国科学院哲学社会科学学部学部委员。

最后，兹伏磊金又与美国代表（又是委员会副主席之一）图尔纳谈，图氏对于中国的代表权问题表示与兹氏看法不同，但是认为主席提出要与中国取得密切联系的问题他不反对，最后卡尔涅伊罗、图尔纳都同意由兹伏磊金作为该委员会和中国的联系人。

总之，兹伏磊金表示苏联在这个问题上已经作了很大努力，大部分的委员从这部历史的编辑的观点上看，都觉得应该由我国的科学家参加，但正式出席该会由于美国的阻挠而受到影响，兹氏并且表示，本来胡适也不来，台湾方面也没有积极的参加，现在由于我们要参加这个会，他们反而派一两个走狗来参加一下，下面工作更加困难。（该委员会名单见附件二）

3. 关于这部历史编辑的情况，兹伏磊金说：历史共分为六册，由不同国家的作者担任不同阶段的工作。除了六册以外还有两册比较更通俗的版本。

他估计这部历史出版还有一定的影响，因此我国应积极参加这部历史的真正的编辑工作，以便使我国的观点能够得到充分贯彻。

按照编辑原则，编辑主文由作者负责，但是其他不同意见可以写在附注中，苏联提出，苏联和民主国家的意见不是个人的意见，而是代表国家的意见，因此应该在主文内得以贯彻，比如俄国政府成立的历史，西方有所谓"斯干地那维亚学派的说法"，苏联不同意这个说法，那就应该改，因此他建议我们应该尽量的提出我国的意见，将这些意见早日交给他，以便他汇总后作为苏联和民主国家的总体意见提出。

过去半年多兹伏磊金曾不止一次将该委员会的资料送给我国，有的到科学院，有的给陈翰笙（已经给我们的资料目录见附件三）。去年十二月卅日给陈翰笙的材料中已有该委员会的章程，可能我院没有查到。现在他又打了一份交给我（见附件四）。

过去兹伏磊金已经将该委员会的编辑大纲和苏联对于该大纲的意见，以及苏联自己提出的大纲，各种材料寄给我国，现在为了加紧我们的工作，再将"苏联对于UNESCO提出的编辑大纲的意见"（附件五）和"苏联自己提出的编辑大纲第一册~第四册"（附件六）给回去（第五册~第六册的部分，下星期送给我，我收到后即寄上）。希望我国科学家看了以后，提出我们正式的意见，交给苏联，以便苏联汇总向该委员会提出。

兹伏磊金一再提出，希望中国在两个月以内完成这项工作，以便他能在三个月头上向该委员会提出苏联和民主国家的意见，这件事请领导上抓紧，以后希望中国科学院或者陈翰笙同志多多与兹伏磊金取得联系。（我将于六月半回国）

此致

敬礼！

钱三强上
一九五六年五月三十日

（信中附件均略）

钱三强致张劲夫

（1956年10月29日）

张副院长：

物理研究所一部（即中关村部分）和二部（即房山坨里部分）即将统一，宋任穷*同志处建议由下列人员担任副所长：

赵忠尧，李毅，王淦昌，彭桓武，罗启林，力一，郑林，梁超（兼二部办公室主任）。

罗启林（11级），本来是技术局的副局长，现在负责二部的基本建设工作。

力一（3级工程师），也是技术局的副局长，去年同我们一同去苏联学习，担任建造回旋加速器的总工程师，将来在所中负责技术方面的工作。

梁超（11级），是技术局的办公室主任，将来负责二部的行政事务工作。

郑林（11级），是新调来的，大学文化水平，1939年入党，调来前任河北省委教育处长，拟即提升为副部长。我们考虑拟请郑林担任一部（中关村）的行政领导责任，这样即可使李毅同志担任总的行政副所长。

假如这样安排院的领导可以同意的话，我们希望郑林即日先行到职，以后再补行政任命手续。至于物理所全盘组织安排事，尚请您与宋任穷同

---

*宋任穷（1909—2005），1955年被授予上将军衔，时任第三机械工业部（后改称第二机械工业部）部长、党组书记，钱三强为该部副部长，物理所改为科学院和二机部双重领导，分为一部和二部。

志商量后决定。赵忠尧先生是否也可先行到职，请指示。

此上所报，是否可行，请批示。

此致

敬礼

钱三强
10.29日

解说

同日，张劲夫在钱信上批："同意所提名单，赵、郑同意也到职，干部局办理报批手续。"

1959 年

钱三强致中国科学院办公厅

（1959年3月27日　要求停发本人学部委员津贴）

院办公厅：

　　我请你们将我的学部委员每月津贴一百元自四月起停发。关于此事，我已曾写信给张副院长。希望你们批准，并且通知有关部门执行。

　　敬礼！

钱三强
1959.3.27日

解说

　　1955年中国科学院实行学部委员制度时，国务院决定给每位学部委员每月发放100元津贴，亦称"车马费"。

钱三强致王淦昌

（1959年4月25日）

联合原子核研究所王淦昌副所长：

今年三月一日我科学院接罗马尼亚科学院一秘米尔库院士来信，罗马尼亚科学院原子物理研究所邀请苏联和其它民主国家参加1959年5月7日至17日在布加勒斯特召开的宇宙线实验室年会。

他们邀请一、两位中国科学家出席此次会议。因当前国际学术活动会议较多，出国任务繁重，因此，我建议请你将联合所参加高能物理的中国同志派一人代表中国出席这次会议，不知是否可行？请电告我科学院联络局为盼。

此致
敬礼

钱三强（钤印）
1959年4月25日

1960年

钱三强致（电）刘杰[*]

（1960年11月25日于莫斯科　推荐周光召参加原子弹理论设计）

刘杰部长：

来信收悉。九局理论组我认为周光召较适宜，但需在国内解决调干问题。

此复。

钱三强

十一月二十五日

解说

1959年6月，苏共中央致信中共中央暂缓执行双方签订的原子能技术协定，次年7月苏方决定撤走在中国原子能系统工作的全部专家（233名），并带走有关图纸资料，使我国第一颗原子弹研制处于面临半途而废的困难境地。

1960年11月中，钱三强作为政府代表到杜布纳出席联合研究所成员国会议，期间接见了主动求见的三位在联合研究所工作的中国青年学者周光召、何祚庥和吕敏，他们主动请缨回国工作，填补苏联专家撤走后的空缺。其中周光召虽一直数学天赋非凡，在联合所几年从事理论物理研究成绩杰出，受到国际物理界极大关注，但他社会关系复杂，而且有直系亲属

---

[*]刘杰（1915—2018），时任主管原子能工业的第二机械工业部部长、党组书记。钱三强为副部长、党组成员。

在海外，这在当时参加原子弹研制是违犯禁忌的。钱三强向我驻苏使馆了解，又找其他中国学者谈话，结果都反映周光召政治上值得信任。他更想到，像周光召这样少有的人才，正是国内原子弹理论设计最急需的，于是便急于莫斯科发电报郑重推荐；回国后又亲往周光召关系所属的北京大学，说服准予调出。

电文中"九局理论组"，即核武器研究所理论部。周光召1961年5月被任命为该部第一副主任，时任理论部主任邓稼先，也是钱三强1958年从原子能研究所推荐任职的。后来，邓和周都获得了国家"两弹一星"功勋奖章。

1961年

钱三强、何泽慧致《文字改革》杂志

（1961年2月）

《文字改革》杂志编辑部：

看到很多从事科学工作的同志，热烈讨论关于科学符号中拉丁字母的读法问题，我们基本上同意各位主张用汉语拼音方案的字母来读科学符号的同志们所发表的意见，并认为这种作法是比较合理的。一个国家有自己发音方式的字母，一定是用自己的发音方式来读科学符号的。过去我们没有全国统一的拼音方案，所以每个人根据不同历史条件所形成的习惯来读科学符号，因而形成了用英文、俄文、德文等发音方式混乱不定的局面。现在我国已经有了全国统一的拼音方案，我们就应该坚决使用这种方案来读科学符号。已经用惯了这种或那种读法的人，应该努力改掉历史条件形成的习惯。这些人毕竟是少数。为了发展科学的长远利益，我们认为用汉语拼音方案的字母来读科学符号，作的越早越好。

科学院副秘书长、原子能研究所所长　钱三强
科学院原子能研究所研究员　何泽慧

解说

钱三强和何泽慧的联名信刊载于《文字改革》1961年第三期。同期还刊出中国科学院力学研究所所长钱学森的表态信，信称："关于科学符号中拉丁字母的读法问题，我愿意在此表个态度：我看用汉语拼音字母名称的读法比较好。"

裴丽生*、钱三强致聂荣臻**

（1961年8月14日 落实原子弹攻关任务）

聂总：

7月12日至31日，我们带领科学院和二机部工作组，到沈阳、长春、哈尔滨等地，与科学院金属研究所、应用化学研究所、土木建筑研究所，共同磋商，分别安排了二机部的有关任务。现将这一段的工作情况，简要汇报如下：

（一）这次首先安排了当前的研究任务，并对各所有关这一方面的长远的研究工作也作了适当的部署。

二机部向科学院金属所、应化所、土建所提出的研究任务，概括地说来：主要是金属铀冶炼，核燃料化学和反应堆结构力学等三个方面的研究工作。

金属所：负责研究金属铀工厂的生产工艺流程中的科学技术问题，用四氟化铀精炼出金属铀，加工制成工业堆用的铀棒。具体进展：九月份开始小量的四氟化铀还原试验，十一月底提炼出若干公斤粗铀，年底一面进行压力加工、热处理试验和物理性能的研究，一面进行精炼和扩大试验，在1962年6月底前制出几根合格的铀棒，交二机部鉴定。并初步解决金属铀冶炼的主要技术问题，提供工厂用的主要技术条件。该所远期任务，是

---

*裴丽生（1906—2000），1933年加入中国共产党，历任山西省人民政府主席、中国科学院秘书长，时任中国科学院党组副书记、副院长。

**聂荣臻（1899—1992），中华人民共和国元帅，时任国务院副总理兼国防科委主任、国家科委主任，主管全国科学技术工作。

以铀合金的研究作为主要发展方向之一。

应化所：主要担负核燃料化学处理的三项工作：①研究核燃料前处理过程（四氟化铀）的化学问题及燃料问题。从铀矿石经过浸取、离子交换、萃取纯化、沉淀还原，制成二氧化铀，再经过氟化制成四氟化铀。这是水法冶金工艺过程的基本化学研究，系水冶厂、金属铀厂生产前必须解决的技术关键，计划在1962年完成。②研究核燃料后处理过程（金属铀）的化学问题及辐射和腐蚀问题，从经过反应堆照射过的铀棒中，将铀和裂变产物分离掉，取出其中的钚。这个任务，因研究周期较长，亦作了适当安排，于明年开始工作。③铀钚化学的分析工作，主要分析产品的杂质，保证产品的纯度对二氧化铀的分析，在年底基本完成；金属铀的分析，在1962年上半年完成；钚的分析在1962年开始。今后，随着核燃料工业的需要，该所将向铀钚化学的基本研究方面发展。

土建所：院部拟改为力学所分部。首先承担工业堆大直径承重板（承托反应堆全部重量的底板）挠度的研究，使承重板在安装后达到水平度。这是安装设计的前提，安排在1961年底前得出理论计算数据和研究报告。其次，担负原子潜艇动力堆结构力学的研究。先研究动力堆受冲击震动（如原子爆炸）的影响和抗爆、减震的安全措施，今年内提出合理计算和模型试验的方法，制成冲击装置，明年开始作研究工作，争取1962年底提出计算报告和减震装置的设计。然后再对动力堆部件的应力、结构形式、动力装置管道的热膨胀系数和压力窗口的应力等方面进行研究，在1962年初陆续开展工作，1963年初拿出研究成果。该所今后的主要方向，将集中力量进行原子能工业的结构力学和抗爆抗震、屏蔽材料的研究。

从这三个所的情况看来，安排的任务与原来的学科基础及研究人员的专业是紧密结合的，有少数人的专业需要转一转，距离亦不太大。金属所和应化所担负这方面的工作人员，均占到全所工作人员的百分之四十；土建所在机构适当调整之后，将全面结合二机部的任务。这些所，由于任务明确了，使研究所的方向，也进一步明确了。大家认识到：掌握和发展原子能科学技术，不仅是国防建设和国民经济建设的迫不及待的任务，而且通过这些任务的完成，会积累大量而宝贵的科学技术资料，极大地丰富学科内容，为各门学科开拓无限广阔的领域和新的天地，大大促进学科的发展。

（二）这次任务安排，我们具体地贯彻执行了聂总和国防科委关于"国防五院、二机部、科学院三家扭成一股绳，共同完成任务"的指示精神，并且摸索出一些具体而有效的方法和步骤。

在"共同完成任务"这样一个新的观念的基础上摆情况，提问题，双方技术交底，通过共同讨论，明确技术关键，确定任务方案，彻底改变了过去的向研究所简单地"交题目"的办法。过去国防尖端部门，因保密关系向研究所交任务未能从一定的工艺流程上将前后左右的问题进行说明，亦未介绍已经进行的工作和技术经验，只提出具体题目与要求；研究所被动地接受任务，一切从头摸起，从自己原有的学科知识与经验去了解，国防部门已有的经验不能吸取，可利用的资料得不到，而且由于双方未能进行认真的技术交底与学术探讨，所提交的项目有时不够准确，轻重缓急和指标要求也不尽恰当，以致辛勤努力的结果常和实际的需要有距离，积极性也受到影响。这一次安排任务，首先向双方主要参加工作的同志说明共同完成任务的意义及国家任务的重大与迫切，然后由二机部技术领导人向研究所的核心组（所的主要领导人和经过审查批准的主要技术骨干），介绍有关方面的全面情况，说明设计的要求、工作的进度、存在的问题。然后双方技术骨干进一步从工艺流程中的各个技术环节上，共同商讨，找出关键问题所在。这样研究题目，就不是过去简单的一方提出，一方接受，而是发挥了双方科学技术人员的智慧，"共同讨论，共同提出，共同完成"，比过去就落实的多了。为了使研究所进一步了解实际情况，并充分利用已有的技术资料，在初步方案确定之后，又规定各所的技术核心组，可到二机部有关工厂和设计单位，进行现场了解，再核实一次。有的工作分头去做，有的工作结合进行，并定期进行技术碰头和学术会，保证双方在完成任务过程中及时交换情报，交流经验。

这样做的好处，真正体现了"扭成一股绳，共同完成任务"的精神，极大地调动了科学研究人员的积极性，保证了任务的落实，和工作的顺利进行。应化所的情况，就充分说明了这一点。在我们未到长春前，二机部的一部分同志已就有关任务与应化所交换了意见。这次工作的进行，双方都认为比过去有很大的进步。但由于所的核心组尚未成立，二机部一些具体工作同志的思想尚未完全解放，技术交底不够；同时，研究所的同志对"共同完成任务"的新的精神也领会不够。因此，对二机部提出的题目，仍然是根据自己的情况去选择，致使对当时急需解决的水法冶金部分的萃取纯化过程及从二氧化铀制备四氟化铀的工作，犹疑不定，安排不下来，而对要求不急的后处理部分、裂变元素的分离、铀钚化学的研究则很感兴趣。对于已经安排下来的题目，是否抓住了技术关键？而这些工作在完成以后，是否都能应用到工艺流程上真正解决问题？双方均没有把握。应化所同志因为对实际情况了解不够，表示只能对题目负责，别的无从考虑。二机部同志也感到对自己归纳出来的科学问题，准确程度有怀疑。如分析工作，虽然题目定了，二机部负责分析工作的朱丕基同志还是坐卧不安，感到有些心里话没有说透，她反映："在目前分析工作大大落后于生产需要的严重情况下，我们是否抓住了重点？是否将国家仅有的科学技术力量真正用在刀刃上？万一题目出的不对头，就浪费了国家人力，耽误了国家大事。我认为最理想的办法是把我们的需要和过去的工作以及碰到的问题和想法，全面向应化所交底，在充分讨论之后，两家的力量揉在一起，在已有的基础上共同前进，这样对事业最有利！"我们到所后，即根据这些情况，进一步将共同完成任务的精神向双方主要负责同志作了介绍，二机部工作同志又向应化所进一步全面交底，经过充分讨论后，问题和困难更清楚了，任务的轻重缓急也更明确了。大家一致认为应该把任务包下来，尽最人的力量，首先完成最急需的任务，先安排好前处理部分的工作。应化所五室主任钟焕邦和室内同志，主动提出先进行萃取、纯化的工作，待任务完成后再作后处理部分。四氟化铀的制备，虽然在人力困难、专业不对口径的情况下，也得到安排落实，该室工作同志表示：只要任务需要，专业转一转也愿意。结合任务讨论，把以前安排的项目重新作了审核，对那些距离较远实际作用不大的题目，有的去掉，有的推迟，这样更利于共同集中力量，攻关键问题。同时，题目的准确性也提高了。例如：从二氧化铀抽取四氟化铀的研究，过去认为主要技术关键有四个，即：含铀络合物体系的研究；氧化还原问题；四氟化铀的结晶化学；四氟化铀的脱水问题。现在一致认为，要主攻四氟化铀结晶沉淀的生成条件，从而得到质量合格的产品。氧化还原问题是次要的问题，络合物体系及脱水问题，可以先不考虑。经过最近应化所同志到二机部研究所实际了解之后，就更清楚了。双方同志都反映："这次打仗，可打准了。"回想过去交题目的办法，真是"隔靴搔痒"。二机部同志特别感到心情舒畅，认为有了共同攻坚的同志，"一块石头落了地"。大家对完成任务的信心，都百倍地增加了。

经过这样的部署，所的主要研究技术人员，特别是老科学家，对国家将这些最机密、最重要的任务交给他们，大受感动。认为这是党和国家对他们最大的信任。他们政治有了底，技术有了底，于是思想大解放，反映"一切问题都好考虑了"。金属所所长李薰[*]，在未进行技术交底之前，还表现犹疑不定，技术交底之后，就感到有了办法，三日内拟出完成任务的详细而切实有效的计划。应化所科学家在技术交底之后，对于苏联学者为什么要作铀化合物与硝酸、草酸及氟化物的体系研究，有了实际意义的了解，认为他们也是从结合着国防尖端需要来进行工作的，而不仅是纯学术性的，因而解除了过去怕担负任务多了，影响学科发展的思想顾虑，对提出的任务，用最积极的态度去承担完成。虽然任务很重，但信心十足。

根据任务的需要，各所均适当调整了组织，集中了力量。核心工作，一般均组织了专门研究室；中层工作，基本上放在原来的室、组进行，只

---

[*]李薰（1913—1983），金属物理学家。1940年获英国谢菲尔德大学哲学博士学位。曾任该校冶金系研究室主任。1951年回国。中国科学院首批学部委员（院士）。时任中国科学院金属研究所所长。

在人员、设备上加以掌握和调整；不涉及国家机密带有远期性、理论性的工作，一般均由原来的室、组结合原有的工作进行。

（三）这次任务安排也具体地贯彻执行了聂总向中央关于自然科学工作中若干政策问题的报告中，充分调动一切研究技术人员的积极性，拿出研究成果的总精神。科学工作十四条，在各所均有所酝酿和讨论。我们每到一处均将聂总向中央报告的主要精神，在党内外研究人员中分别地作了传达，并在这次二机部任务的力量组织、人员的审查、密级的修定等方面，力求具体实现。

为了迅速组成队伍，保证工作的及时开展，我们出发时，即由公安部、二机部、科学院保卫局组成了一个工作组，随同我们一块工作。每到一个所，即由工作组协同省、市公安厅（局）和研究所保卫部门，组成人员审查组，对于需要参加此项工作的研究人员进行审查排队。在人员审查上，贯彻执行了在确保国家机密的原则下，尽量满足完成工作任务的人员需要，特别注意了发挥老科学家的作用问题。历史问题看现在，社会关系看本人，具体人，具体分析。这种几级保卫部门上下结合，共同审查，当场确定的办法，不仅可以避免过去逐级批准，辗转费时，使一些紧迫的任务，迟迟不能开展的缺点；而更重要的是，有大量的活的材料作依据，更利于区别问题的性质和情节的轻重，正确掌握条件，作出结论，使审查工作更深更细。同时，由于大家根据聂总向中央报告的总精神统一了标准与认识，也克服了过去人员审查偏严的现象。如应化所八室主任陈琪（副研究员）搞铀化学分析，需参加核心工作，因有海外关系过去未曾批准。经过这次具体了解，是因有两个大学同学在美国，其中有一个同学的爱人曾给何应钦当过秘书，而陈本人则一贯表现很好，和上述同学也早已没有联系。二室主任钱保功*（研究员）搞高分子物理辐射化学，是一般的政治历

---

*钱保功（1916—1992），高分子化学家。1940年毕业于武汉大学。1949年获美国纽约布鲁克林理工学院化学硕士学位。中国科学院学部委员（院士）。时任中国科学院长春应用化学研究所研究员、副所长。

史问题,已经查清,因其兄是历史反革命和右派,未能同意。本人一贯表现很好,在历次运动中的"中左",立场坚定,能与其兄划清界线,最近提出入党。这些人有真才实学,又确系尖端工作所必需,没有发现可疑情节,一贯靠拢我们,经这次研究,均同意参加保密工作。还有金属所龙期威*(党员,助理研究员)有很好的研究能力,过去因其父亲被镇压,从保密工作调出去,现经调查,本人八岁时,父亲娶了小老婆将他的母亲及他自己都抛弃了,本人历次运动中立场坚定,能与他的父亲划清界线。现在都正式批准参加保密工作。同时,又重新修定了密级,确定了保密范围。在尖端任务中,也分绝密、机密和一般三部分。凡是涉及国家最大机密的技术关键及有关总体研究定为绝密项目;凡不涉及上述两项,分到各室进行的具体项目,可视情况分为机密与一般项目;属于一些基本性能分析与理论性工作,则均作为一般研究项目。如:金属铀的精炼是绝密项目,而铀中的杂质分析为秘密项目,铀的物理性能的测定则可列为一般项目。

根据工作的机密程度,又分核心部分,中层部分和外层部分。按密级的不同分别吸收符合条件的人来参加工作。一定范围的人了解一定范围的工作情况和问题,既便于保密,亦有利于交流。

我们要在科学技术上自力更生,就必须依靠我国自己的科学研究力量,尽可能多地调动有经验的科学工作者来参与工作。在过去的一段时期中,各研究所虽也十分注意了老科学家的安排和使用,但在国防尖端任务力量的组织上,仍束手束脚,顾虑重重。这次我们根据聂总报告和十四条的总精神,及二机部科学院党组的具体意见,坚决贯彻了上述措施,使研究所的"生产力"大为解放。经初步审查,绝大部分均可服务于尖端工作。三个所已确定参加二机部有关机密工作的大学生以上研究人员170余人,加上辅助人员,共约300人(间接为这些工作服务的人员尚未计算)。从数量上讲,相当于二机部本项工作参加人员的一倍或一倍以上;

---

*龙期威(1928—2001),固体物理学家。1949年毕业于清华大学物理系,时为中国科学院金属研究所助理研究员,多年从事晶体缺陷和力学性质的研究。

从质量上讲，有相当一部分高、中级研究人员。170名大学生以上研究人员中，助研以上71名，约占百分之四十二。应化所在确定的85人中，助研以上研究人员38名，占百分之四十四。这些人员都有一定的理论水平和实验经验。而这些所基础较好，设备比较齐全，资料积累比较丰富。可以设想：这部分力量如充分发挥，对原子能科学事业和国防建设，无疑将起巨大的促进作用。

上述各所的任务和力量的组织情况，我们均亲自向东北局和辽宁、吉林、黑龙江省委主管科学的书记及省科委领导同志，作了汇报，均得到了他们的积极支持。

（四）通过这次任务安排，我们一方面看到：原子能科学技术，是极其艰巨复杂的事业，它所碰到的问题，都是我国当前科学技术高、大、精、尖的问题。涉及学科很广，所有重要基础学科与各种新技术均有密切关系。另一方面，我们也看到：经过三年来的科学战线上的大跃进，从二机部来说，已经接触到许多实际的科学技术问题，有的已经解决，有的已摸索到一些解决的途径，有的已摸索到问题的关键所在。从科学院有关所来说，有许多学科领域的研究与专业人员，已奠定了一定的基础，并且有一定的学术水平。如果双方能够密切结合，并能充分运用苏联已给我们的一定资料与设备，我们是可以迅速地突破尖端的技术关的。从这三个所的任务安排中，双方有关科学技术人员在结合起来之后，感到有信心有办法，就可证明这一点。

我们准备依照这次的办法，对二机部其它方面的工作，如：地质、选矿、自动控制、物理、原子能光学材料、生物防护等，再作进一步的安排。

分院的有关研究机构，也可以适当组织，加以运用。

我们认为，这次任务的安排和做法，是比较成功的，希望能在今后科学合作中，予以推广。

裴丽生　钱三强
1961年8月14日

解说

　　1961年5月，主管全国科技工作的聂荣臻副总理指示国防部五院、二机部和科学院要扭成一股绳为"两弹"服务；7月起，钱三强和裴丽生等一起先后赴辽宁、吉林、黑龙江、湖南、上海等地组织科学院的精锐力量联合攻关，仅这一年中，共安排原子弹科技攻关任务83项，计222个研究课题，数千科技人员参与，许多最尖端、最关键的任务得以攻克，其中包括：被有关国家称为"安全心脏"的铀同位素分离机上的"扩散分离膜"、原子弹引爆装置的核心部件点火中子源、铀浓缩的级联系统的理论计算及相关技术等。

1962 年

冼鼎昌*致钱三强

(1962年2月4日于哥本哈根)

钱所长:

今日(二月四日)玻尔请我到他家中午饭(单独请我一人),在席间,他说,今年上半年他将和莫涛逊努力赶写完他们关于核结构的书。六、七月,将离开此处参加会议及暑期讲座,并表示希望能在九月、十月有机会访问中国,问我能否向彭公(彭桓武)及国内有关方面转达这个愿望。在今天之前,他曾两次请我到他家里晚饭〔一次和两个苏联人一起,另一次还有Berman(美)、Šip(南)、Yash Pal(印)、Wuhman(芬)、Jacob(巴)。第一次估计是洗尘性质,第二次估计是替各方面拉拉关系的性质〕,在两次晚饭后都表示希望访问中国,当然表示得不那么直接。由于未得到国内及使馆的指示,我都没有表示意见及态度。今天的表示是第一次直接的、明确的表示。我回答他说我将把他的愿望向国内有关方面转达。在另一次在所中午饭的场合中,他特地把我介绍给他的父亲尼尔斯·玻尔,并提及他的父亲健康状况良好。在一般场合下也许就是顺便谈谈的性质,但在他表示希望访问中国的场合下也许是意有所指。

玻尔并表示,我可以把他们所中的预印本及重印本寄到国内,并且从其他各中心寄到他们所中的先印本如果我感到兴趣,他们可以代拍显微照片。我当时谢了他的好意,因为未有指示,没有表示有立即应用这个方便

---

*冼鼎昌(1935—2014),物理学家。中国科学院院士。时为派往丹麦哥本哈根玻尔研究所的首位中国学者。

的意思。

美国的Berman在于CERN工作半年后离欧回国，谈及今年CERN正在进行及准备进行的十个实验，另写下转上，也许，从此可以看到CERN方面在实验上最近的动态。

此致
敬礼

冼鼎昌上
1962年2月4日

附：Yash Pal请我向冯锡璋*先生转他的问候，并说到他们是要好的朋友。

---

*冯锡璋（1918—　），核化学家。1939年毕业于交通大学。1952年获美国加利福尼亚大学哲学博士学位。回国后在原子能所从事放射化学、核化学基础研究。

冼鼎昌致钱三强

（1962年2月）

钱所长：

送上Brown的讲义一份。可能对于敏*组有些用处。

另外剪下一份关于一个在哈佛工作的中国人的介绍。

上次信中提到A. Bohr提出希望在九、十月间访问中国事。A. Bohr的态度是值得注意的。

据Nillson说，前年美国曾以重金收买Bohr到美国工作（高于他在丹麦工作所得薪金许多倍），遭到Bohr的拒绝。从这点看来，他还是有民族自尊心的。

来此一月，Bohr夫妇已经五次请我到其家晚餐。最近一次，还请有使馆唐秘书夫妇。主人方面还有Bohr的长兄Hano Bohr夫妇，一个在教育部工作的官员夫妇及一位研究远东文物的博士。Bohr致词说及"……冼之来，使我们所中有从中国来的科学工作者，使我们所真正成为国际的研究组织……"

Bohr对中国亲近的态度并不碍着美国人。昨晚在丹麦的皇家科学院招待会上，玻尔夫妇（他们是招待会的主持人）把我安置在他们座位之间。这点也许表达了他对中国的尊重和友好。

此致
敬礼

冼鼎昌上
1962年2月（日不明）

---

*于敏（1926—2019），理论物理与核物理学家。1951年北京大学物理系研究生毕业后到中国科学院近代物理所任助理研究员，后为该所研究员。中国科学院学部委员（院士）。1960年参与主持氢弹预研组工作。1999年获"两弹一星"功勋奖章。

李约瑟题献叶企孙和钱三强

（1962年《中国的科学与文明》物理卷英文版题记）

谨以本卷献给两位友人：

北京大学物理系教授、前中央研究院总干事叶企孙——1942年昆明和重庆黑暗时期最诚挚的朋友；

中国科学院物理研究所所长钱三强——1952年北京和沈阳当需要的时候就会出现的儒士与骑士。

解说

1961年底，竺可桢出访英国，带回李约瑟赠给的印就尚未装订成书的《中国的科学与文明》（后中译本定名为《中国科学技术史》）物理卷英文版。竺于1962年1月4日阅后称："此书系由李约瑟题赠，指名献赠企孙与钱三强者。嘱科学史室转交企孙、三强一阅。"

竺可桢当日日记写道："我昨晚曾匆匆翻阅一遍，觉其中关于比重部分，提到孙权送大象给曹操，操命大臣聚宴，问道，象有多重？无人能答。时曹冲年只六岁，出应曰，可置象于大船上，志其水平线，然后移象，而置相当数目的砖石到同一水平，即可知其重云云。这是我所向未想到的。"

1965 年

法国 P. 巴杭德致钱三强

（1965年8月20日　原信失存，此处引征原子能所报二机部函）

八局：

前些日子，我们收到法国营养学校前秘书、督学P. 巴杭德（P. Parandce）寄给钱所长的一封信，信封内只附了一些剪切的资料。大部分是关于膳食营养及肿瘤等方面的资料。其中有一小块"公报"，提到我原子能发展经费等问题。

此件已送力所长（副所长力一）看过，根据他的意见，随函转去这些资料，请处理。

原子能研究所
8.20

解说

八局系二机部机关主管技术保密的职能部门。此信由原子能所组织拆阅后直接具函上报，受信人钱三强是事后经批准看到的。后附致钱三强信中所附公报。

在中国科学的后面是什么？

中国用于发展原子能计划和导弹的费用是七十亿法郎。

中国的科学研究工作是由中国科学院（l'Academia Sinica，人们也称它l'Academia Chinoise）领导的。北京原子能研究所的领导人是曾在巴黎大学Sorbonne部学习过的物理学家钱三强博士。他才真正是中国的原子弹之父。这是六月号《科学与生活》第一次在法国透露的中国核科学的公开资料。

> Communiqué
>
> **QU'Y A-T-IL DERRIERE LA SCIENCE CHINOISE ?**
>
> Sept milliards de francs actuels ont été consacrés par la Chine à son programme atomique et de missiles.
>
> C'est l'Academia Sinica (on appelle ainsi l'Académie chinoise) qui dirige la recherche scientifique chinoise. A la tête de l'Institut atomique de Pékin se trouve un physicien ayant fait ses études à la Sorbonne, le docteur Ch'ien San Chiang, qui est le véritable père de la bombe A chinoise. Telles sont quelques-unes des révélations que fait Science et Vie dans son numéro de juin où, pour la première fois en France, le dossier de la science chinoise est ouvert.

1965年6月号《科学与生活》刊载的关于钱三强与中国原子弹的"公报"

1969 年

钱三强致何泽慧

（1969年11月1日于陕西郃阳干校）

泽慧：

　　我于三十一日晚六时左右到达了干校，中午到渭南车站，在车站附近饭店吃了汤面，后来乘卡车连同一车行李到干校。路上在大荔县休息一下，可以上厕所。四个半小时汽车有些冷（路上以少喝水为好，免得要上厕所）。若是你有可能来，这四个半小时汽车是路上比较颠簸的一段（最好不吃汤面）。

　　到干校后，一切尚好。这里条件比想像的好，有水，有开水，有厕房。房子不错（平房），一屋可以摆六个床，我们屋里连我住了五个人，比我们"四清"时条件好不少，更有集体生活的气氛。现在干校分为南北两个点，我在北点。我的通信地址是："陕西，郃阳，二机部五七干校，一连一排艾正斌同志转老钱同志。"

　　今早我开始参加劳动，我属于一班，分配的任务是运马粪积肥，一共运了四趟，这一切都没有什么困难。

　　你那边情况怎么样？小玄她们有消息否？你的行李中最好带适当的裤子、大氅（纯棉的）、劳动鞋（如帆布胶鞋）、痰盂（作小便盆用）。

　　今天军管会同志（过去管我们专案组的同志）来看我，说起本来不预备让我到干校的，但最近的备战情况才作了新决定。他说不会让我长期在干校种地，要我不要有消极思想，并且叫我对劳动要量力而行。

　　这里主食是面（馒头），老百姓生活也不错，气候与北京差不多，干些，早晚凉些。

小玄、思进那里我再写信。

祝好

三强

1969.11.1日

解说

1969年至1972年，钱三强在二机部的"五七干校"（陕西郃阳）劳动，同时继续接受审查。其间他与外界的联系，只有在北京铁路中学任化学教员的五弟德充、弟妹黄静仪及几个子女，他们之间写了不少信，本书选录其中若干件（原件由钱家人保存）。

钱三强致何泽慧

（1969年11月10日）

泽慧：

我来后曾去一信，想已收到。七日收到思进电报，知他同意帮您料理家事行装。这次确是辛苦你了。想到家里的安排和行装准备靠你一个人，是够辛苦的。我临行时非常仓促，除了大线条的问题我们商量了以外，许多事都没有帮你安排，实在对不起你。

我到这里正好十天。这里十天一休息，今天是第一个休息日。我们的生活是非常规律的，早六时半起身，上早操有跑步，7—8时天天读，8—8时半早饭（玉米粥、馒头+咸菜），8时半—12时半劳动（中间休息一刻钟），中饭（馒头+白薯，菜，经常是萝卜，有时有点土豆，白菜，1/4时间有些肉片），下午2—6时劳动（中间休息一刻钟），6时半吃晚饭（馒头，玉米粥或面片汤+菜，类似午饭，但量少些），9点睡觉。每月粮食定量是三十六斤，我大概吃三十斤就够了。劳动我参加积肥，打铁，收萝卜，挖地窖。我是在一连一排一班，这班是农活班，也作些木、铁工。体力劳动开始有些吃力，十天下来也慢慢习惯了，我想坚持下去是完全可以的。身体一切都好，请勿念。每天劳动都是在场外，因而脸目晒得红而要转黑了。总之，比我在"四清"时，劳动量更大，生活更加与普通劳动者一样。

这里大家都叫我老钱。为了方便，我的通信地址和名称是：陕西，邻阳，二机部五七干校，一连一排"徐进"。通讯又用了1964年的老名。

希望你走前来一信，告诉我一些情况。

匆此即祝

你好。

三强
1969.11.10日

解说

  1964年10月我国第一颗原子弹试爆成功三天后，钱三强被二机部派往河南信阳农村参加"四清"（即清政治、清经济、清组织、清思想）运动，"过阶级感情关"一年，规定不可用真名，遂以母亲的姓改名"徐进"。

1970年

何泽慧致三个子女

（1970年1月9日）

孩子们：

弟弟1月3日信收到了。

爸爸今天去"拉练"了。早上七点半出发，去背面的山顶，下午五点半回来，他们还要演出，爸爸学会了打快板，今天去和老乡们联欢，宣传毛泽东思想。跳舞、唱歌，还要打快板，恢复了三十年前的青春，心情很舒畅。我没有去，在家摘棉桃。

爸爸请假的问题，看来希望不大，孙涛（干校负责人）还没有回来，即使过几天回来了，我看可能性也不大。弟弟来信说得对，"抓不完，不好回来"，所以你们三人就自己热闹热闹吧。

爸爸叫我告诉姐姐，给弟弟身上一些零用钱（四五十元），我们知道你们是不会乱花的。身上有些零用钱，还是方便一些。

祝你们好。

妈妈
1970.1.9日

钱三强致侄女祖同、祖蕙[*]

（1970年5月24日）

祖同、祖蕙：

 我刚寄出了一封信，就收到了你们父母的5月19日信。知道祖同回来了探亲，我们听了很高兴，听到祖同进步很快，更是高兴。关于你的入党申请的问题，你父母曾写信告诉我，我总想写一封信给你，但总是事情一多把它拖下来了。另外行李中还保存在你们父亲小时的照片三张，我想最愿意保存这像片的人，一定是你们二人了（当然还有你们的母亲），这三张都是大伯拍照的，有的是四十多年了，有的将近四十年。拿石榴那张可能是1923年，骑自行车那张可能是1925年，戴帽子那张可能是1936年。现在寄给你们，和你们父母商量如何保存罢！

 关于入党申请的问题，我想祖同应很好考虑这问题，若自己的表现使组织上认为可以考虑，那应该主动争取，以便更好接受党的教育。伟大的中国共产党是毛主席亲手缔造的，经过文化大革命，党组织应有一发展，发展的对象应按新党章的要求，严格要求自己。完全合乎党章要求是不大容易的，但是必须基本上合格。合格不合格，党组织是心中有数的，因而希望你不要辜负了党组织的期望，应努力争取，更严格要求自己。在党内与党外，进步是不完全一样的，因为组织训练也是不一样。不是由于入党就没有"自由"了，因为完全按自己个人愿望的所谓"自由"是没有的，也不应该的，因而考虑问题不应该从这点出发。响应毛主席的号召，走与

---

[*]祖同、祖蕙系五弟钱德充的女儿。

工农兵相结合的道路，这是过去青年就应该走的道路，更是每个青年今后应该走的道路，因而在这点上不应有任何犹疑。希望你在我们三家的孩子中作出一个好榜样。

你们父母信中说你问我为何黑一点，这是相对而言的。小玄刚从北京休息了一两个月回来，没有参加田间劳动，我是参加田间劳动，并且渭北高原日光也强些，因而更健康了。医生过去希望我的体重最好落到130斤左右，但是十年来也没有作到，现在差不多正好是这个份量，这不是又一次说明下放干部参加体力劳动对干部恢复体力上的青春也是很好的吗？

我现在对于农业已有了感情。今后有空将再给你们写信。

祖蕙进步很大，很好，我们为你的进步高兴。

三强、泽慧
1970.5.24日

钱三强、何泽慧致思进

（1970年6月15日）

思进：

　　刚要去场上"看青"（由干校到麦地约要走三刻钟），得到你十日信。我去"看青"将有一个星期。希望多多努力。妈妈将参加脱粒工作。

　　"看青"，就是去保卫已熟而尚未割下的麦子，主要是夜间巡逻，爸爸他们四个人住在一个临时架起的蒙古包里。我们一共种了一千多亩麦子，今天开镰，收成不太好。我们今天紧张地用脱粒机脱了一天，估计亩产只有一百斤。我们的工作时间是，四点半起床，五点到七点半劳动，八点到十一点半、下午一点至七点、晚上八点至十一点，都是劳动。现在我刚劳动完毕，洗了一个脸、一双脚，赶快写一些明天可以寄出，因为明天可能更紧张，场上已垛了四个大麦垛，我们脱粒的任务是很重的。过几天再给你写吧！

　　　　　　　　　　　　　　　　　　　　　　　　爸、妈
　　　　　　　　　　　　　　　　　　　　　　　　1970.6.15

钱三强、何泽慧致思进

（1970年6月26日）

思进：

今天接到你短信，很好，以后忙时写几个字就可以了。知道你很忙，又很累，但你的劳动一定会在全国工农业生产中起到一个螺丝钉的作用。

我们从十五日到昨天，整整忙了十天，把一千多亩的麦子收到场了（今年比去年可能歉收30%）。我在麦地住了十天，前天回来，昨天又参加了最后一天的突击割麦，休息了半天，今天下午又要开始参加棉花追肥工作，大概又要十天左右。

妈妈也参加了几天割麦，然后大概要有半月的场上脱粒工作，要作到颗粒归仓还要作不少工作。我们可能比你们时间控制得好一点，但是也是早起晚睡。吃东西，伙房有些改善，吃到一些杏。望你多抓紧时间休息，那（哪）怕半小时。我在看场时，别人说我倒下就打呼，一会儿就醒。这就是最好的忙中休息的办法。

我们大家正一齐努力，使今年的农业歉收变为明年的丰收。

爸、妈
1970.6.26日

钱三强、何泽慧致祖同

（1970年9月18日）

祖同：

谢谢你给我们寄来的电池。信也收到了。

知道你已提出入党申请书，很高兴。不管何时批准，或者暂不批准，都不要管。最重要的是自己以党员的五项标准要求自己，使自己逐步达到共产党员的标准。我们为你的进步感到高兴。

寄上这本书（《毛主席著作选读》），希望你好好地学习，特别是第一和第二两篇。作业务工作的人，或者想作专业工作的人，特别要重视这个问题。我们这一代不少搞业务工作的人，包括我在内，在不同程度上都在这个问题上没有摆的正确，走了"业务第一"的道路，因而希望你特别注意。

我们都很好，勿念。匆此，祝你

进步

三强、泽慧
1970.9.18日

钱三强致五弟夫妇

(1970年9月29日)

德充、静仪：

十八日给你们寄信后，又收到你们的信。

罐头火腿已买好，请先存你处，可以暂缓寄。

从报上看到北京出版了《让哲学变为群众手里的尖锐武器》第一集，希望能买三本，给我们、祖玄她们、思进各寄一本。将来（可能是十月份）第二集出版时，也请各寄一本。

我们忙着过国庆，我们排里搞了一个棉花舞，我这从来没有跳过舞的老头，也被指定参加，练习了几天也觉得还可以。

秋播已完，小麦都出苗了，棉花已摘了约2000—3000斤，已送到公社交国家，部分被评为一级品。今年估计可能到6000斤左右。我五十年来一直穿人家种的棉花，现在交了自己种的棉花，心里有说不出的愉快。

这信到时北京国庆已过，你们的忙劲大概也过去了。大哥大嫂们均此不另。

三强 泽慧
1970年9月29日

1971 年

钱三强致五弟夫妇

（1971年3月28日）

五弟、五弟妹：

你们三月七日信已收到，并且也收到了"中草药新医疗法的技术资料选编"。

最近已重印一些马列主义书籍，请你们注意给我们寄一套来（新印的），首先是《法兰西内战》，以后出什么都请买一本。这些过去家中都有，但没有带来，同时新版本可能有些改正，因而还是读新印的好。

我们春耕已于这个月开始了，小麦追肥、平整土地、撒肥料，可能下周起又将小麦锄一遍，四月即将开始种棉花。今年的肥料比去年增加了不少，希望有些东西可以上"纲要"。脸晒得红显出健康色了。

我们这里去年生了九只小牛都是母的，今年又生了三只，第三只是只小公牛，因而也有牛奶了。上次你们好意寄来一些奶粉，使我们那时补了些营养，谢谢。现在可以暂不再寄了。

希望你们工作进步，身体健康。暇时请告知些北京的消息。

三强 泽慧
1971.3.28日

钱三强、何泽慧致思进

（1971年10月3日）

思进：

很高兴接到你的9月27日信，知道你与队长的关系有了初步的改善，这是好事。

你说"干起活来，也就不想得那么多了"这句话倒是对的。今夏你说过要干活就干好，这都是对的。希望你终身守着这条准则。我们这一生也无其他长处，也只有"做什么，就好好地去做"一条。虽然做错了不少的事，但总的来说"干啥，爱啥""要干就干好"，还是干好工作的重要原则。希望你好好汲取这方面的经验教训。

祝你进步，并心情开朗。

爸、妈
10月3日夜

钱三强、何泽慧致五弟

（1971年12月21日）

德充：

今天是冬至，日子最短，从明天起日子又开始长了。希望1972年会有一个新的形势发展。

在这个旧历佳节时，让我想起许多事，其中就有回国时的情景。那还是解放前一年的夏天，当我们心里怀着焦急的心情在上海下船时，忽然有一个喊"三哥"的人出现在眼前，再就是两个月后，五弟妹静仪来天津接我们了，她为我们在天津的短住和到北京的行程给了我们几个"洋人"极大的方便。到了北京就住在你们家里，那时我们的母亲还在，母亲病重和故去，都是你们作了很多工作，而我又匆匆的出席第一次世界和平大会去了。后来大家虽然都住在北京，但是各人忙各人的，家庭之间来往反而很少，到文化大革命时，还是大哥和你们家对我们这些受批判的兄弟给了极大的鼓舞，特别在我们离开北京后，你们对我们的关心，对我们的孩子们多方照顾与教导，其中尤其五弟妹对思进费了很多心，我们对此深深的感动。

想到这些，总觉遗憾的是没有问过五弟妹的生日，按照推算，不是今年（1971年）五十就是明年，若是今年，那么可在新年前补作寿，请你在存款中取五十元为静仪买些心喜的东西，作为我们的小敬礼，想来你一定能够完成委托的。

但望1972年有些新的转变。

请向姻亲伯母问安。

三强 泽慧
1971.12.21日

1972年

钱三强、何泽慧致五弟并大哥

（1972年6月5日）

五弟、五弟妹并告大哥大嫂：

我已于六月二日由临潼417医院回干校。五月廿九日得干校电话，叫我回干校准备回北京继续疗养。民协（二女儿）已于六月三日来邵阳帮助整理行李。干校领导还叫我走之前办完恢复组织生活的手续。看来六月十五日以前可能回京。

怕你们惦记，先简单写几句，回京再详告。

此致

敬礼！

三强 泽慧
1972.6.5日晨

1973 年

钱三强致五弟夫妇

（1973年9月8日）

五弟、五弟妹：

我这个星期开始在科学院上半天班，总算结束了文化大革命以来停止工作的阶段。特告，以慰远念。

民协来电报说已接到录取通知，是北京大学化学系物理化学专业，跟叔叔学了。她大概于下星期初到京，到京后再叫她去看你们（说是9月12日报到）。

这信尚未寄出，你们9月6日信收到了，谢谢你们对民协的关心，叫她回来自己去谢你们吧。她登在《光明日报》上的照片，我们听到别人说了以后借来看过，她旁边的那个小孩神情不错。

三强　泽慧
9月8日

钱三强、何泽慧致五弟夫妇

（1973年9月18日）

五弟、五弟妹：

你们的信收到了。

民协已于上星期二回北京，星期三即到北大去报到并住宿了。这个星期日忙着给人家送捎回的东西，等几天再叫她去看你们罢。她入的是化学系物理化学专业。

我开始上班（半天），有点像逃惯了学的孩子一样，坐下来需要有耐心，慢慢就会纳入新的轨道。

大哥、大嫂这个星期日来了一下，说是学校动员退休，大嫂已提出申请，大哥还预备观察一下。年龄是一个不饶人的事，其实我们也差不多了，总有一天人家会来动员的，我们向中关村收拢，其实也有点向这个方向作准备。你们还有几年。这是自然规律，不以人的意志为转移的。

向你们全家问好。

三强 泽慧
1973.9.18日

1974 年

钱三强致五弟夫妇

（1974年10月19日）

五弟、五弟妹：

五弟妹写的字确实有父亲字的神气，可喜可贺。我们三兄弟除了大哥的字以外，我们的字都不成，但大哥也没有在这上面下功夫。继承这个事情就由五弟妹承担了，希望继续努力，不断进步。

今年国庆最使人高兴的是周总理出席了宴会，并且声音仍是那么有劲，不但中国同志们连声鼓掌，就是外国友人也都热烈鼓掌，甚至有人站到椅子上看总理，这说明大家对周总理是多么热烈爱护。

四届人大大概是快要开了，这也说明"批林批孔"运动到了一个新阶段，事务已到比较稳定状态。

国庆前后也看到了张劲夫、李昌、胡乔木等，总的来说，他们还都是身体精神不错。聂荣臻副总理身体也比过去好了一些。这些都是大家高兴的。

我们一切如常。最近吃了一些虾（进口冷冻的），比起两年前情况，自然别有一番风味。

祝好。姻伯母前问候。

三强 泽慧

1974.10.19日

1975年

马卢西娅·西妮思致钱三强

（1975年4月18日　法文　吴颖译）

尊敬的钱：

我是（镭学研究所）的马卢西娅，我不知道您是否还记得我。

我希望并祝福您的家里一切安好。

我现在是个年迈的老奶奶了。我有两个孩子：一个25岁的女儿，她已经结婚了，她和她丈夫都是医生，他们有一个2岁的小女儿；我还有一个总让我操心的儿子Moshé，他现在在他的出版商叔叔那儿工作，已经长成了一个大小伙子了，但我不常能见到他。我现在住的地方离卢森堡（巴黎卢森堡公园）很近，我丈夫也是医生。

我在实验室谁也见不到，这让我很不开心。

您大概会很惊讶我时隔这么久给你写信。很久以来我的梦想就是去你的国家旅行。在我还没有不能行动之前，我很期待能去中国旅行。但我并不知道您是否有时间，或者什么时候您会有空闲？您太太和女儿都还好吗？

我等待着您的回复，提前感谢您。

致我们的友谊！

马卢西娅
1975年4月18日

解说

马卢西娅·西妮思系钱三强在法国居里实验室的一位同事。来信时国内处于不正常时期，难以接待旅游，加之信件是一张连带信封的手写便笺，转投几个单位后才见到。

钱三强致五弟

（1975年7月15日）

德充：

　　接到你的信后，除电话与你联系外，昨日见到大哥，我们就这个问题研究了一下，结果将由他和你直接联系。我们想原则这样比较好：①已取得款项分为两份，大哥和你平分。过去对父母你们二人作了很多工作，我十一年在外没有尽到我的责任，再加上我的收入比较多些，资产阶级法权还存在，因而物质上比你们方便些，所以不参加分款。②因为你需要款项，所以不等到存款到期，先由我们（大哥和我）将应分的款项数目交给你，以应急需。③以后还有未完事宜，将按此原则，由你和大哥分。

　　这个原则不知你能同意否？如同意即按此由大哥与你联系办理。

　　父母已故二三十年，我们均已五六十岁，但望以后加强团结友爱，为社会主义事业贡献我们的力量。并望孩子们都作新时代的好青年。

　　此问

近好

三强

1975.7.15日

　　正好暑期太热，最近不必多跑，天凉些再会罢。

1977年

戴文赛[*]致钱三强

（1977年3月1日　发展天体物理学的建议）

三强同志：

　　这次你来南京，很高兴有机会和你谈。有些话还未谈完，所以写在这封信里，主要是关于发展我国的天体物理工作问题。

　　天体物理和高能物理都是国际上较注目的基础科学部门，一方面互比加速器、望远镜的威力和现代化程度，另一方面比提出的新理论、新学说。美国的天文工作，在人力物力的分配上，75%以上用于天体物理。我国天体物理和美、苏、英、法、德、日等国家比起来，设备落后三十年以上，理论上也很落后。设备方面，大型光学望远镜和射电望远镜、红外技术、空间探测器都须落实。这次赴美考察团带回来美国天文界大量使用电子计算机控制的光电成象（像）技术和各种最新的电子技术（如二极管阵）的情况，望能集中在一两个天文台，并安排邻近的有关工厂，研究最新技术在天体观测上的应用。听说上海星火玻璃厂经过上千次的试验，最近已浇铸成功直径1.5米的微晶玻璃，以后制更大的便成为可能的了。上海两三个单位最近也研制成功天文照相底片，这也是二十年来一直未能解决的一个问题。望院给以支持、鼓励，使得天文单位今后不必再从国外进口天文底片。

　　关于天体物理（不包括太阳物理）的研究方向，我认为主要有两方

---

[*]戴文赛（1911—1979），天文学家，英国剑桥大学博士。曾任中央研究院天文研究所研究员、燕京大学教授、北京大学教授，中国天文学会副理事长。提出"宇观"概念和太阳系起源新学说。时任南京大学教授、天文系主任。

面：第一是研究天体的起源、演化。既要研究与天体演化有关的一系列尚未解决的问题，尤其是一些关键性的问题，例如，整个太阳系到底是不是一个星云形成的，热核反应到底是不是恒星的主要能源（一直到今天仍有人认为不是），星系核的结构和能源为何，爆发机制为何，红移的本质到底为何；也要以辩证唯物主义为指导，总结国内外的研究成果，描绘出各层次天体的演化体制，编写出高水平的天体史，宣传辩证唯物主义宇宙观，批判唯心主义和形而上学，为无产阶级政治服务。

第二是把天体和宇宙当作天然实验室，使天体物理为一些基础科学部门，主要是地学、原子核物理和高能物理这三个部门服务。通过太阳系的起源和早期演化的研究，可以帮助地学解决地球整体的化学组成，化学元素何时进行重力区分，初始的温度分布（天文原因）如何转化为今天的温度分布，大气的起源和组成（为何N最多，O次之……，已开始有较详细说明），自转的起源和演化（地质力学工作者很关心这个问题），磁场的形成和演化，冰期是否由于天文的原因。

关于原子核物理在天体物理上的应用，南大物理系王国荣说今年有一个核物理的会议上将把它作为一个问题。目前多认为核聚变是恒星的主要能源，重元素主要是在恒星内部形成的，有些爆炸性的核反应（如 $^{16}O+^{16}O$，$^{12}C+^{12}C$）可能是超新星的一种能源。磁星（A型特殊星）上可能进行着核反应。在地球上、陨星上、月球上、行星上，某些恒星的大气中都在进行着天然的核过程，包括中子或宇宙线引起的诱发裂变和自发裂变，利用放射性同位素测定地球、月球和陨星的年龄、年代。

至于高能物理，那它同天体物理的关系也越来越密切。具体课题包括天体的中微子的辐射，中微子在超新星爆发中的作用，物质和反物质的湮灭在星系核活动和类星体中的作用，在宇宙物质分布和天体形成中的作用，是否存在着层子星（南京讨论班第二组正在考虑此问题），星系谱线红移是否由于基本粒子的质量在增加着，真空不稳定性和弥漫物质的聚集，中性流在超新星爆发中所起的作用，等等。

前年九月天体物理讨论会中，提出先强调星系的研究，因为这方面未解决的问题最多，同高能物理的关系最密切，两种宇宙观的斗争最激烈。一年半以来，转到这方面进行研究的天体物理、物理、力学工作者已有三十多人，除了已发表和即将发表的研究成果以外，正在进行中的研究课题有十多个。今后希望能集中力量于一些较重要的研究课题。今年秋季美国天文代表团来我国时，希望天体物理方面能提出一些水平较高的报告。

目前正在提倡基础科学研究。毛主席曾经指示要研究基本粒子、天体演化、生命起源，也提过天体史、地球史、生物史，恩格斯在《自然辩证法》导言里也用不少篇幅论述天体史、地球史、生物史、人类史。1965年哲学研究所于光远同志等提出了编写一部《自然界的辩证发展》的计划，在大连开了一个会。到会的，地球方面有地质所张文佑等，生物有贝时璋同志和北大生物系沈同等，人类学有吴汝康等，天文有我和南大天文系另两人，此外还有农、医、工等方面的人。1974年底我在北京曾经对龚育之同志建议，为了写好《自然史》这种科学的哲学的书，必须以科学研究为基础。目前科学院一定在考虑如何发展基础科学，如何使基础科学为社会主义，为工农兵，为三大革命运动，为无产阶级政治服务。我认为可以考虑，由科学院领导，组织院内有关单位和一些综合性大学理科，联合以几年时间在科研基础上编写出一部《自然史》，以辩证唯物主义观点来总结国内外有关的研究，宣传辩证唯物主义宇宙观，批判唯心主义和形而上学，指出存在的问题。事实上，我们天体物理工作者正在做的工作绝大部分可以纳入这个计划，胰岛素研究、生物物理、生物化学、遗传学、细胞学、生物进化、地学的许多方面，考古、古动物、人类学都可纳入此计划。物质结构研究成果也将在这样一部书中处处出现。这样的书在国际上将产生极大影响。国外有过以《自然史》为名的书，如法国G. L. L. 布丰1745年（？）出版的《自然史》，于四十年代写的。但我国有可能出的书在质和量上将大大超过之，因为是以马列主义和毛泽东思想为指导的，是集体创作，是包含大量现代科学成就的。较专门、较详细的以外，可另出通俗本。1965年我在《自然界的辩证发展》书中所承担的部分，约十万字，在一年内写完了，但今天看来，大部分不能用，因为当时在这方面未有多少研究实践，三年来我们在太阳系、星系、恒星方面都有些研究实践，以后参加编写天体史、自然史，就会较有把握。这项工作当然需要哲学工作者参加。

天体物理也可以为检验、改进一些重要的科学理论服务，例如相对论、引力理论、磁流体力学、等离子体物理。赴美考察团回来说，美国最大天文台——基特峰国家天文台（NAO），原来研究方向为太阳、恒星、行星，现改为①银河系和河外星系，②太阳系两个方向。星系研究已成为天体物理最前线；但我国对太阳系研究，重视很不够，应当重视起来。

前几天由邮局寄去了一批材料，是南京讨论班所写的论文抽印本和两篇调研（其中一篇已应科学通报约，改写扩大为《星系的结构和演化》，昨天丁乃刚同志来，已交给他），现由邮局再寄去三篇论文抽印本，是今天上午我们讨论班开会时才拿到的。

听说北片打算开一讨论会，请南片去一部分人。又全国天体物理讨论会可能第三季度举行。希望这再次会能成为天体物理研究交流会，也可当作准备接待美国天文代表团的会议。南片原定于十一月间在上海召开的讨论会可以移到明年。请把这个想法告诉李荣镜同志，以便二局作具体安排。顺致

敬礼

戴文赛

三月一日写完

解说

1977年1月钱三强在南京主持毫米波射电望远镜方案论证会期间，曾约戴文赛教授商讨发展我国天体物理学研究意见，由于在住地宾馆交谈时间不够充分，故戴写下这通系统的建议信邮寄北京。同年8月，钱三强在

黄山主持召开全国天体物理学术会议，127名出席者（包括戴文赛）来自37个研究机构和高校，通过交流讨论，制订了各分支学科（如：太阳与太阳系物理、恒星物理、星系物理与宇宙学、天体物理与光学仪器、射电天文学、大气外天文学、理论天体物理学等）发展规划，并拟定13项重点研究项目，其中戴文赛的建议得到充分采纳。这是"文革"后制订的第一个学科发展规划。

钱三强致全国地震局长会议

（1977年3月23日　向傅承义致歉）

院地震局并转全国地震局长会议：

纠正我讲话中的一个错误。

二月十日上午，我在地震局长会议上作过个讲话，曾说到傅承义[*]同志认为地震不可预报，现接到傅承义同志来信，说明他对地震预报的态度。证明我的讲话错了，应该改正。我在此声明，我当时那个讲法是道听途说，不可靠，特向傅承义同志表示歉意。

傅承义同志来信说：

1. 一九五六年他在长远规划的第33项任务书中，第一次写出了我国的地震预报规划，后并带着几个人进行工作。

2. 他对于当前所用的许多预报方法，有些是不相信的。对于某些预报方法不同意，和地震能不能预报是两个不同性质的问题。

3. 在前几个星期，他还在地震局的会议上作过一次报告，重申他对地震预报的信念，这个报告据说起了一个好作用。

钱三强
三月二十三日

---

[*]傅承义（1909—2000），地球物理学家。中国科学院学部委员（院士）。专长为固体地球物理学、地震学和地球物理勘探。国际地震波传播理论研究的先驱者之一，对地震体波、面波、首波、地震射线及地震成因的理论均有独特贡献。其时，他对"某些地震预报不同意"，包括对20世纪50年代初复制的张衡地动仪原理及结构的质疑。

1978年

林家翘*致钱三强

(1978年1月22日)

三强学长:

  1976年回祖国时,蒙你于百忙中,对我特别照顾,实在非常感激。去年暑假,因为种种关系,没能回国一行。今年希望能再回祖国一个月(六月底至七月底)同国内天文学、应用数学及力学的同行,交换意见。

  国内在新政策下,加强重视科技,我们都非常兴奋,听杨振宁说,天文学会开会时,有好几篇关于密度波的文章,我自然尤其高兴。又蒙科学院的同志把我的书译为中文,尤其感谢。

  去年暑假,因为我们要到德国开会,所以准备工作极忙,没能回国。开会时,关于密度波理论及观测方面的报告很多(一整天),主要结论是证实理论正确。所以总结下来,开会的结果,是很圆满的。

  附纸寄上我所希望讨论的一些问题;我也很希望国内科学家,多多提出他们的意见。在天文方面,前年和李启斌他们的工作,对我们这里的研究计划,非常有用。现在我们又用数值计算方法,核算证实。现在这方面的工作,仍可以有很大的发展。但是方法上应有所改变;该多用一点计算机了。

  用计算机一事,我希望能和李启斌、胡文瑞……他们仔细谈一谈。不过他们上次好像说,天文台没有适当的计算机设备,所以我在此先提出此

---

*林家翘(1916—2013),力学、应用数学家。中国科学院外籍院士,美国艺术与科学院院士、美国国家科学院院士。时为麻省理工学院教授。

点，不知能否得到适当的计算机和熟用计算机的人员帮忙。又应用数学方面，不知有没有专门研究计算方法及其应用的人，可以帮忙。

希望今夏能再见面。祝健康顺利

林家翘
1/22'78

交谈题材（简单的提几项；自然不限于此）

（1）天文方面：第一要听一听国内诸位所作结果。

星系结构：密度波理论的发展现况与前景

　　　　　线性理论，非线性理论

　　　　　多种模式同时存在问题，与湍流问题之比较，观测结果，

　　　　　数值计算

（2）应用数学（与力学）方面：先要了解国内工作情况。

微分方程的渐近解，一致有效渐近解、数值解与分析解之间配合利用，在密度波理论中，所引出的问题；在流体不稳定理论中所引出的问题；等离子体不稳定理论中的问题。

（3）气象学（力学）方面：台风中雨带的螺旋结构，本题曾在前数年中，和本校气象系教授Jule Charney作多次讨论，最近已由他的学生冯又嫦（香港人，英文名Inez Fung）将理论结果作出并与观测比较相合。这个工作是她的博士论文，已考试通过，所用数学，与星系结构问题有同有异；而且其中当有商榷改进余地。我可以把她的论文作一个简单介绍，不知气象所的人是否有兴趣。

钱三强致钱学森[*]

（1978年3月24日于全国科学大会主席台）

学森同志：

关肇直[**]同志与你部（即七机部）工作有过一定联系，能否请你对他工作作一点评价？

钱三强

3.24日

---

[*] 钱学森（1911—2009），应用力学家、航天与系统工程学家，中国科学院学部委员（院士）、中国工程院院士。曾任中国科学院力学研究所所长，时为第七机械工业部副部长、国防科委副主任。

[**] 关肇直（1919—1982），数学家，中国科学院学部委员（院士）。曾提出泛函分析中单调算子的概念，后将泛函分析应用于数学物理与控制理论，为国防科研做出了重要贡献。

钱学森复钱三强

(1978年3月24日于全国科学大会主席台)

三强同志:

关肇直同志和他研究室同志十多年来一直深入到国防武器系统的设计中,学习了工程技术人员研制困难之所在,提出了比较系统的理论,理论和实际的联系比较好。但由于过去这几年在科技战线上普遍存在的问题,工程技术人员能真正运用他们理论的人很少,以致未发挥其应有的作用。再一点就是这个研究室的工作还未能推广到其他方面,如民用工业。总之,关肇直同志和他的研究室的工作是很有成绩的,应该得到鼓励。

钱学森
1978.3.24

解说

1978年3月24日,全国科学大会在北京人民大会堂举行全体会议,议程为通过《1978—1985年全国科学技术发展规划纲要(草案)》,表彰先进集体(826个)、先进科技工作者(1192人)和优秀科技成果(7675项)。时钱三强在主席台就座,他用会议备用的白纸和铅笔给邻座的钱学森写一便笺,请其对中国科学院数学家关肇直的泛函分析应用于国防科研的工作做出评价。钱学森遂在同一便笺的空白处,用铅笔写了回复。

钱三强和钱学森铅笔书写便笺见文前插图。

钱三强复李约瑟

（1978年3月25日）

亲爱的李约瑟博士：

我非常高兴地看到你的来信。很遗憾最近工作一直很忙，未能及时回信。对于我们在一起时的情形，我一直记忆犹新。我非常欢迎你偕鲁桂珍女士于五月三日来中国访问一个月。你知道五月在中国是春暖花开的季节，我想你们在这里会很愉快的。

三月十八日在北京召开了全国科学大会，想你从报上已知道了。这是中国科学界的一次空前盛会，它标志着中国科学的春天又来临了。自从粉碎"四人帮"反党集团之后，中国科技战线一扫"四害"横行时万马齐喑的沉闷气氛，处处是一片新气象。五届人大、五届政协的召开，对我们鼓舞很大。为了在科学技术上有一个新跃进，使我们的国家在本世纪末实现四个现代化，我们这些老科学家都愿作出新的贡献。欢迎你们到中国来看看这些新气象。

从你给驻英使馆文化参赞胡定一[*]的信中得知你编写《中国科技史》一书的进展情况，我衷心地祝你成功。如果你们能提前一星期来北京参加五一庆祝活动，我也非常欢迎。具体访问日程我们正着手安排。

顺致良好的祝愿。

钱三强

一九七八年三月二十五日

---

[*]胡定一（1921— ），1946年毕业于中央大学社会学系。时任我驻英国大使馆参赞。

林家翘致钱三强

（1978年3月27日）

三强兄：

　　阅报得知你荣选为中国科学院副院长，极为高兴，谨此致贺。

　　我们已向中国驻美联络处，申请签证，回国。希望能得到批准（6/26—7/26），那么我又可以与科学院的同行交换意见了。希望今夏再能见面。敬祝健康顺利！

林家翘
3/27

钱三强复林家翘

（1978年4月12日）

家翘教授：

奉读元月廿二日和三月廿七日手书深感欣慰和感谢。前因相继参加五届人大和全国科学大会，未能及时作复，歉甚。

从来信中得悉，您愿于今年六月底至七月底前来讲学，与国内同行交流学术问题，我感到高兴和表示欢迎。您信中所附讲学内容，已及时转告我院力学所、天文台和数学所等单位，请他们着手准备。

国内有关同志对于今年有机会与您继续探讨共同感兴趣的问题，感到十分高兴，并期望在与您上次回国时共同取得的可喜成果的基础上作出新的成绩。

关于办理您和守瀛（林夫人梁守瀛）先生回国签证一事，我想当不成为问题，国内已请联络处给予解决。

最后再次对您抽身前来访问讲学和交流学术问题表示欢迎。谨盼在国内与您和守瀛先生会面。

顺致
研安

钱三强
一九七八年四月十二日

钱三强致 P. 萨维奇 *

（1978年5月30日）

亲爱的萨维奇院长同志：

我们中国科学院代表团1977年12月在南斯拉夫访问时，受到你们国家科学家们的热情接待，特别是受到你老同学式的亲切接待，使我难以忘记，当时听到你说可能不久将来再见，我更是无比的高兴。现在果然你和你的同事们不久将来到我国了，我们是多么高兴啊。南斯拉夫和中国在战斗中互相支持，在建设中也要相互帮助。你们的到来将进一步加强我们两国的科学交流。

遗憾的是，我受中国科学院的委托将于6月份率领代表团访问法国和比利时，因而这次你到中国时我不能亲自接待你，请你原谅。我的同事们一定会热情接待你们，并且一定为今后我们两国加强科学交流作出必要的安排。

祝愿你和你的同事们在我国的访问愉快，身体健康，祝愿南斯拉夫联邦共和国的科学繁荣昌盛。

你的朋友 钱三强

1978.5.30日

---

*萨维奇（P. Savitch）系钱三强在法国居里实验室的同事。时为南斯拉夫塞尔维亚科学艺术院院长。萨维奇到访系钱三强代表中国科学院邀请，但届时钱三强要率中国科学院代表团出访法国、比利时，故临行前他写好法文和中文信各一件，以表遗憾并致祝愿。

钱三强致普列高津*

（1978年8月24日）

普列高津教授：

我非常高兴地收到您七月四日的来信和随信附来的邀请中国物理学家出席会议的计划。

由于我们代表团访问了比利时之后，又去法国访问二周，到七月中旬返回北京，不久又去外地工作，所以复信迟了些，请谅。

您的来信又使我们回忆起在比利时友好会见的情景。为了使中比科学家间的友谊和学术交流进一步发展，我谨邀请您和您的夫人及小孩于明年您认为适合的时间访华二至三周。你们在华的食、宿、交通费用将由我院负担。

关于您访华的具体要求可直接写信给我或由我国驻布鲁塞尔使馆转告我院。

顺致良好的问候。

中国科学院副院长
钱三强
一九七八年八月二十四日

---

*普列高津（I. Prigogine，1917—2003），比利时物理学家。因研究非平衡态热力学，特别是提出耗散结构理论，解决了开放系统如何从无序走向有序问题，获得1977年诺贝尔化学奖。

解说

1978年6月,钱三强率中国科学院代表团先后访问比利时和法国。在比国,钱三强专程拜访了普列高津教授,两人一见如故,用法语交谈甚欢,原来他们两人在不同时期都聆听过前辈物理学家狄·董德(T. E. de Donder)讲授的热力学课程。临别时,普氏把他1977年获颁诺贝尔奖时的演讲词印刷本签名赠给钱三强。

1979年8月,普列高津偕夫人及幼子应钱三强之邀首次访问中国,在北京科学会堂作了大会报告,并到西安出席第一次全国非平衡统计物理会议,作了系列演讲。普氏回国后,写了一篇题为《中国与科学的春天》的访华报告,结尾时他热情洋溢地确信,中国人民必将对人类未来做出伟大的贡献。

普列高津在布鲁塞尔的自由大学和美国得克萨斯州立大学主持的两个统计物理研究中心,从20世纪70年代末期起,接受过多位中国访问学者,培养了一批年轻的中国博士,总数超过30人,其中许多人早已成为研究、教学骨干。据统计物理学家郝柏林院士《普里高津与中国》文称:普列高津第一次访华后,就安排把布鲁塞尔研究中心的论文不断邮寄到北京和西安,这样在全球互联网兴起之前坚持多年,对我国非平衡统计物理的研究起过积极促进作用。

钱三强致李昌 *

（1978年11月16日　人工合成胰岛素候选诺贝尔奖）

李昌同志：

今晚我因有外事活动，不能到院里来了。有关（人工合成牛胰岛素申请）诺贝尔奖金问题，附上党组成员和副院长们的意见。其中主要的是南翔**同志和稼夫同志的意见应该考虑。我因没有参加那次两科党组会，所以看了会议记录和问曾参加会的人，根据他们的谈话，我在你已批示的改正稿又作了一点修改，请你斟酌，是否得当。至于南翔同志说，应把这件工作先作了（即先定哪三个人）之后再向中央报告，我意还是现在报比较好。请你与南翔同志当面谈谈。修改稿送上请阅示。

钱三强

11.16日

解说

1977年6月，钱三强率领"文革"后中国科学院第一个科学家代表团（团员有生物学家童第周、生物化学家王应睐、半导体物理学家王守武）出访澳大利亚，听到澳方科学家盛赞中国20世纪60年代取得的人工全合成牛胰岛素成果，并且说："你们人工合成胰岛素的工作是应该获得诺贝尔

---

*李昌（1914—2010），清华大学肄业，曾任共青团中央书记，哈尔滨工业大学校长，对外文化交流委员会副主任、党组书记等。时为中国科学院主持常务工作的党组副书记、副院长。

**蒋南翔（1912—1988），教育家。曾任清华大学校长、党委书记，时任教育部部长。

奖的，问题在于你们愿不愿意接受。"同时据王应睐说，1972年杨振宁曾当面向周恩来总理提过人工合成胰岛素要否申请诺奖的话，鉴于当时国内"文革"现实情形婉拒了。钱访澳回国后，力主推进这项工作，以借此放开思路，扩大影响，至1978年11月3日，终于促成中国科学院党组和国家科委党组举行联席会议，听取全面情况汇报，同意将人工合成牛胰岛素成果申请诺贝尔奖，并定由副院长、党组成员钱三强负责协调研办。

杨振宁[*]复钱三强

（1978年11月27日，同意提名人工合成胰岛素候选诺奖）

三强先生：

电报一周前收到，回电想你已收到。

提名人数不能超过三位。

①提名要有一"Citation"，如1961年化学奖金给Calvin，Citation是"for his research on the Carbon Dioxide assimilation in Plants"。

②另外要有一简单说明工作为何重要，约一二段文字即可。

③要有references和复印本。

如果赞成我提名，请速将①②③项所需寄下。因为我对生物化学无多了解。

提名截止时间在二月一日，请于一月十日前付邮。即问

近安

杨振宁
1978年11月27日

解说

1978年9月，杨振宁继1972年向周恩来提议后，又一次在北京向邓小

---

[*]杨振宁（1922— ），理论物理学家，美国科学院院士，中国科学院外籍院士（后其放弃美国国籍回国定居，遂改为中国科学院院士）。其与李政道首先从理论上推论，宇称守恒定律至少在基本粒子弱相互作用领域内是无效的，从而导致有关基本粒子的重大发现，两人共同获得1957年诺贝尔物理学奖。

平讲到人工合成胰岛素可以申请诺贝尔奖的事，于是在中国科学院党组和国家科委党组联席会后（11月6日），钱三强即致电纽约州立大学石溪分校杨振宁，征询其愿否作为该项提名人，以及有关手续和材料要求；8日，杨振宁复电同意提名，并告即有信寄到（就是11月27日亲笔信）；12月7日，钱三强复杨振宁信致谢，告正按其所述作准备，将在明年一月十日前寄上材料。

我国人工合成牛胰岛素成果，除了1979年杨振宁、王浩等向诺贝尔奖委员会提名，王应睐作为诺奖委员会特别邀请的提名科学家同时提名；1980年，由王浩再一次提名。

钱三强致李昌

（1978年12月7日）

李昌同志：

　　一周前我曾打电报给杨振宁，问关于奖金申请问题，可否提三人以上，比如四五个人，他回电最多三人。

　　今天又收到他的信，我预备这样回答他，请你看是否可行。

　　"振宁先生：你的电报和11月27日信收到，谢谢。△→我们正在按你的意见作必要的准备工作，在一月十日以前将资料寄上。"

　　即问

近安

钱三强
12月7日

　　他问"如果赞成我提名"这句话，我没有把握如何答复。如果你认为可以的话，我拟加这样一句话："你热心关怀我国科学事业，你愿意提名我们感谢。"放在△→的地方。如果没有把握，就不加了。请斟酌决定。

钱三强
12月7日

钱三强致方毅[*]

（1978年12月）

方毅同志：

你交给我审查的江泽涵[**]同志的"不动点类理论"，我自己看了，又找了懂拓扑学的同志一齐研究过，现将我们的意见叙述于下：

江泽涵同志的"不动点类理论"是一部拓扑学（数学的一支）的专著。它比同类外国的专著有下列几个特点：

1）它总结了我国自己的拓扑学派的工作。这个学派是江泽涵发展起来的，他的两个研究生姜伯驹（现在北大）和石根华（现在地质部）作了重要贡献。美国1971年布朗（R. F. Brown）写的"Lefschetz不动点定理"最后两章主要就是讲的姜和石的工作。由江泽涵写这方面总结当然比外国人写更为恰当。

2）在写作形式上注意由特殊到一般的叙述方法，通过实例引出概念，比一般国外的数学著作先给出定律再推广应用，更符合认识论的过程，对青年工作者更有启发。

总之，这是一部好书，值得推荐出版。我相信我们出版这书，将引起国际数学界的注意。

---

[*] 方毅（1916—1997），时任中共中央政治局委员、国务院副总理，国家科委主任，中国科学院院长、党组书记。

[**] 江泽涵（1902—1994），数学家、教育家。美国哈佛大学哲学博士。中国科学院首批学部委员（院士）。中国拓扑研究的奠基人，1960年起倡导"不动点类"理论研究，《不动点类理论》是其主要代表性论著之一，于1979年科学出版社出版。

最后，我建议这本书应该由江泽涵同志自己署名出版，在序中可以对写这书起过作用的同志们和单位表示谢意。同时希望江泽涵同志抓紧时间把未完成部分写完。

即问

近安

钱三强

1978.12

1979年

钱三强致杨振宁

（1979年1月3日）

振宁先生：

您在北京时，曾向邓小平副主席、方毅副总理提出预备向诺贝尔奖金委员会推荐"人工合成胰岛素"作为奖金候选者的问题。经过充分酝酿和讨论，我国科学院决定同意您的意见，准备提出上海生物化学研究所的纽经义*教授代表三个单位（即生物化学研究所、北京大学、有机化学研究所）集体研究工作，作为奖金候选人。现在把纽经义教授有关的材料送上，请斟酌采用。

您热爱祖国，关心祖国的科学事业，对促进中美友谊起了很好的作用。这次您又热心推荐诺贝尔奖金的事，我们表示钦佩和衷心感谢。

敬祝康健。请向夫人致意。

钱三强
1979年1月3日

---

*纽经义（1920—1995），生物化学家，美国得克萨斯大学哲学博士，中国科学院院士。是我国人工合成牛胰岛素的主要成员，在半合成和全合成中做出贡献，获国家自然科学奖一等奖。他作为诺贝尔奖候选者代表，是经过当年参与研究的全体人员集体总结讨论，并由17名超脱专家组成的评审委员会投票确认的。

钱三强致王浩[*]

（1979年1月4日　提名人工合成胰岛素候选诺奖）

王浩先生：

您给沈克锜同志的信和驻美联络处关于您预备提"人工合成胰岛素"作为诺贝尔奖金候选者的信，我国科学院都收到了。感谢您对于祖国科学事业的关心。

经过充分酝酿和讨论，我国科学院决定同意您的意见，准备提出上海生物化学研究所的纽经义教授代表三个单位（即生物化学研究所、北京大学、有机化学研究所）集体研究工作，作为奖金候选人。现在把纽经义教授有关的材料送上，请斟酌采用。

您热爱祖国，关心祖国的科学事业，这次又热心推荐诺贝尔奖金的事，我们表示钦佩和感谢。

此致
敬礼　并祝阖家康健

钱三强
1979年1月4日

---

[*]王浩（1921—1995），数理逻辑学家。1943年毕业于西南联合大学数学系。后留学美国获哈佛大学哲学博士学位。美国科学院院士。时为美国洛克菲勒大学逻辑学教授。

附：

王浩致沈克锜[*]

克锜兄：

在北京替你和张星添了好多事，多谢你们二位的各种热情招待。请代候张星。

所托两信，到纽约后就转了。并先和守廉兄通了电话，请释念。

在北京的老朋友，有便请代候。

有一件较复杂的事想同你商量一下看怎么办好。这事希望不要传出去。

胰岛素Insulin的工作，早有许多人说该可得诺贝尔奖。完全出乎意外地今年我收到一份（11月1日瑞典寄出）邀请提"生理或医学"候补得奖人的信。内行的人告诉我，Insulin的工作属于这一方面。我又找一同事Stanford Moore（他曾得诺贝尔奖）问是否Insulin的工作够得的资格，他觉得够（或需和别处作类似工作的人分得）。但困难是：最多只能三人分一奖（见附件）。所以有两个特殊的问题：因为我国发表的文章上，人名很多——

（1）如何找出一个或两个（最多三个）人在这方面作了重要工作。

（2）如何用文件证明第（1）点[所谓Documentationary Evidence证明所提名的一人或二人（或最多三人）为工作中的中心人物]。

这事有点特别。不知道有没有好办法处理。如果有办法，希望也能把附页中所要的1、2、3项，准备一下，那么我就可以来提名（并在这里打听一下是否再加一个别的国家作类似工作的人的名字）。此地颇有几个得过奖的人，也许我还可以试试找别人也提。

---

[*]沈克锜时为北京大学物理系教授。

照现在我该找一个学生化的中国人请教，但这事太复杂，传出去更易生误会或产生不愉快。实在替你出了一个难题。不知是否由组织方面帮忙可以办得较妥？

此致

敬礼！

弟浩敬上
78年12月11日

王浩复钱三强

（1979年1月23日）

三强先生：

您一月四日的来信及附件于一周后拿到，多谢。

关于奖金提名，今日航空挂号寄出，约计最迟可于一月九日到达该奖委员会负责人，乞释念。提名文件除所附一抽印本外现附上副本一套，谨供参考。

有一外国友人为生化学家，也采用了您寄来的资料以及可以在这里找到的另外七、八篇文章向"生理学或医学"组提了纽先生的名。一般说来，往往有候选人在化学组及"生理学或医学组"同时有提名，两组会共同斟商，可以增加当选之机会。

经探询，驻联合国代表团的朋友建议此信及附件由他们转交为妥，现照办。

此致

敬礼并祝阖家康健！

王浩

一九七九年一月二十三日

钱三强致杨振宁

（1979年4月2日　关于召开广州粒子物理会议）

振宁教授：

　　自一九七七年黄山会议和去年庐山会议以来，我国的基本粒子理论研究取得了一些进展。为了扩大国际间的学术交流，促进国内粒子物理理论研究，中国科学院拟于一九七九年底或一九八〇年初在广州召开基本粒子理论讨论会，除国内科学工作者外，还拟邀请一些港、澳、台以及海外华裔科学家参加，会期约一周左右。会议将出版中文和英文文集。

　　我记得您曾经表示过，在中国召开一次类似国际性的会议是有条件的。我很同意你的意见。今年年底或明年年初准备召开的会议就是为将来召开国际会议积累经验和创造条件。

　　多少年来，你一直在为加强中美友谊，促进祖国科学技术的繁荣而努力工作，在基本粒子理论研究方面给予了重要的指导和具体帮助。我想你对召开这样一次会议是会关心的，对于如何开好这次会议一定有许多好的意见。如果你同意的话，我想请你或通过你的影响推荐一些在台湾和在国外的华侨和华裔科学家参加这次会议。我更想知道你是否能参加这次会议。

　　这次讨论会的组织，拟采取一般国际会议的办法，与会者的往返路费，除事前申请者外，请予自理。会议期间膳宿费用，统一由国内支付。

如有要求，会后我们将安排一些国内观光活动。

  敬祝

安好

钱三强
一九七九年四月二日

嫂夫人前请代问候。

钱三强致 A. 玻尔[*]

(1979年4月21日　邀请访华)

亲爱的A. 玻尔教授:

我们已经有好长一段时间没有见面了。正在中国讲学的李政道教授告诉我,您的妻子已经去世了。听到这个令人悲伤的消息,我感到十分震惊和痛心。您和您已故的妻子曾经两次到中国进行学术访问,而她现在已经离开了我们。在此,我谨向您表达最深切的吊唁和同情。我十分理解您现在的心绪,希望您能多保重。

自从粉碎了"四人帮",我国科学工作出现了新的气象。我国人民正在努力实现四个现代化。所以我说,这一形势让我们更加想念对我国科学研究做出巨大贡献的外国朋友。那些曾经在您的指导下在你研究所工作或学习过的科技人员,现在正在各自的岗位上发挥着重要的作用。

为了加强我们两国科学家之间的合作,推进我们两国人民的友谊,我十分愿意邀请您在您今年方便的时候来中国访问两周并进行学术交流。如果您愿意,您可以和您儿子一起来,你们在中国的旅行和住宿费用将由我国科学院负责。

致以良好的祝愿,期待您的回音。

中国科学院副院长　钱三强

一九七九年四月二十一日

---

[*]A. 玻尔(A. Bohr, 1922—2009),丹麦物理学家,N. 玻尔之子。因发现原子核中集体运动和粒子运动之间的关系,以及在这种联系基础上提出核结构理论,与B. 莫特尔逊(丹)、J. 莱因瓦特(美)共同获得1975年诺贝尔物理学奖。

解说

  1962年A. 玻尔应钱三强之邀首次访问中国。1973年4月，钱三强又以中国科学院原子能研究所所长名义接待A. 玻尔访华，并安排他作了关于原子核中集体运动和粒子运动之间的联系的学术报告。巧合的是，两年后A. 玻尔因该研究成果获得诺贝尔物理学奖。

钱三强致杨振宁

（1979年5月20日）

振宁教授：

您四月十四日来信以及最近的电报都已收到。广州基本粒子理论讨论会定于80年1月中上旬召开。非常感谢您对开好这次会议所提出好的建议，同时我们很高兴悉知你一定计划参加这次会议。

五月份，李政道教授在京讲学，我借此机会也征求了他的意见。他对这次讨论会表示了同样的热情，并准备在会上作关于QCD的总结性报告，他还邀请你作关于规范场的总结性报告，我想你一定是乐于接受这个建议的。如果你们两位都能出席会议，对中国同行们将是一个很大支持，同时也是我们这次会议值得庆贺的一件事情。

这次会议拟邀请四十名左右海外的中国血统科学家参加，国内代表约一百人。

邀请初步名单正在拟定过程中，不久你将会收到一份。不过希望你不要受名单的局限，你还可以推荐认为合适的人选，特别是来自台湾方面的学者。

这次会议的组织，拟采取一般国际会议的办法，与会者的往返经费，除个别事先申请者外，请予自理，会议期间膳宿费用统一由国内支付。

钱三强
五月廿日

杨振宁致钱三强

（1979年6月19日）

三强副院长：

六月五日电"Happy to accept membership on Advisory Committee"与今日电"Calls received. I anytime. Dec. 27 and gin 20 is good. Later Letters"想都已收到。

六月二日信收到了。你们的名单中略有遗漏的地方，我在另外一纸上指出。关于规范场的报告我考虑了一下，建议应有两个报告：Ⓐ一个是Weinbeg-Salam model，我建议由聂华桐（石溪）、郑大培（Missouri）或徐以鸿（A. Zee, U. of Penn.）报告；Ⓑ一个是Mathematics of Gauge Field，我建议由李华钟、侯伯羽或吴泳时或段一士报告都好。我自己不想报告。

此外我建议由邹祖德报告Geomettrical Model of Hadion Collisions。由吴大峻报告Field Theary and Statistical Mechanism。

石溪六位中国研究员一切都好（他们是谷超豪、忻元龙、杨振玉、李祝霞、杨威生、戴远东）。听说最近将要再来五位。余理华我们接受他为研究生（跟我做论文），每年约有五千元的生活补助金，免学费。

我因为一月（或十二月）要来广州，已打消原来订的九月份访华的计划。即问

近好

振宁
79年6月19日

陈省身*致钱三强

（1979年7月9日）

三强同志：

吴文俊同志带来您六月二十一日的信，已收到，谢谢。承邀在科大研究生院授课，深感荣幸。

明年大约于4月下旬返国，住到9月底国际会议以后。前已建议北京大学授一课，相当于第一年研究生程度，似两者可以合并，课名拟定为"流形论"，从多元微积分讲起，到最近微分几何的进展。由于统一场论及规范场的应用，这些数学概念在理论物理也很要紧。

是否合式，请指示。专此并致

亲切的问候。

陈省身
1979年7月9日

---

*陈省身（1911—2004），美籍中国数学家。德国汉堡大学博士。中国科学院外籍院士。曾获美国国家科学奖、沃尔夫数学奖、罗巴切夫斯基数学奖等。时为美国加州大学伯克利分校教授。

钱三强致编辑部同志

（1979年7月13日）

编辑部同志：

××（名字为编者所隐）同志写的稿子我改了一点，请考虑。

我希望题目改为"科学伴侣"比较恰当，少招非议，请你们能考虑我的意见。

钱三强
7月13日

解说

其时，《光明日报》一位有影响的记者采访钱三强，写了一篇关于钱三强和夫人何泽慧的长文（约一万四五千字），题目为"科学与爱情"。钱三强看了两遍稿子，用钢笔和铅笔作了大大小小一百多处修改，包括对他们在战争环境下建立爱情的描写，并且认为"科学与爱情"的题目不妥切，建议改为"科学伴侣"，但记者说，杂志编辑部很欣赏"科学与爱情"这个题目，能不能改要由编辑部定。钱三强听了这话有些不高兴，便当即伏案写了给编辑部的信。

在钱三强把写好的亲笔信交记者时，记者又重复了他上述说法。钱此时怒气爆发，认为记者对人不诚恳，自己写的稿子不应该把改题目的事推给编辑部，我写了给编辑部同志的信，你还是这种态度。于是，他一气之下把清样稿和信撕了（撕碎的文稿后由葛能全粘贴基本复原，现存"钱三强年谱资料卷"）。

过后不久,《长江文艺》刊出改前稿,但钱三强和何泽慧的名字统统隐去作了技术处理。撕稿事很快由《光明日报》传到《人民日报》等处,并且添加了钱三强"政治上有不当言论"的指控,为此上级组织进行了一番核查,未得实证作罢。

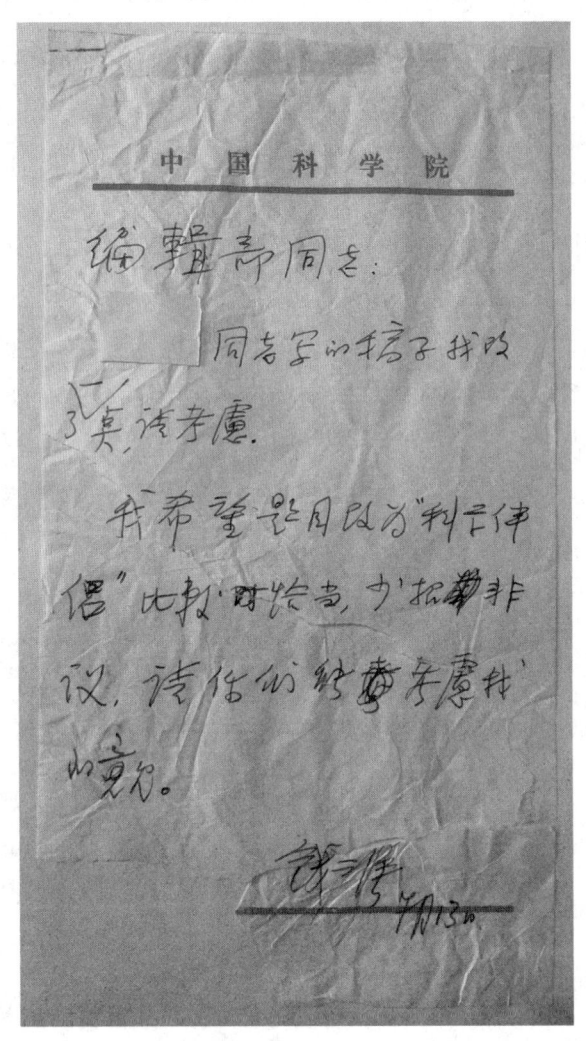

钱三强就记者写的稿子题目修改致编辑部的手稿

A. 布朗利* 致钱三强

（1979年7月19日　英文　李明德译）

亲爱的钱教授：

我再次写信给你，是要以我个人和我们代表团的名义，向你表达我们对张笑洋（时为翻译兼陪同）先生最强烈的赞扬，他在我们最近对贵国的访问中与我们同行。

他以他对中国、中国历史和中国风俗的知识，加上他在我们行程中的每个机构非常高效的安排和准备，大大地增加了我们行程的效率和快乐，使我们的行程相当有效用。

他是一位令你和科学院都会感到骄傲的年轻人，是你们国家和你们科学院最有效的代表。

对你们的帮助和款待再次表达我们诚挚的感谢。

我们一直希望你有机会访问美国，当你成行时，我们希望耶鲁能包括在你的行程中。

您诚挚的
阿伦·布朗利
1979年7月19日

解说

1979年，A. 布朗利率美国核物理代表团访华，由钱三强主持接待。

---

*A. 布朗利时为美国耶鲁大学校长。

A. 玻尔复钱三强

（1979年8月6日）

亲爱的钱三强教授：

十分感谢你四月二十一日的来信。

首先，我感谢你为我妻子的逝世向我表示的同情。正如你了解的那样，我已故的妻子对与中国的交往和中国文化是十分关心的。在上次访华期间，我们受到了热情的接待，它给我留下了最为宝贵的回忆。

近几年我们一直关注着中国的发展情况，它确实给我们留下了十分深刻的印象。我们研究所的同事也十分急切地希望寻找机会，来进一步加强与中国同事的交往和合作。

在核物理方面，我们之间已经在进行许多有价值的联系，这些联系十分有助于我们以一种有效的方式来发展我们间的合作。另外，我们从一些中国科学家那里收到了一些申请，他们要求延长在我所的停留期限。我们正计划邀请一些有经验的中国核物理学家来进行较短期的访问，以便促进科学家们个人之间的交往。

我们也热切希望将合作扩大到物理学中的其他一些领域，即我们研究所从事的工作，如粒子物理、固体物理和天体物理。今天我想特别建议在粒子物理方面进行合作。在这个领域内，我们除了在进一步努力从事在欧洲核子研究组织（CERN）基础上的实验粒子物理的工作之外，还有一些十分活跃的青年理论科学家。

我认为，第一步不妨由我们的粒子物理研究小组中派一个成员在不久的将来访问中国，以便和中国同事建立个人间的联系，并介绍我们研究所的工作情况。我们建议由奥莱森博士访问贵国,我相信你们许多理论粒子物理学家都熟悉他的工作。

如果这对你们方便的话,他可以在今年秋季来华(如十月份),在中国停留几个星期(一个月)。

同时我也想邀请中国理论粒子物理学家来我们研究所访问一至二个月,以便了解我们的工作情况和研究所的一些情况。我们记得中国科学院高能物理研究所的冼鼎昌,是否可以将他作为候选人。我还同时向张文裕[*]教授谈了这个建议。

我十分感谢你们邀请我今年访华。我确实很希望能自己来华看看贵国的发展情况并且会会老朋友。但是,今年秋天我已经计划去美国了,因此,我今年不能来访。我希望我或许在明年能访问贵国。

顺致良好的问候。问夫人好

你忠诚的

阿格·玻尔

---

[*]张文裕(1910—1992),实验物理学家。1938年获英国剑桥大学理学博士学位。曾任西南联大教授,美国普林斯顿大学教授。中国科学院学部委员(院士)。时为中国科学院高能物理研究所所长。

张绍进*致钱三强

（1979年8月10日）

钱教授：

　　谢谢你邀请我参加明年一月五日在广州召开的粒子物理理论讨论会。我自己有一点私事不知能否请你透过组织安排一下。

　　（一）今年七月间南京大学物理系系主任魏荣爵**教授来伊理洛大学参观访问。在访问期间曾与我及我们物理系主任Prof. Ralph Simmons谈到将来南大及伊大物理系合作的合（可）能性。如果能够，我希望在会议安排的参观访问后，能去南京大学物理系访问一下。

　　（二）我在南京有两位舅舅，已有三十年没通信，他们的姓名及三十年前的地址为：

　　（1）曹昇尘（字寄僧）　行医，住南京市中山东路英威街顺德村一号。他三个儿子（即我的表哥）的名字为：

　　曹维霖　当年有病在家

　　曹维霁　上海医学院毕业，曾在协和医院做医生

　　曹维霆　当年在中学念书

----

*张绍进（1936—　），美籍华裔物理学家，时为美国伊利诺伊大学物理系教授。其女张纯如（时11岁）原拟同行，后成为美国华裔女作家、历史学家，著有《中国飞弹之父——钱学森之谜》《美国华裔史录》等。1997年出版《南京大屠杀》（*The Rape of Nanking*）在一个月内就进入美国《纽约时报》畅销书排行榜，并被评为年度最受读者喜爱的书籍。其于2000年逝世，时年36岁。

**魏荣爵（1916—2010），声学家。1937年毕业于金陵大学，1947年获美国伊利诺伊大学硕士学位，1950年获美国加利福尼亚大学博士学位。中国科学院学部委员（院士）。时任南京大学物理系主任。

（2）曹魁尘（字天纵）　经营新生农场，住南京市中山东路英威街顺德村四号。他三个儿子（也是我的表哥）的名字为：

曹维震

曹维需　　　　当年都在中学念书

曹维霄

如果组织能替我查出他们的现在住址及近况，我则不胜感激。我希望能借这次回国的机会见一见阔别三十年的至亲们。

先在这儿谢谢你的帮忙。

敬请

学安

张绍进敬上

1979年8月10日

钱三强致杨振宁

（1979年8月15日）

振宁教授：

6月19日来信收到了。

您对广州粒子物理讨论会作几个专题报告的考虑，以及对会议准备邀请的学者名单所作的补充和纠正，意见都很好，筹备委员会研究了您的意见，并且已经作了安排。

为了组织好这次会议，现就以下几件事相商：

第一，广州粒子理论讨论会，已经组成了包括您和李政道教授在内的顾问委员会。为了做好会议的学术方面准备工作，经研究由以下四位学者担任顾问委员会的学术秘书：朱洪元、何祚庥*、李华钟**、冼鼎昌。最近这几位秘书，考虑了您和李政道教授的建议，经与国内同行们商量，提出了讨论会专题报告题目和报告人名单（附后），现在他们正以通信方式征求意见，待报告人同意后，再列入会议的议程。我很想知道您对这个安排的意见，其中特别要提出的，在专题报告单子中虽然没有列入，但国内学者们都一致希望您能做学术报告，不知您能否接受这个邀请。

第二，筹备委员会根据各方面推荐，拟出了一份近六十位邀请学者名单，并于七月分别发了邀请信，现将名单送您一份，同时寄去会议通知

---

*何祚庥（1927——　），理论物理学家。1951年毕业于清华大学物理系。中国科学院院士。时为中国科学院理论物理研究所研究员、副所长。

**李华钟（1930—2018），理论物理学家。1954年中山大学研究生毕业。时为中山大学教授、物理系主任。

书、邀请书各五份。如您认为会议应该邀请，而名单中没有列入的学者，请您代为邀请；另外，考虑到有的虽已邀请，但可能地址有误，或本人暂时离开原处和其他原因，而不能及时收到邀请信，希望请协助您工作的秘书，帮助联络一下，必要时亦请您发一补充邀请。总之，我希望在国外的学者们，都能收到邀请信，并能如期出席会议。

第三，据朱洪元先生等回来讲，您在日内瓦曾建议邀请台湾学者沈君山先生出席广州讨论会，我们认为这个建议很好，对于建立我们与台湾之间学术联系和科学家的交往会有积极的影响。为了使沈先生能收到我们的邀请书，关于邀请办法，请您处转寄较为妥当。现将给沈君山、阎爱德、李怡严、徐微鸿诸先生的邀请信一并寄去，请予转达。

另外，你对开好这次会议有什么建议，希望来信告之。

敬祝

安好

钱三强

一九七九年八月十五日

钱三强致李政道[*]

（1979年8月15日）

政道教授：

广州粒子物理理论讨论会，定于1980年1月5日—14日召开。我给您的邀请信七月份寄出，想已经收到了。

为了筹备这次会议，现考虑有以下几件事要同您商量：

第一，广州讨论会组成了包括您和杨振宁教授在内的顾问委员会，为了做好会议的学术方面准备工作，经研究由下列四位学者担任顾问委员会的学术秘书：朱洪元、何祚庥、李华钟、冼鼎昌。考虑到您和杨振宁教授的建议，最近几位秘书在与国内同行们商量以后，提出了讨论会专题报告题目名单，现寄您一份，希望提出意见；同时我们正以通信方式征求报告人意见，待报告人同意后，将可能列入会议议程。特别要提起的，在单子中虽然没有列入，但是国内同行们都一致希望请您能够做学术报告，报告的题目和安排的时间，您自己选定。不知您能否同意。

第二，筹备委员会根据各方面推荐，拟出了一份近六十位港澳台及国外学者名单，并于七月份分别发出邀请信，现将名单送您一份，同时寄去备用会议通知书、邀请信各五份，如您认为会议应该邀请的学者在名单中没有列入，可请您代为邀请；另外，已经列入名单者，考虑到其中有的

---

[*]李政道（1926— ），粒子物理与原子核物理学家。美国科学院院士，中国科学院外籍院士。其与杨振宁首先从理论上推论，宇称守恒定律至少在基本粒子弱相互作用领域内是无效的，从而导致有关基本粒子的重大发现，两人共同获得1957年诺贝尔物理学奖。

地址可能有误，或其他原因而不能及时收到邀请信，希望请协助您工作的秘书帮助联络，必要时亦请您发出补充邀请。总之，我希望在国外的学者们，都能收到邀请信，并能如期出席广州会议。

第三，关于邀请吴大猷先生出席会议一事，今年五月华总理在接见您时，已明确表示了态度。我们非常欢迎吴先生能出席这次会议，并准备发出邀请。由于我们与吴先生过去没有联系，邀请信直接投递可能难于收到，故拟请您代为转达。如果吴先生认为明年一月五日至十四日这个时间不适宜，他也可以选择自己认为方便的时候回国探亲和讲学，国内科学界朋友是随时都欢迎的。

另外，您对开好这次会议有什么建议，希望来信告之。

敬祝

安好

钱三强

一九七九年八月十五日

杨振宁致钱三强

（1979年8月17日）

三强副院长：

　　五六月间自石溪发出的信想已收到。广州会议邀请书我已收到，谢谢。我一定来参加。

　　Rochefeller Univ.（1230 York Avenue, N. Y. City, 10021, N.Y.）的曹宏生（H. S. Tsao）与CERN Theory Dividion之H. M. Chan（陈匡武）都还没有收到邀请。Mrs. Chan则已收到。邮局遗失信件很多，似宜考虑重发一次邀请书。

　　即问

近好

杨振宁

七九年八月十七日

我八月廿八日回石溪。宁又及

李政道致钱三强

（1979年8月19日）

三强教授：

由纽约转来您的邀请，谢谢。明年年初当专程来参加广州粒子物理理论讨论会。

因纽约和北京间的班机不多，询问之下，与"一月五日"最接近的是法航，可一月四日晚离纽，接上其188号班机于六日晨抵北京，故看来不能准时赶到开会的日期，请原谅。也许届时另有机程，容日后决定后再告知。

专此敬祝

健康

政道

七九、八、十九

惠箐附笔问好。我们九月中旬返纽约。

杨振宁致钱三强

（1979年9月6日　转邀沈君山等参加广州粒子物理会）

三强先生：

　　信悉（八月十五日的信）。洪元兄八月卅日信也收到了。

　　我作报告事，到广州时如有好的材料我一定讲，但目前尚无最好材料。

　　附上致沈君山*信副本。

　　即问

近好

振宁
七九年九月六日

附：

杨振宁致沈君山信

君山兄：

　　北京钱三强先生来信要我请你和阎爱德、李怡严和徐微鸿参加明年一月的广州会议。他的四份邀请书现在附上，请转寄各位，另附Announcement二份。

　　即问

近好

振宁
七九年九月六日

----

*沈君山（1932—2018），物理学家，时为台北清华大学理学院院长。

李政道致钱三强

（1979年9月14日　转邀吴大猷参加广州粒子物理会）

三强教授：

　　谢谢您八月十五日寄至纽约的信，觉得选定的六十位港澳台及国外物理学者的名单，极为恰当。假使在联络时我能有所帮助处，务请告知。（陈匡武君的地址是Theory Division CERN，CH1211 Geneva 23, Switzerland。他已离开美国了）

　　我自己做报告的题目已于前信上告知。谢谢邀请。

　　吴大猷*先生处已多次设法电话联络，可是他一直还在台湾，回美国时期未定。不过我会再继续设法。

　　惠箸和我下周末返美，来信仍请寄纽约地址。

　　专此敬祝

健康

政道
七九年九月十四日　日内瓦

---

*吴大猷（1907—2000），物理学家、教育家。美国密歇根大学博士。原中央研究院院士。后任台湾"中央研究院"院长等。

钱三强复 A. 布朗利

(1979年9月16日)

尊敬的布朗利教授:

由您率领的"美国核物理代表团"今年五六月间对中国的成功访问,为中美两国科学家,特别是核物理学家之间的友谊和学术交流做出了贡献。你们代表团今年对中国的访问和杨澄中*教授率领的"中国核物理代表团"去年五月对美国的访问,开始了中美核物理学家之间的往来。随着中美两国关系和两国人民之间的友谊的不断发展,中美两国核物理学家之间的交流与合作必将得到进一步的加强,双方的往来与联系必将更加密切。

中美两国核物理学家在科学研究的许多领域有着共同的兴趣,中国科学院希望在这些领域建立和发展我们双方具体的和卓有成效的合作关系,并使这种关系以某种形式予以固定。双方这种关系的建立和发展,必将有益于核物理科学的进步,同时也是符合我们两国核物理学家们共同的愿望和共同的利益的。对此,我们希望得到美国同行们的积极响应。

感谢你今年七月十九日来信中,对张笑洋先生工作的赞扬。我已将你对他的好意转达给他本人,他表示感谢。你的来信体现了你对青年人成长的关怀,也是对他本人今后更好地为促进双方学术交流而努力工作的鼓励。

非常感谢你寄来的三册"物理展望"。我将很有兴趣地阅读你的有关

---

*杨澄中(1913—1987),核物理学家。1937年毕业于中央大学。1950年获英国利物浦大学哲学博士学位。中国科学院学部委员(院士)。曾任中国科学院(兰州)近代物理研究所研究员、副所长、所长,中国科学院兰州分院副院长。

著作。

　　希望不久的将来能在美国或在中国再次见到你。

　　顺致

良好的问候

中国科学院副院长　钱三强
一九七九年九月十六日

中国科学院《图书馆工作》致钱三强

（1979年11月20日）

钱副院长：

　　经院和国家科委批准，我馆主编的《图书馆工作》杂志从明年起改名为《图书情报工作》，交科学出版社出版，全国邮局公开发行。根据院内外广大读者要求，编辑部同志很希望您能在百忙之中抽点时间就图书情报资料工作在科研中的作用，如何搞好我院图书情报工作等问题提出一些指导性意见。如蒙应允，则对全院二千多名图书情报工作者和全国广大图书馆工作者将是一个很大的鼓励。专此，致以
敬礼！

中国科学院图书馆业务处
《图书馆工作》编辑部
1979年11月20日

解说

　　钱三强慨然应约写了《大家都来重视和关心图书情报工作》一文，发表于改名后的《图书情报工作》第1期。全文附录于后。

大家都来重视和关心图书情报工作

　　图书情报，是人类文化智慧的结晶，它既是过去经验的积累，又是未来发展的向导，各行各业都离不开它。科学研究与图书情报的关系更为密

切。可以说，古今中外一切有成就、有贡献的科学家，没有一个不是在广泛吸取前人、旁人的知识，并加以消化、利用和创新而达到的。科学研究的重要性，经过大力宣传，总算是开始被越来越多的人有所认识了。可是图书情报工作至今还处于不受重视和被挤掉的地位，包括一些从事科学研究的同志，甚至少数从事图书情报工作的同志，也不能正确对待图书情报工作。这种状况的形成，我想原因之一，是没有真正认识科学研究与图书情报工作的关系。

有人说，图书情报是科学研究的先行官，这是符合客观实际的，我完全赞同。过去兵书上有一句名言，叫做"兵马未动，粮草先行"。这个道理用来说明科学研究与图书情报的关系，我看也是恰当的。我们每开展一项科学研究，很自然一开始就要掌握和分析有关情报，了解国际国内已取得的成果、研究水平和发展动向，然后确定搞什么课题，攻哪些关键。科学技术现代化的关键是研究课题的现代化，而课题是否选得准，又取决于对科技情报的掌握和分析是否准确可靠。如果没有必要的情报，就情况不明，难下决心，甚至选定了过时的研究课题，重复别人已做过的工作，造成人力物力财力的浪费。随着科研的逐渐深入，科技情报也在不断积累，不断丰富，又进一步给科学研究提供新的给养。而科学研究所取得的新成果，又成为科技情报的重要资料。因此说，科技情报工作本身就是整体科学研究工作的一个组成部分。搞科学研究离不开科技情报，离开了就无从着手；科技情报也只有密切结合科学研究才能得到发展，才能充分发挥作用。

目前，我们的图书情报工作，面临着一个适应新形势，创造新水平，更好地为四个现代化服务的迫切任务。怎样才能完成这个任务呢？

首先，大家要关心和重视图书情报工作，特别是各级领导要把这项工作摆到议事日程上，不仅要经常开会研究，日常工作要有专人分管，还要切切实实解决一些可能解决的实际问题，为图书情报工作创造点条件。比如经费分配上，若能稍许给图书情报方面一点照顾，花钱并不多，解决问题不少，对科研的作用也会很大。许多部门对于图书情报与仪器设备是科学研究的两个主翼这一点，认识得还很不够，仪器工作现在开始注意了，但对图书情报的作用仍然认识很不够。希望各级领导切实重视起来，给以应有的支持。在这方面，即使是少量给点投资，也是很快能见到实效的。

其次，要加强图书情报队伍的建设。目前，我院直属、双重领导的研究单位有一百多个，而图书情报人员加起来才两千多人，占科研人员总数还不到百分之一。同一些国家比较起来，我们的图书情报队伍实在太薄弱，与现代科学技术的发展很不相称。我们的图书情报队伍不仅要扩大，更重要的是要提高质量，图书情报人员除了胜任日常工作之外，还要能胜任图书情报的研究，这是创造新水平的一个关键问题。在这个问题上，各级领导要有战略眼光，要舍得下点本钱。

再就是，图书情报工作本身要有高标准，要有明确的目的性。从我们科学院的特点说，就是紧密围绕以科研为中心，不单能为各个学科的发展提供战术情报，而且还能提供长远的、综合的和有关科研组织管理方面的战略情报，既为科研人员解决了问题，又担当起了领导的参谋和助手。这样，也就用自己的实际行动，为图书情报工作做了最出色的宣传。图书情报是一门很有发展前途的科学，真正做好了，深入进去，领域很广，学问很深。我相信，这门科学的重要性，将来一定会越来越被人们所认识。

为适应四个现代化的需要，图书情报工作本身的现代化的建设，也是个很重要的问题。目前我们的图书情报工作基本上还没有摆脱手工操作的落后状况，劳动强度大，工作效率低，实在不适应"四化"建设的需要。在这种情况下，图书情报人员不怕吃苦，主动延长开馆时间、送书上门等等，受到各方面称赞，这种精神，是应该提倡、发扬和奖励的。但是，光靠增加劳动强度，总不是解决问题的根本办法。最根本的办法是要逐步实现图书情报工作本身的现代化，这个问题是到了应该认真考虑和解决的时候了。

总之，搞好图书情报工作，要求是迫切的，任务是艰巨的。我相信，只要我们各方面重视起来，互相配合，努力工作，兢兢业业，不断提高，图书情报工作大有希望，一定会为四个现代化作出新贡献。

沈君山复钱三强

（1979年11月30日于东京）

钱三强先生：

您好。

在目前，尚不方便来广州参加科学会议（即1980年1月的广州粒子物理理论讨论会）。但无论如何，谢谢您的邀请。

希望这次会议成功。

沈君山

1979年11月30日于东京

因出差东京用了随身带的信纸，上有"中华民国"字样，顺作说明并致歉意。

杨振宁致钱三强

（1979年12月2日）

三强副院长：

　　我将于一月一日抵香港，拟于三日到广州。会后我希望能去上海访问复旦十日左右，然后去北京数日，于廿五日自广州出境。

　　杜致礼（杨振宁夫人）因为家中有事，要晚到广州，计划她和我一同去上海然后去北京。她希望能在北京留到三月初。她愿意在科学院或物理所、理论所、高能所教英文。虽然她过去没有教英文的经验，但一年多来她有在石溪教中文的经验。

　　前信关于请Salfelai的可能，与电报关于请N. Byeis之可能，想都已收到。

　　即祝

近好

振宁
79年12月2日

李政道致钱三强

（1979年12月10日）

三强副院长：

　　谢谢您十一月十二日的来信，觉得会议的日程安排及论文题目，均合理想。预料成功必然。

　　这次由美国来的学者，除决定自费者外，经费问题与美国的能源部及国家科学基金会商量后，这二机构可负担大多数的由美国经香港至广州的来回旅费。目前看来，主要问题似已解决。

　　大猷教授一直都不在美国，所以您的邀请书只能寄至他在加省的地址，由他夫人转。

　　惠䇹（秦惠䇹，李政道夫人）和我定法航一月二日下午抵北京。我们专此敬祝您一家
健康及新年快乐

政道
七九、十二、十

《长知识》副刊致钱三强

（1979年12月5日）

钱三强同志：

　　你好。我们《长知识》副刊年初辟有"科学与文学"专栏，想让青年懂得学习兴趣广泛一些，不要只钻一两门而对其它各门茫然无知，结果路子越走越窄，越学越死。

　　这个栏目虽然只发表过五篇文章，但读者反映很强烈，许多中学校把它印为补充教材，广东廉江县一位教师来信列举他在教学中的具体事例来说明办这个专栏的必要性。如《曹刿论战》原文："夫战，勇气也。"不少学生解释为："夫妻作战要有勇气。"应届高中毕业生释"先主曰，孤之有孔明，犹鱼之有水也，愿诸君勿复言！"有人释为："先生说：孤立的地方有一个大空洞，里面很明亮，有鱼又有水，大家快来捉呀！"去年高考的物理题："某物没于水中……"，不少考生把"没于"理解为"没有在水中"，造成错误。上述情况确是较普遍的。

　　青年的需要促使我们要把"科学与文学"栏办下去，但由于稿源短缺，难以为继，我们热望科学家、文学家们大力支持与倡导，为青年们写写这方面的稿子。我们想，这个栏目的文章你是会有兴趣写的，何况《长知识》副刊经常得到你的支持与帮助，寄上约稿信与有关报纸，供参考。

　　致
敬礼！

中国青年报《长知识》　夏小雨
十二月五日

解说

虽然是一封普通的约稿信，但对钱三强触动比较大，使他切实意识到提倡自然科学与人文社会科学相互融通、交叉发展的必要性和责任感，从而为此身体力行进行工作。在面向青少年方面，他先后为《我们爱科学》、"全国青少年科技作品展"、《中学生数理化》撰稿，鼓励全面发展；当全国理工农医经管类高等院校第一本语言文学教材《中国古代文学》出版发行的时候（1985年），他欣然为之作序，其中写道："我们正在建设具有中国特色的社会主义，我们又面临新的技术革命的挑战，需要大批优秀的科技人才和管理人才。他们不仅应当是一方面的专家，而且更应当是新事业的开拓者、创造者，有远大的理想，高尚的志趣，丰富的文化修养，合理的智能结构。在大学里，只攻数理化，只学单一的专业知识，就难以造就这样的人才。因此，要提倡理工农医经管类的大学生都学点人文科学，学点语言文学，并特别重视这方面应用能力的培养。"

1988年，晚年钱三强把上述思想推展到整个知识界，他以"促进自然科学与社会科学联盟委员会"主任名义，提出大科学、大文化理念，探讨新的发展战略，迎接21世纪的中国和世界。他曾先后主持五次"科学与文化论坛"，邀集科技界、文化艺术界、教育界、经济界、新闻出版界知名人士，以"携手合作、共谋发展"为主题，自由讨论，献计献策，每次都群贤毕至，发言踊跃，计有近二百人次参加论坛，其中有钱学森、钱伟长、于光远、龚育之、郑必坚、夏衍、冯至、陈荒煤、任继愈、唐达成、李德伦、吴祖强、王梓坤、刘心武、王绶琯、丁石孙、许嘉璐、朱厚泽、李昌、张维、高占祥、童大林、刘道玉等。

1980年

中国大百科全书出版社致钱三强

钱副院长：

经中央宣传部1月30日批准，我们将于今年第三季度初出版《中国大百科全书1980年年鉴》。年鉴着重报道1979年中国和世界在政治、经济、军事、文化、教育、卫生、社会科学、自然科学、文学艺术以及社会生活等方面的重大发展和成就。全书共约150万至200万字，并附插图（包括表格和照片）数百张。准备向海外发行。由于这是中国第一本综合性年鉴，它的出版必将引起世界各国注意。为此，我们将尽最大努力把它编好，使它能正确地反映我国在打倒"四人帮"以后各方面发展的情况。目前我们正在加紧进行筹备工作。除已约请各有关方面撰写综合性文章和专文外，鉴于本年鉴出书时间正值七十年代终结和八十年代开始，拟在卷首辟《回顾与展望》专栏，请各方面权威人士撰稿。钱三强同志，我们十分恳切地希望您能为这专栏惠赐宏文。文体不拘，长短皆可。由于时间迫促，大作最好能在三月底或四月初寄给我社。非常感谢您对我们的支持。等候您的回音。

此致
敬礼！

中国大百科全书出版社
1980年2月20日

联系处：上海人民广场大楼
中国大百科全书出版社上海分社年鉴编辑部

解说

附钱三强为年鉴所撰卷首词。

回顾与展望

全国人民正在朝着已经确定的四个现代化的宏伟目标胜利前进。八十年代将是我国四化建设取得决定胜利的关键时期。展望未来,我们科学技术工作者充满信心,同时也感到肩负的责任重大。因为中央早已三令五申:四个现代化关键是科学技术现代化。今年三月,胡耀邦同志在中国科协第二次全国代表大会的讲话中,又进一步明确指出:"没有先进的科学技术,就没有四个现代化。掌握当代最先进的科学技术,是关系我们国家前途的根本问题。"我们党和国家对发展科学技术看得这样深刻,提得这样严肃,是对各级领导干部的启发,也是对广大科学技术工作者的鞭策和鼓舞。不管目前对这些道理,真正认识到的人数多少和认识的深浅程度如何,科学技术作为一种推动历史前进的巨大力量,无疑地承担着加速四化建设步伐的艰巨任务。应该怎样促使科学技术并起到推动四化建设的重要作用呢?牵涉的方面很多,我这里只想简略列举几点。

针对我们国家目前的实际状况,发展科学技术,应注重组织和培养一支强大的科学技术队伍。这支队伍不仅是数量多,而且要质量好;不仅一般能从事科学研究,还要善于动脑筋,有创新精神,真正能和国际上同一领域的工作进行较量。只有这样,我们的科技队伍才称得上是合格的。科技队伍的状况,决定着科学技术发展的状况。大力发现、选拔和培养科技人才,特别是中、青年科技人才,是当前我们国家的一项突出任务,是老一辈科学家不可推卸的责任。我们一定要承担起重任,不辜负党和人民的期望。

科学发展的过程,是一个探索自然规律、认识客观真理的过程。在这个过程中充满着错综复杂的情况。进行科学研究时,往往单是由于占有材料不同,观察事物的角度与深刻程度的不同,处理问题的方法和探索解答的途径的不同，就会发生各种认识上的差别和分歧。这是很自然的。正是包括"差别"和"分歧"的不断解决和相互启发，科学研究才得以向前发展。因此，我们要大力提倡发扬学术民主，开展百家争鸣，包括进行广泛的国际学术交流和学术讨论，以汲取他人长处，丰富自己的思想，造成一种虚心好学，取长补短，互相帮助，生动活泼的良好风气。这对繁荣科学事业，促进出成果、出人才是极为重要的。

科学技术的发展，基本上总是受着社会的需要一定制约的。发展科学技术，我们必须明确树立为四化建设服务的思想。尤其在当前，为了适应工农业生产、国防建设以至整个国民经济迅速发展的需要，就整体科学研究的力量来说，主要应投放在应用研究和发展研究上，广泛研究和应用自然规律解决生产建设中的各种难题，特别是那些关键性的重大难题，以提高劳动生产率。但是，应用科学又和基础科学紧密联系，相互依存。要真正实现技术革新和技术革命，最大限度地发展生产力，从根本上改变科学技术的落后面貌，在大力发展应用研究的同时，必须加强对基础科学的研究。

基础研究往往容易被忽视。因为探索性、理论性强的一些工作，表面看来和当前需要联系不那么紧密，但是，从长远的战略观点看，这种工作是万万忽视不得，缺少不得的，缺少了，削弱了，就会处于被动落后状况。对于生产需要和应用技术来讲，基础研究是一种准备，是一种科学储备。一个国家，如果没有一定的科学储备，它的工业、农业和其它事业的发展就缺乏根底。相反，认识和掌握自然规律越多，科学储备越坚实，办事情就主动，就有充分的选择条件，就有成功的把握。古语说："予则立，不予则废。"这是很有道理的。科学研究不能是"临渴掘井"。可以预料，越是向前发展，科学储备越发重要。因为在彼此水平接近、条件相当的情况下，谁要有更多的科学储备，谁能掌握更多的自然规律，谁就能取得领先地位。

目前我国的科学技术比之于世界先进水平，还有差距，和国内四化建设的要求，还不相适应。看到这一点，能使我们时刻意识到自己的责任，激发起自信心和发奋精神。中华民族是勤劳、勇敢而富有智慧的民族。中国人是不笨的。只要我们同心同德，努力奋斗，我国的四个现代化一定能实现，我们一定能够攀登科学技术的高峰。

钱三强致于光远

（1980年2月29日　起草第一份院士条例）

光远同志：

你叫我们先起一个草，现送上建议（即《关于设置科学院院士制度的建议》）和条例（即《中国科学院院士条例》）各一份，请参考。我们再定时间与武衡同志一起讨论。

钱三强

2月29日

解说

这次筹备院士制度，由时任中国社会科学院院长的胡乔木于1979年11月提议，得到国家科委主任、中国科学院院长方毅支持，并分别指定武衡（国家科委副主任）、于光远（中国社会科学院副院长）、钱三强（中国科学院副院长）共同研究设立院士制度有关事宜。1980年2月29日提交讨论研究的《关于设置科学院院士制度的建议》和《中国科学院院士条例（草案）》，系钱三强根据几次小范围研商意见主持起草的，其中提交讨论的第一份院士条例草案，由时为钱三强秘书的葛能全整理并手抄稿。

下附草案原文（原件存中国科学院档案馆）。

中国科学院院士条例（草案）

一、建国以来，在社会主义建设中，已涌现出一批有突出成就和贡献的优秀科学技术人才。为了依靠并充分发挥他们在建设社会主义现代化强国中的积极作用，特建立中国科学院院士制度；

二、中国科学院院士是党和国家领导全国人民攀登世界科学技术高峰的参谋，起重要的咨询作用，享有崇高的荣誉，并具有学术上的权威性；

三、中国科学院院士的主要活动是：

（1）对我国四个现代化建设中的重大科学技术问题，进行学术评议与建议；

（2）参加重大的国际学术与协作，密切与国外知名科学家的联系，推荐中国科学院的荣誉院士和国外院士；

（3）对中华人民共和国自然科学发明创造的特级奖进行学术评议；

（4）参加中国科学院学部的重大活动，加强科学院的学术领导；

四、中国科学院的第一批院士，由中国科学院在德高望重、最有成就与贡献的杰出科学家、教授或高级工程师中进行遴选，并报国务院由人大常委会任命。以后，每五年由已有院士推选，经科学院讨论后报国务院由人大常委会任命；

五、推举对我国科学技术事业做出重大贡献的领导者为荣誉院士；

六、聘请国际上有学术地位，对我国科学技术事业作出突出贡献的外国（包括华裔）科学家担任中国科学院外国院士；

七、本条例上报国务院，经人大常委会讨论通过后实施。

武衡、于光远、钱三强致方毅、胡乔木

（1980年3月5日　关于设立院士制度）

方毅同志、乔木同志：

　　几个月前，你们曾经提出设立院士制度的问题。按照方毅同志主持碰头会的精神，我们进行了研究，并专门召开过一次有国家科委、中国科学院、社会科学院、教育部、医学科学院、农业科学院的专家和负责同志参加的座谈会；四月份又在中国科学院全体学部会员会议上，征求过意见。大家认为，在我国设立院士制度，是很必要的，应该及时解决。

　　建立院士制度这个问题的最早提出，是在一九五五年中国科学院成立学部的时候。当时，科学家们对建立院士制度甚为关切；郭沫若同志也曾指出：学部的成立"也为中国科学院建立院士制度准备了条件"。但是，鉴于当时我国科学界的实际情况，周总理和陈毅副总理曾指示：院士制度可以推迟一年实行较为妥善。一九五七年反右斗争后，这个问题一直搁了下来。

　　当前，为加速实现四个现代化，科学工作迫切需要采取各方面的措施，提高它的地位与影响，以鼓励科学工作者的积极性；同时，在适应我国社会主义制度特点的前提下，建立和其它国家相当的科学制度，更便于日益频繁的外事往来和学术交流。

　　结合我国实际，参照其它国家的一般情况，考虑院士应是一种终身的最高学术荣誉称号。它和各学术机构现行的学术领导职称（如学部委员、学术委员）相比较，有两点不同：一是终身制，二是以荣誉性为主的。

　　我们考虑：第一批院士似不宜过多，包括自然科学和社会科学大体在

二百人左右较为合适。关于第一批院士的人选，看来只能以年老的、在学术界有名望的科学家为主，以后可通过适当办法，再陆续选拔新的学术上有卓越成就的科学家参加。

我们分析，建立院士制度的困难，主要还在于确定人选。因此，我们建议，在自然科学和社会科学方面，各找一部分同志先进行酝酿研究，提出第一批院士的具体人选，并拟订院士条例草案。如认为这个办法可行，我们将拟出参加酝酿的人员名单，报你们批示。

以上意见和考虑，是否妥当，请批示。

武衡 于光远 钱三强
三月五日

（此信系据钱三强手写稿）

王淦昌致钱三强

（1980年4月28日）

三强我兄：

兹有成都电讯工程学院（属四机部）教授沈庆垓同志因在该校不能发挥他的专长，很感遗憾，他的好友都劝他回到浙大，而浙大领导也表示欢迎。我和沈同志很熟识，素知他在电子光学方面很有造就，若长此不能发挥作用，实是国家的损失。为此建议他向方毅副总理请求调至浙大，并请你向方副总理解释，并代为转达沈教授致方副总理的信。若蒙慨允实为德便。

顺致

敬礼！

弟　王淦昌上
1980.4.28

于光远致武衡、钱三强

（1980年4月30日）

武衡、三强同志：

此件（指院士制度建议及院士条例草案）今天我才看到。我计算了一下，大家把这件事商量好，给乔木、方毅同志去信，我和武衡同志出国前是来不及办了。看来只好在六月十号武衡同志从巴西回国后抓紧时间处理（我六月八日回国）。李昌同志处我可以和他联系。关于科学制度方面，自然科学与社会科学两方面要取得协调，这一点看来以后还是一个要注意的问题。所提院士条例只讲"中国科学院"是不行的。

于光远

四月三十日

钱三强致方毅

（1980年5月20日）

方毅同志：

1. 首先要感谢您，在您的关怀和支持下，我才能得到在北京医院全面检查身体和进行治疗的机会。北京医院很负责，工作很细致。我的身体状况已有好转，五一前夕出院休息，现在断断续续的开始作一点院里的工作，目前抓了向中央书记处作科学汇报（讲课）的准备工作和青藏高原国际科学讨论会的工作。

2. 王淦昌同志最近来信为四机部的成都电讯工程学院沈庆垓请求希望您能帮助沈离开成都到浙大（浙大已同意，成都电讯工程学院不肯放）。现将王淦昌的信及沈庆垓给您的信转上，请阅示。

钱三强

5.20

朱洪元*致钱三强

（1980年6月2日）

三强副院长：

A. Bohr教授的儿子现正在日本访问，他曾写信给冼鼎昌同志，表示希望在今年八月回丹麦时顺道来北京作短期访问。考虑到中国科学院和丹麦Bohr理论物理研究所之间二十年来的良好交流关系，我组曾建议欢迎他来作短期访问。

此外，中国科学院近年来和美国普林斯顿Institute of Advanced Study也开始了交流活动。最近该所已经邀请高能物理研究所的张肇西同志和理论物理研究所的吴泳时同志于明年去该所工作一年，薪金由该所支付。为了发展这种交流关系，我组也曾建议邀请该所主持交流事务的S. L. Adler教授来我国作短期访问。

我国正在调整国民经济，外事活动也在作相应的调整，因此有些外事计划至今还没有批下来。这二个研究所是世界的重要理论物理研究中心，和它们的交流关系需要优先考虑。因此想请求您能否促请将这二项外事活动计划早日批下来，以便及时进行准备。您最近身体欠佳，而且工作已很忙，为这二件事又要劳您的神，真是非常不妥，务请原谅。谨致
敬礼

理论组 朱洪元 谨上
1980年6月2日

---

*朱洪元（1917—1992），理论物理学家。英国曼彻斯特大学物理学博士。中国科学院学部委员（院士）。时为中国科学院高能物理研究所研究员、理论组组长。

弗兰克·罗兹*致钱三强

（1980年7月19日　英文　李明德译）

亲爱的钱副院长：

当我们即将结束我们对中国为期三周的访问时，我希望对你和你的工作人员所给予我们的友好接待再次向你表示感谢。中国科学院的盛情使我们全团所有成员都极为感激。我们在贵国所到之处都感觉到你和你的同事们所表示的极大热情。

我们非常感谢有机会不仅在北京，而且在武汉和上海能够参观科学院的研究所。在所有这些地方，我们对专业科学家们的技能和成就以及他们的工作质量印象都极为深刻。

我们此行的高潮是你热情地为我们安排的与方毅副总理的会面以及其后所签署的科学院与我们大学之间的协议。我们相信这一协议将为未来更加频繁的交流提供坚实的基础。这些交流对我们两国人民都是非常有益的。

请允许我再次表达我个人的两点感激之情。李明德先生对我们全团来说一直是一位极为出色的指导者。张兴根先生一直是一位优秀的协作者和翻译。我们对他们每个人都格外感激。作为对李先生本人以及对他为我们所做的一切的特殊敬意，我们现请他给科学院带回一部35毫米的幻灯机，作为我们工程学院赠给科学院的礼物。

但是，对你本人对我们代表团的工作和对我们大学的关心，对你在

---

*弗兰克·罗兹时为美国康奈尔大学校长。

达成协议中所给予的个人支持与鼓励,对你在接待我们时所表示的殷切好客,对你们的热情款待,对你为科学的进步以及为促进国际间的相互谅解所做出的杰出贡献,我们要向你本人表示极大的谢意。

顺致崇高的问候!

弗兰克·H. T. 罗兹

1980年7月19日

钱三强致于光远

（1980年7月25日）

光远同志：

今天科学院院长会议讨论了院士条例，又对条例作了修改，现送上。

主要点：

①自然科学方面明确选廿五人，社会科学方面明确选廿人作为酝酿院士小组；

②国外院士的职权可以不提；

③李昌同志特别嘱咐，院士条例草案由两院定了就成了，不必再报人大常委（会）批准，一次就解决问题了。不要再来一次报人大常委。

④"特殊情况处理办法另定"一条可以删去，将来有需要再定，现在可以不写。

院长会议讨论满（蛮）热烈，特别张稼夫与严济慈*，张是赞成只要有一种院士（不要分中国科学院与社会科学院）。严老（严济慈）咬文嚼字。以上情况参考，最好能改动一下。

希望你那边定好稿后，让三个单位负责人签字上报（在你走以前）。

小何（何祚庥）昨晚把你说的事告诉我了，照办。一切等你们回来办。

钱三强
7.25

---

*严济慈（1900—1996），物理学家、教育家。1923年毕业于南京高等师范数理化部。1927年获法国国家科学博士学位。曾任北平研究院物理研究所所长，中央研究院院士。中国科学院首批学部委员（院士）。时为中国科学院主席团执行主席。

解说

1980年8月7日,国家科委、中国科学院、中国社会科学院联名向国务院呈报《关于建立院士制度问题的请示报告》及附件《院士条例(草案)》,同年10月21日国务院常务会议讨论院士制度问题,认为:"学部委员是一种工作职称,院士是一种终身的最高荣誉称号,在我国建立学部委员制度和院士制度,可以同时存在。这有利于加强学术领导,推动科技事业的发展,同时也是表示国家对科学的重视和对科技工作者的鼓励。"会议同意对两个文件根据讨论意见修改后,径报全国人大常委会审议。

由于方方面面对设置院士制度意见纷纭,特别是院士制度和学部委员制度同时存在所出现的新问题,如一部分学部委员将转为最高荣誉的院士,多数不转而成为工作职称性的学部委员,以及具体操作上许多问题缺乏共识,分歧很大。结果,虽然国务院常务会议原则通过了,设置院士制的计划只好又搁置下来。1994年成立中国工程院,几起几落的院士制终得以顺利实行。

钱三强致方毅

（1980年8月2日）

方毅同志：

1973年从加拿大回国的高能物理研究所副研究员伍经元博士（在美国留学时是李政道的学生），最近找我谈他的父亲油画家伍步云要求回国定居和工作问题，现将他的情况简要报告于下：

伍步云，七十五岁，油画家，文化大革命前几次回国举办画展，最近正在北京举行画展。他这次是和他的夫人一同回国的，带来一百多张画和很多生活用品，有回国定居和工作的意图，展览会8月12日结束。他希望能安排到美术学院工作，给高年级学生作指导，带几个学生，自己还可以进行创作。据说他在加拿大华侨界还有一定影响。

从洋为中用，华侨政策，国内外统一战线角度考虑，若能满足伍步云回国定居的要求，看来是有利的。伍经元也是我们最近几年从美、加拿大回国的青年科学家，全国人大代表。

因此特向您报告他们情况，您看可否向有关方面（如文化部、统战部、侨办等）打个招呼，请他们研究一下伍步云要求回国定居问题，并及时答复他们为好。

钱三强
8月2日

附上伍经元写的材料（从略）

钱三强致吴家玮[*]

（1980年8月5日）

亲爱的家玮教授：

我现在高兴地向你推荐我院的竺玄先生到你校学习，请你帮助安排他在科研管理方面的听课和实习、考察活动。

从一九七三年起，我就对竺玄有工作上的接触和了解，至今已有七年多时间了。这些年来，他在中国科学院院部工作，协助院领导人员办理科研管理方面的事务，参与了对一些重要科研项目的组织管理，起草过关于科研发展规划的报告以及有关科研管理的考察报告。从而，使他有机会比较广泛地接触到许多科学研究领域的管理业务。他于一九六二年大学物理系毕业，由于他勤奋好学，不断积累和丰富了自己的专业知识。他注意了解我院有关科研领域的发展概况和趋势，积累了科研管理的经验。他还热心于研究国际上科研管理的经验，一九七八年随中国科技代表团访问过美国，一九七九年又随中国科学院代表团访问过德意志联邦共和国和法国。在这些工作中，他初步表现了对于科研管理的才能，是一个值得培养的干部。为了进一步增长他在科研管理方面的知识和经验，我热烈地支持他能到你校学习，进行科研管理方面的听课和实习、考察活动。

---

[*]吴家玮（1937— ），物理学家。美国圣路易斯华盛顿大学物理学博士。1983年受聘出任旧金山州立大学校长，成为美国有史以来第一位华裔大学校长，1984至1986年间担任全美华人协会总会会长，1988年9月出任香港科技大学创校校长，2000年获香港特别行政区政府颁授金紫荆星章。时为加州大学圣迭哥分校热裴尔学院院长。

希望你能同意他去你校学习的申请。
　　顺致
问候

钱三强

一九八〇年八月五日

周光召*致钱三强

（1980年9月12日于美国）

钱院长：

我来SLAC（斯坦福线性加速器中心）后见到李政道，他讲了几件事，现向您汇报如下：

1. 中国送来的留学生，都是说好由国内付钱的，现在有的访问学者公开向美方同事要钱。据他讲在Columbia大学工学院就有人当着许多人质问领导他的教授为什么做一样的事，给美国人钱而不给他钱，不给钱他以后不干了，使得别人下不了台。李讲这种事有些可以私下商量，不能公开要，失掉中国的尊严。每一个出来的人都代表国家，像个商人一样不好。事先已说好是中国出钱才收下的就不能这样办，至少要等说好的期限过了再提出，不然人家以后不会再收。

2. 在中美高能协作，李几年一直亲自抓一件事，即要SLAC图书馆帮助中国建一个完全一样的图书馆。李讲SLAC图书馆是美国最好的，计算机内存有很多美国的工业和科学文献。SLAC曾答应帮助建立的图书馆，只要今后SLAC有什么文献中国的图书馆就有什么文献。李讲搞高能是为了通过高能打开局面带动其它方面，而这个图书馆他认为能起很大作用。这个项目前两年中国方面却砍掉了，他问了高能所的人说是没有经费，同时认为许多文献不是高能的不必花这笔钱。李坚持在今年的计划中又写上了，他希

---

*周光召（1929— ），理论物理学家，中国科学院学部委员（院士）。历任二机部第九研究所所长、中国科学院院长、主席团执行主席、中国科协主席、中国物理学会理事长等。"两弹一星"功勋奖章获得者。时为中国科学院理论物理研究所研究员。

望向科学院反映一下，不要把这件事看成是高能的事情。

3. 有些美国人希望选一个中国人作为美国科学院国外院士，他准备提名张文裕。李讲他提张文裕只是因为这几年张代表中国在美活动，大家认为他是中国的代表，因而有可能通过。

我将于15日去东部，在VPI安定下来以后，将设法了解思进的情况（钱思进从1980年8月开始在伊利诺伊理工学院读博士）。

向何先生问好。

周光召

9月12日

周光召致钱三强

（1980年10月8日于美国）

钱院长：

我到VPI已经20天。在这期间莫伟找我谈了三次，谈了一些情况和意见，他意思是希望我把这些意见转告国内。他说他自己不会直接写信给中国领导，他不赞成那种作法。综合起来，他讲了以下几个问题：

1. 有些美籍华人随便向中国领导提意见，有些人不了解中国情况，有些人有私心，中国政府不要轻信他们。莫举了几个例子，如广州会议上有些年轻人提不要外行领导内行，完全不对。在美国也是外行领导内行。另外如×（名字为编者所隐）要中国接受他设计的方形加速器方案是出于私心，这一方案在美国被否决，因花钱太多，×就想到中国去试。莫讲据他看只有李和杨没有私心，热情希望把中国事情搞好，但不幸他们意见不一致。×（另一人，姓为编者所隐）有私心，×在中国吹他每年要花几百万美金。莫讲×是他的好朋友，他的经费不可能有那样多。

2. 他认为中国科学院应主要和NSF（美国科学基金会）打交道。NSF下有一组管Program，另一组管Grant，前者是科学家，后者是行政人员管财务，和国外协作是前一组管的。应当提出合作方案，就可以从NSF得到支持。过去中国和能源部、政府机关打交道，每次谈判订文字协议，这样事情反而难办。协议经过律师，弄得没有活动余地。不如和NSF的科学家达成口头协议，顶多写备忘录就够了。过去日本和［中国］台湾［地区］都得到过NSF长期资助，都是这种方式。现在主管NSF的是D. N. Langenberg（acting directory）是学超导的，很年轻。要想法和这些人打交道。

3. 莫认为Marshak在美国科学界有重要地位，今年可能选为美国的物理学会副主席，他同时是UNESCO的主席。过去美国和俄国的关系是由Marshak带领一个小组（其中有Panofsky、Wilson等人）和苏联科学院谈判才打开的。1974年美国政府要求Marshak带一个小组去中国打开科学界的关系，但Marshak不同意去而作罢，他不同意是因为1972年Marshak在纽约市立大学作校长，有一批中国血统的学生组成类似红卫兵的组织，把校长办公室包围起来，其中有一个女孩当面骂Marshak为畜牲，使得Marshak当场晕倒，心脏病发作，送医院急救。在那以后一段时间，他对中国印象不好，直到"四人帮"倒台。现在Marshak对中国血统的人很好。他有很多国际联系和组织工作经验。莫认为应当重视Marshak明年访华，可以加强和美国科学界的关系。

4. 有些送来搞高能实验的同志主动性差，还有个别的人自称是李政道请来的学者，影响不好，在美国人中间成为笑话，他认为派研究生也许更好一些。另外他希望派来之前要学一些美国的礼节和风格。不修边幅，美国人不会说，但心里有看法，现在有的地方接收中国人的积极性比以前差了，可能是由于这种原因造成的。

我因对莫谈的许多事情不了解情况，因此未表示任何意见，只在最后同意向国内有关方面报告一下。他一再声称他不愿干涉中国的事情，像有些人那样到邓副主席那里去讲，他认为这样做法有很多坏处，他的意见只和下面的科学工作者讲。他从来没有以后也不会写信给中国领导讲这些事情。

来了以后接到思进的信，和他通过电话，看来他情况很好。

向何老师问好。

周光召
10月8日

钱三强致方毅

（1980年10月12日）

方毅同志：

广州粒子物理理论讨论会后，又有几件有关的事件向您汇报。

①李政道九月来信，希望明年六月份与夫人秦惠䇹回国讲学、访问及商讨有关理工科研究生去美进修的问题，并建议他的秘书小姐同一时期来华。他的秘书为他联系国内有关高能物理与招研究生等，作了不少的事。根据以往的原则精神，我们研究后已于九月廿四日回信，表示欢迎李夫妇明年六月份来华；对他秘书来华，也表示欢迎。

②参加广州粒子物理会议的一个女科学家王乔玲丽最近来信告诉我，她当选为Brookhaven国立实验室的所务会议的主席，并且对广州会议及后来我们国家领导人对他们的接见，表示感谢。她与参加广州粒子物理会议的一些中年科学家自愿发起，大家凑了点钱买了十四台电动打字机，约值1400港元（听说是每人出一二百美元），托在香港中文大学参加了广州会议的代表，由香港转送国内各研究所与大学（包括高能所、理论物理所、科技大学、北京大学、复旦大学、四川大学等，都是当时参加会议的单位）。对此，我已去信表示感谢。

③由高能所在美国工作的人员传出未证实的消息，据说杨振宁正在与有关方面联系想集资约1 000 000美元，为我国建立一个理论物理学术活动中心。此事仅系传闻，尚待证实。

④我们借印外文版广州粒子物理会议论文集，出版社与学部委员会办公室作了一些努力，最后是国内打好字，香港印刷、装订，与美国书商商

定，利用他们的发行网打开销售渠道。上次向您口头汇报时，有些不够准确，现把出版社负责人叶再生的估计再次报告如下：我院出版社先有四万美元的机动费用，用它作了以上的各种安排，最后估计可以净收十五万美元左右。

现在在国外出书打开了局面，有了勇气，预备青藏高原讨论会、微分方程和微分几何会议等论文集都如法炮制，正在进行中。

这也算是广州粒子物理会议的一个副产品。

此致

敬礼

钱三强

1980年10月12日

杨振宁致周培源*、钱三强

（1980年10月20日　倡议成立亚太物理学会）

周培源先生、钱三强先生：

亲爱的同行们：

　　在过去的几年中，我在亚洲的几个地方分别与你们中的一些人讨论过建立亚太物理学会的愿望。看来现在对此事给予具体考虑的时机已经成熟。欧洲物理学会至今已成立五年了，该学会组织年会和会议，也出版刊物。它的活动被认为是非常成功的。

　　我建议，如这样一个学会能够建立的话，它的活动应包括教育和科研两个方面。

　　现在问题是，如果亚太地区物理学界对此有足够的兴趣，届时如何着手进行组织工作。我自愿作为可能需要的媒介，发起这场讨论。如你们以及你们所在地区的物理学会对此感兴趣，请将你们的意见寄给我。

杨振宁
1980年10月20日

　　附：此信发给的人员名单（略）

---

*周培源（1903—1993），物理学家、教育家、社会活动家。美国加州理工学院博士。中国科学院首批学部委员（院士）。曾任清华大学教授、北京大学校长、中国科学院副院长、中国科协主席、全国政协副主席等，时为中国物理学会理事长，钱三强为副理事长。

周培源、钱三强复杨振宁

（1980年11月19日）

振宁教授：

收到你十月二十日给我们的信。

关于建立亚洲太平洋物理学会一事，我们作了初步考虑。首先，对你为发展物理科学和促进国际学术交流而热心倡导的精神，特别是你一向对中国科学技术事业所给以的关心和支持，我们再次表示感谢和敬意。

你的这个愿望和建议是很好的，我们完全理解。但考虑到一些众所周知的原因，我国学者将在上述活动中，可能会遇到一些困难，比如南朝鲜，以及台湾问题等。当然，将来这些困难，和你建议本身是没有关系的。这些情况，相信你能理解。因此，对于你的建立亚洲太平洋物理学会的建议，请容我们再作考虑，有见面机会时再详谈。

另，广州粒子物理理论讨论会的论文集已托人带上，不知收到否。

前天收到你推荐Arima和Fessler教授来华讲学的电报，当即已回电，同意你的友好建议，并由高能物理研究所接待，冬季核物理讲习班将欢迎他们去作报告。有何意见望告。

祝好

并向致礼夫人问候。

周培源　钱三强

一九八〇年十一月十九日

钱三强致杨振宁

（1980年11月26日）

振宁教授：

　　科学院高能物理研究所有一位女研究人员姚蜀平，她希望能到美国学习和研究科学史，特别是近代物理学史。因知道您热心帮助后进，她希望我向您作个引荐，帮助她找到一个学习和研究科学史的机会。

　　姚蜀平1963年毕业于中国科技大学近代物理系，现在虽已四十岁左右，但是有股创劲的人。在"四人帮"干扰破坏最疯狂时，她联合了几个同事，组织许多科学家，把一部英、法、德、俄、中文对照的物理学辞典编印出版了；她又经过不少努力和斗争，写了《李四光》电影剧本，也已正式放映了。在那个时候，有这种创劲和钻研精神是很可贵的。由于她的这些优点，我愿意写信向您引荐，如果您能帮助她一下，将会对她成为中国未来一个有用的人才，起重要作用。

　　顺致

问候

钱三强

一九八〇年十一月廿六日

王应睐*致钱三强

（1980年11月27日　再提名人工合成胰岛素候选诺奖）

三强同志：

兹寄上我草拟的复王浩先生函，请过目。若认为可以发出，请即函复，以便及早寄去。

草稿留你处，不必寄还我。

敬礼！

王应睐
80/11/27

解说

钱三强曾电话回复："同意应睐同志意见与复文。"王应睐复王浩函如下。

王浩教授：

顷接中国科学院转来您给方毅副总理和给我的信件，很感谢您对我国胰岛素人工合成工作的热情关怀。

来信提到的几点意见，说明您对国内的科研动态的关注，请允许我将

---

*王应睐（1907—2001），生物化学家。英国剑桥大学哲学博士。中国科学院首批学部委员（院士）。其组织和领导的研究小组，先后在世界上首次人工合成具有完整生物活性的牛胰岛素和酵母丙氨酸转移核糖核酸，获得国家自然科学奖一等奖。时为中国科学院上海生物化学研究所所长。

具体情况作些解释。

一、人工合成胰岛素工作当时参加的人数是较多的，但就工作而言，可分为三个主要部份（分）：1.胰岛素的拆合和重组，此项工作于1959年取得重要突破，以后还不断提高，这在当时以至现在仍是一项世界先进水平的工作，并且在整个胰岛素的合成中，起了关键性的作用（此项工作是由生化所邹承鲁、杜雨苍、张友尚、许根俊、鲁子贤等同志完成的）；2.B链三十肽的合成（由生化所负责）；3.A链21肽的合成（由北大和有机所负责），从工作考虑，经过反复酝酿，所以决定由钮经义代表协作组为最合适。

二、三、国内近十年来在胰岛素的研究方面也出现了两项可喜的成果：1.胰岛素的x-光晶体分析，这项工作达到国际先进水平，Dorothy Hodgkin对此项工作颇多好评，但由于蛋白质x-光晶体分析早在1962年便已被授予Nobel奖金，而且Hodgkin本人在胰岛素的x-光晶体衍射的成果比我国还早一年多发表，请她来推荐我x-光衍射的成果恐不合适，若请她推荐人工合成工作倒是一个好主意，但最好由国外友人向她建议；2.胰岛素的结构与功能关系，生化所也作了不少工作，也颇有成绩，但以上两项的工作人员与人工合成的人员不同，很难结合在一起。

四、Primary structure可以决定tertiary structure的想法，在胰岛素合成之前，美国NIH的C. B. Anfinsen也曾提到过，他的根据是从RNAase的研究中得来的，所不同的，RNAase是一个由单条肽链组成的蛋白质，-S-S链拆开后，肽链是完整的，故重氧化时较容易重新形成原来有活性的酶，而胰岛素系由两条肽链，通过二对-S-S键连接一起的，-S-S键一拆开，两条链便分散，因此重组时难度很大，这也是以往学者不能重组胰岛素（从两条分开的肽链）的原因。我们重组合的成功，更有力地说明一级结构决定高级结构这个真理。但把它说成是我国首先提出的，则不合适。Anfinsen 1972年获得Nobel奖金时，其Citation似已被提到此发现，以上是我个人的意见。

总之，我想还是按照原来推荐较合适，不知您意见如何。

去年路过纽约多蒙亲自开车接送，并盛情款待，实在太多打扰，希望以后回国能来沪参观讲学，我们可有机会见面畅叙。

此致

敬礼！

王应睐

1980.11.20

钱三强致"三学"联合学术讨论会

（1980年11月）

"三学"联合学术讨论会：

　　欣悉科学学、人才学、未来学"三学"，于安徽省合肥市举行联合学术讨论会。这是我国近几年来新兴的边缘科学界的一次盛会。我首先向大会致以衷心的祝贺！并向安徽省和其它有关单位对会议给以的支持，表示感谢。

　　我因有出访任务，不能到会和同志们共同讨论，深感惋惜。

　　半个多世纪以来，现代科学发生了伟大的革命。科学作为知识体系，形成了庞大的社会建制。这就是现代大科学。如同以历史上一定的社会生产关系的总和为研究对象，产生了经济学一样，科学学是科研管理的理论基础，是现代科研管理干部的一门必修课。所谓科研体制的改革，就是包括生产力范畴、生产关系范畴和上层建筑领域在内的广泛而又复杂的社会体制变革的一部分。

　　众所周知，科学事业发展的关键是人才。而培养人才，在我国，当前就是在老一辈科学家的指导下，充分发挥中青年科学家的作用的问题。据有关方面统计，我国中年科学家只有六［万］至七万人，充其量也不过十万大军。他们是我国科学研究的骨干。现在不是众口都在讲伯乐相马吗？报上的例子却多为发现社会闲散人才。据我所知，社会闲散人才的数量和科技队伍中人才的密集相比，是很少的。因此，我们在发现社会闲散人才中"千里马"的同时，更应该重视对科技队伍中大批"千里马"的培养和使用，使所有的"千里马"都有用武之地，特别要鼓励和发挥他们的创新精神。没有创新精神的科技队伍，犹如没有战斗力的军队一样，是不能攻克什么科学堡垒的！

目前世界科学正处于加速发展的前夜。"天赐良缘莫迟疑"。因此，我们要研究未来学，尤其要研究科学的未来。我们要一手抓科学，一手抓人才，科学、人才决定着中国未来！我们要一手抓基础、一手抓应用，科学技术和经济发展携手结合之时，未来"四化"的宏图大业就将辉煌灿烂地展现在我们面前。

预祝边缘科学学术界全国第一次盛会圆满成功！

祝同志们身体健康！

钱三强

一九八〇年十一月写于出访美国前

甘柏致钱三强

（1980年12月27日　为钱伟长回力学所工作）

三强同志并转李昌同志：

　　本月中旬李昌同志指示数学物理学部对钱伟长同志要求回力学所工作（给陈云同志信）问题进行研究提出意见。学部负责同志经与力学所若干负责同志酝酿觉得钱回力学所工作还是适宜的，并有一定的群众基础（曾有人建议院请钱回所负责业务领导）。

　　三强同志回国后于本月廿四日找我们研究认为：钱回力学所可以从事科研工作（暂不担当行政领导任务），可经民主推选参加学术委员会的领导。经过一段工作再考虑担当适当的行政职务。三强同志让我们先向周培源同志请示后再写出报告送党组。

　　廿六日，就此问题请示了周老（同时将钱信和陈云、方毅同志批示给周老看）。周认为钱回力学所问题应慎重考虑，拟亲自向李昌同志反映他的意见。周老认为安排钱伟长同志的工作似不宜回力学所。如从落实政策考虑首先应在清华大学恢复他的行政职务加以重用。如从发挥其所长考虑，不一定回力学所，在其它单位也可发挥作用，何况目前力学所业务班子很散，如钱回所，则更加难予安排。希望学部慎重考虑。周老在谈话中介绍了钱在回国后的各方面情况和学术水平等方面。

　　钱是否返所工作，请三强同志和党组研究。学部同志再进行研究了解，提出意见。向你汇报。专此报告。

　　敬礼！

甘柏
十二月廿七日

解说

　　甘柏，时为中国科学院数学物理学部专职副主任；钱三强时为中国科学院副院长兼数学物理学部主任。周培源时为中国科学院副院长。

1981 年

钱三强、何泽慧致五弟德充

（1981年3月10日）

德充：

祝贺你六十大庆，并且晋升为一级教师。祝你长寿并为人民教育事业作出更多贡献。

真觉人生过得很快，六十年前的今天，我记得我去方巾巷孔德学校上学的早晨，母亲就开始作生产的准备，中午回来时你已经生下来了。那是在南小街的赵堂子胡同（东堂子胡同东面）。

现在我们三兄弟还健在，并仍按着父母对我们的教导，在不同岗位上勤勤恳恳的工作。

四年前大哥过了七十岁，今年你过六十岁，借此机会送上薄礼，祝你与静仪身体健康，好好地教育小元继承祖父的专长，发扬光大。

三强、泽慧
1981.3.10日
（旧历二月初一龙抬头）

竺玄* 致钱三强

（1981年6月1日）

三强同志：

您好。现有同志回国，带信去向您问好，并汇报点情况。

我到UCSD（加州大学圣迭戈分校）已三个月，情况还较好。通过实习、听课、调研相结合的办法进行学习。第一段先在热斐尔学院（吴家玮是院长），我的办公室放在物理系。现在拚命在过外语关，日常生活、个人接触能对付过去，听课要先预习，困难在于听美国人之间的讨论，自己还得下功夫。我们出国前，您来二楼17号作报告，告诉我们：学外文，就得厚脸皮；不要来了外国人，往后避；不要讲话之前，先考虑一大套文法"过去式""将来式"等等。这些话我印象非常之深。我现在也特别喜欢见了外国人就说话，我发现得到的都是鼓励，他看到了中国人对他说话，他很高兴。

我给您介绍一个心脏病人，经过体育锻炼身体变强壮了的事例。这是经过三个月的观察，实际看到的。我们这里的外国访问学者，学校都给配一个义务的英语家庭教师（tutor），我的教师是位老太太，71岁了，在中国住过很久，她丈夫Tillrnan Durdin（现73岁），过去是纽约时报驻远东的记者，比较进步，抗战时期在重庆他们和周总理相识，1971年周总理还见过他们。前年他们访华，Durdin在上海发心脏病住院，几乎不能动。回

---

*竺玄时为科学院办公厅秘书，1981年由钱三强向美籍华裔教授吴家玮推荐，到加州大学圣迭戈分校公费访问学者。

美国后，在医生劝告下开始步行锻炼，现每天走一小时，身体非常好。他家住小山坡上，走上去我要花十分钟，还感到累。他现在上坡很自如。我听人说，美国医生对心脏病人有"动"的观点，鼓励体育锻炼。不知是否确切。

我不是鼓动您冒险马上作运动量很大的锻炼。但可否在医生的同意之下，先散散步，逐步地、慢慢地增加距离和活动量。"运动就是生命"总的讲还是对的。

最近在《人民日报》《光明日报》上看到学部大会的消息。我看到何泽慧同志一段发言，有两点我很赞成：一、培养人才归根到底主要靠自己。二、要努力在较差的仪器设备上做出高水平的研究工作。

为了增强自力更生培养人才的基础，我想今后在继续积极地派出留学人员的同时，采取一些措施，如：①进一步发挥我国科学家培养人才的积极性，加强我院研究生教育；②加快实施学位制度，并要开一个好头，严格把好质量关，保证我们的学位具有国际同等水平；③多请国际知名科学家来华讲学，而且要组织全国有关的人来听，也可请外国科学家到研究生院给多一点课程；④对出国人员提出要求，不仅要自己做出成绩，要求他们注意填补和开辟新领域，重视基本的实验室建设（包括搞一点关键设备），了解国外的研究生课程，回国后再教下一代。

关于仪器设备方面，我记得《人民日报》有篇文章，一位工厂总工程师讲中国现代化的特点是，先进的新设备与老设备并存（大意）。其实，我听其他学者讲，美国大学实验室里也是新老设备并存。有些设备也是教授自己拼拼凑凑搭起来的。南京大学一位搞天文的学者告我，美国一个天文台有几米口径的光学望远镜，但60公分（0.6米）口径的还在用。他们搞了一套数据处理装置，使60公分口径发挥五米口径的作用。他认为中国应把这套设备搞回去。可以派一个天文、电子学、计算机专业配套的小组，到美国来边学边复制，把设备搞回去，他告诉我美国天文台肯帮忙（南大这位同志对我说，希望科学院同南大合作，不要把他们甩了）。

另外，我看到美国各种Committee（以科学家为主体的委员会）活动很多，在学术领导方面起较大作用。如USCD有个学术评议会，有人称之为教授会，它下面有很多委员会，最主要的有四个：

  Committee on Committee 负责组织别的委员会

  Executive and Policy Committee 执委（常委）

  Committee on Educational Policy 管教育政策

  Committee on Academic Personnel 管教授提升

其他还有很多临时性的，为解决一个重要问题而设立的专门委员会，如最近要聘请一个"学生事务副校长"，就成立了一个"寻找委员会"。

建议我们学部重视抓好"学科发展政策"和"科技人才政策"这两个"大政策"。对分支学科，可以组织二级委员会，对于大型工程，也可以成立专门委员会审议。

以上仅供参考。

祝您健康。请代问何泽慧同志好。

竺玄
1981.6.1

钱三强致李昌

（1981年8月14日）

李昌同志：

　　葛能全同志为开幕词起了草，经书麟、敏熙*同志看了，修改了以后，送到我这里。我看大体尚可，改了几个字。现请审查，决定是否可用。

钱三强
8.14.

解说

　　信中所提"开幕词"是在"中国科学院首次科研管理学术讨论会"开幕会上的讲话，题为《建立中国特色的管理科学》，于8月17日大会报告。全文载《科研管理》1982年第1期，后收入钱三强《科坛漫话》（知识出版社，1986年）。

---

*黄书麟、汪敏熙，时为中国科学院学部办公室负责人。

李昌复钱三强

（1981年8月15日）

三强同志：

［稿子］我来不及看了，这两天日程都排满。昨晚克实同志（刚从长春回来）到我处谈到11点钟，今早八时院里还有人等我。特别是，学术性的讲话，不必"审卷"，也不应"审卷"。参谋是应该的，是否讲了之后，请小葛约若干位同志征求意见再修改更好。

我大会一定到，听你的讲话，有意见自然会向你反映的。采取这个方法是否更合适些。

李昌
8月15日

解说

李复钱的话写在钱提交的开幕词稿子上。

钱三强致胡克实[*]

（1981年9月16日　派曹天钦为李约瑟筹募科学史基金）

克实同志：

　　有关李约瑟要我们去一位同志到香港帮助他募捐建造图书馆（东亚科学图书馆）事，今天早上方毅同志见他以前告诉我们（包括朱永行同志），他就此事曾与总理、万里同志、廖承志同志在火车上谈话时研究过，总理认为可以派一个人去。今早方见李时，最后李婉转提出这个问题，主要是有一位中国负一定责任的（或有名望科学家）去一下，表示中国对这次募捐工作的支持。方毅同志当时表示支持并预备派一位同志去。

　　会见后，朱永行与我向方毅同志提了几个可能的适当人选，最后倾向于请上海生化所曹天钦同志去一下。曹既是科学家，与李约瑟也很熟，并且属于又红又专的组织家，比一般书生气的科学家不同，对做这些工作，尚较合适。方毅同志也表示赞成，请外事局写报告报院批准。

　　现特将此事报告，请党组考虑。

钱三强
9.16.

解说

　　胡克实同日批语：

　　拟同意曹天钦同志去，需注意之点，请三强同志、外事局作些交代（听说严老有些想法，请三强同志问一问）。

---

[*]胡克实（1921—2004），时为中国科学院党组副书记、副院长。

钱三强致李昌

（1981年9月17日　为老科学家祝寿事）

李昌同志：

数理学部委员王竹溪*同志找我商谈一件带有普遍性的问题，现在报告于下，请党组研究如何处理为宜。

王竹溪去年与美国的林家翘商量明年周培源同志八十大寿，他们建议周老的学生们发起出一本论文集，多数写科学论文，少数人可以写诗词、短文，叙述周在教育与科学方面的贡献。这种作法在国外是很普遍的，但在我国尚属新遇到的事务。现学部委员中八十左右有名望的科学家已不在少数，因此很可能会引起连锁反应（如严济慈、杨石先、苏步青、贝时璋、汤佩松、伍献文等）。在国外，六十岁有名望的科学家就有人出纪念论文集，听说明年杨振宁六十岁，已传来有人要为他作寿的风声。

为了简化起见，我建议以周老为例，可在八十岁生日左右期间，在《物理学报》上出一期由王竹溪或与其他人合写一篇有关周老在教育上与科学研究上的成就和他对科学界（如科协、物理学会、北大、清华）组织工作方面的贡献（带周老的像片）。另外也可以由王竹溪等组织一些与周老有关学科如相对论、流体力学等科学家写的科学论文，有多少算多少，不够的篇幅也可以登其它方面的科学论文。

这样既有纪念的意义，也不夸大纪念的形式。这期《物理学报》也不

---

*王竹溪（1911—1983），物理学家、教育家。英国剑桥大学博士。中国科学院首批学部委员（院士），时任北京大学教授、副校长（校长周培源），中国物理学会副理事长（理事长钱三强）。

称纪念×××专集。

这样作法既起了对老一辈科学家尊敬的作用，也比资本主义国家开祝寿会、学术纪念会、出纪念专集等朴素、简单些。

对周老这样一作，对严老也应该同样作一下，时间或者可以选择严老81岁生日的那个月出一期《物理学报》。

以上建议是否可行，请党组研究，给以指示，以便有所遵行。

钱三强

9月17日

钱三强致《物理教学》编辑部

(1981年9月18日)

《物理教学》编辑部:

今天读《物理教学》一九八一年第四期第四十四页的"物理之窗"栏,看到了以后,感觉非常之好,故特写此短信以表祝贺之意。

任何科学的新分支,从它的产生、发展到把它的道理弄清,都要经过不少曲折,有些还会由于"偶然"的遭遇而一时"蒙难"。而我们的教师们对青年进行教育的时候,常常是应用了经过几次(中、外人士)消化过的材料来讲的,或者经过抽象的理论分析表达出来的。这样的教育方法会使青年失去观察和实验的兴趣,容易发生误解,以为什么结论都可以用数学推导得出的。加之现在特别强调考试(当然考试比走后门要好得多!),因而增加背书的倾向。这样的结果使青年们不了解科学本身是怎样来的,时间长了,待他们从事教学时,容易把科学作为一门死科学来教;从事研究工作时,思想也不够活泼(这正是今天我们科学界的一个弱点)。

这次你们在栏内写的几篇材料,比较生动活泼,表达出当时科学技术发展的过程。我曾在《自然》杂志创刊上说过,不但希望横的介绍多门学科知识,同时还希望介绍各门学科发展的历史,了解它的纵深。你们这期中"X射线的发展"就写得很活泼,使人有真实感。对青年(也包括教师和我们这些老头子)很有好处。希望你们今后在这方面写出更多更好的故事(其实是真的活的历史),从长远来说,可能对我国科学发展大有作用。

向你们祝贺，并且做出更大的成绩，为"四化"建设添砖加瓦。

此致

敬礼

钱三强

1981.9.18

解说

该信全文发表于《物理教学》1982年第一期，并附"编者按"：

  我刊收到钱三强同志的来信，他向我们指出了当前物理教学中存在一个忽视科学史教学的倾向。我们认为这个问题很重要，现将来信刊登于下，以引起大家重视。在此，向钱三强同志对本刊的关心表示感谢。现决定从1982年第四期增辟"物理学家和物理学史"专栏，希望广大读者积极来稿，共同办好这一专栏。

李昌复钱三强

（1981年9月22日　不搞祝寿活动）

三强同志：

　　党中央和毛主席过去就一再申明我们不搞祝寿活动，对科学家特别是党员科学家恐怕也要包括在内，不搞祝寿活动。再者，此例一开，以后都要照办，恐怕也不好办。物理学杂志也是如此，将来杂志也是难于应付的。我觉得出一本论文集，真正有学术价值的，还是有意义的。书的扉页上可写上献给年满××高龄的×××。这样是否可以？当然论文的主题是什么，要和献给的学者的学术活动有关。至于诗词等可不要了。另有人在报上写一篇传记式的文字，对青年也是有教育意义的。请酌。

　　　　　　　　　　　　　　　　　　　　　　　　　李昌
　　　　　　　　　　　　　　　　　　　　　　　　　9.22.

曹天钦*致钱三强

（1981年10月19日　汇报赴港参加李约瑟筹募东亚科学史基金）

钱三强副院长：

这次赴港活动情况，十七日返京后即向您口头汇报，现遵嘱写出书面情况汇报送上，请阅示。

这次衔命赴港参加李约瑟博士筹募东亚科学史基金会举办的招待会，行前先后向中国科学院外事局朱永行同志，钱三强副院长及方毅副总理请示机宜，心中稍定。在港活动五日，日程很紧。总的情况是：

（1）这次派代表前往的决定是英明的，说明中国政府对李约瑟博士为华多年实地宣传并向西方介绍中国古代及现代科技成就的贡献是赞赏的。此次如中国不支持，香港各界也不好推动。为此，李约瑟及东亚科学史基金会香港分会董事们一再表示感谢。

（2）这次派代表的时机是合宜的，早了不成熟，晚了即错过时机，不起作用。

（3）筹款的事进行很顺利，两日之间，已募集了60多万英镑，相当于目标的1/3。港澳资本家热爱祖国，凡提高祖国威望的事，还是愿意解囊的，还有很大潜力。董事会所需要的只是国内精神上的支持，他们需要这

---

*曹天钦（1920—1995），生物化学家。英国剑桥大学博士。中国科学院学部委员（院士）。瑞典皇家工程科学院外籍院士。历任中国科学院上海生物化学研究所研究员、副所长，中国科协副主席，中国生物化学学会副理事长兼秘书长，上海市人大常委会副主任，国际科学联合会中国代表等。其对肌肉蛋白的研究卓有成就，是肌球蛋白烃链的发现者。

样一块招牌，具体的工作，他们自己去做。

现就经过情况及有关问题汇报如下：

（一）一般情况：

这次香港以特使身份接待，全体在港董事及李约瑟、鲁桂珍本人都到机场迎送，住豪华旅馆大套间，一切住宿交通由董事、资本家林炳良、黄玛莉到迁住旅馆中亲自安排并陪同。

许多活动在宴会中进行，日日有宴，日日有茶。除董事会或其成员四次宴会外，香港总督也举行午宴，招待李约瑟、鲁桂珍及科学院的代表，那次宴会还有两个华裔资本家，一位当场应允6万英镑捐款。此外还有董事成员家宴或茶叙。在林炳良律师招待澳门资本家霍震霆时，霍及其父霍英东捐赠6万英镑。

活动的高潮是十月十四日午后的基金会香港分会成立招待会，邀请300人，到100人，大多数资本家正去广交会开幕式，未能出席。会后，女作家韩素音捐赠1万英镑。

李约瑟和鲁桂珍还参加电视录像及记者招待会。董事会同我商量，避开记者招待会，以免记者问些不得体的问题。

在各种宴会茶会上接触的香港资本家有利荣森、利荣康、安子介、霍震霆、冯秉芬爵士、蒙民伟、林炳良、黄玛莉等；我方新闻界的王匡、杨奇、黎景宋（以上新华社）；费彝民、李侠文、罗孚、李宗瀛（以上《大公报》），金尧如（《文汇报》）；文化科学界的毛文奇、马临、郑德坤、黄文宗、韩素音、何炳郁、李宗基（Lisowrki）等。我除抽空去香港大学参观几个生物科学方面的实验室外，全部时间花在同资本家及各界的交往中，这不是我熟悉的世界，所以虽然幸未辱使命，却也很高兴其早日结束。

（二）我的活动：

作为中国科学院的代表，我在经济上是低姿态，精神上是高姿态。好在一切具体筹款活动，他们自己进行。董事会把我当作"自己人"看待，

钱三强往来书信集注　　263

一些筹款内幕情况同我谈，这可能是由于过去我同李约瑟是老朋友的关系，这使我很快发现：董事会内部是分裂的，一派是毛文奇的多数派，主持招待会，广泛接触，英国的董事属于此派，所以他们能弄到香港老资本家Croucher（已死）基金的帮助，一次即25万英镑。另外，在招待会后，还有一笔不小的捐款，也是香港一外国机构出的。董事之一利荣康代表利希慎基金捐了6万英镑。另一派是林炳良律师和他夫人黄玛莉，他们把希望寄托在同中国经商致富的资本家身上，也同新华社、《大公报》，亚洲贸易公司的负责人联系，共同作资本家的工作，他把资本家比作蚌壳，要针对各别特点做工作，才能开壳解囊，霍英东便是他联系促成的，霍氏父子请李约瑟去澳门，估计还会打开些门路：两派其实互相补充，相辅相成，却因亲属矛盾引起工作矛盾。在两派矛盾之中，我取中间派态度，不介入矛盾；相应再代为说一两句好话，做做思想工作。两派有一点是共同的，即对祖国的热爱，只要为提高祖国威望，他们目标还是一致的。

我的正式活动，即招待会上的发言。招待会上共三个发言。第一是董事会主席毛文奇医生致词，阐明东亚科学史基金会香港分会成立的目的，用广东话讲，再用英语翻译；第二是李约瑟发言，阐明写《中国科学技术史》一书的缘起、近况、打算和为筹募基金呼吁。我代表中国科学院主要说明几点：（1）李约瑟是中国人民诚挚的始终如一的朋友。（2）他向西方介绍了中国古代科学技术的贡献，也介绍了中国近代科学技术的成就。（3）中国人民对李约瑟是尊敬的。上海的《自然杂志》为他出了一期专刊。上海古籍出版社"中华文史论丛"编辑部为他出专书祝寿。最后我代表中国科学院祝李约瑟长寿，祝东亚科技史图书馆一切顺利。发言先用国语，再用英语翻译一遍，这种安排，也是董事会与我协商议定的。（讲话全文见附件）

（三）新闻界反映：

香港许多报纸对李约瑟作了报导，报导招待会消息涉及中国科学院的有：

《大公报》：最详细，提及了我讲话中对李约瑟第二次大战时对中国的帮助，《中国科技史探索》祝寿文集，《自然杂志》专刊等。

《文汇报》：也比较详细。

《明报》：提及祝寿文集、《自然杂志》，也说："中国方面亦对李约瑟博士成立此图书馆及在港成立基金会表示支持。……派出科学院上海生物化学研究所副所长曹天钦出席。"

《新晚报》：也较详细，提及"应邀来港"等。

《华侨日报》：这是台湾在香港的报纸，不过听说总编辑来过北京，态度有转变，十月十五日报导中提了一句"中国上海科学院副院长曹天钦博士亦参加成立酒会"，弄错了单位名称和职位，但还是报导了。

South China Morning Post：英文报纸许多作了报导，提及中国科学院的只此一种，记者说：李约瑟博士最近在中国呆了一个月，他受管科学技术的副总理方毅先生的接见。李称方毅为"老朋友。李说：'他一直关心我们的工作，这次又派遣中国科学院的曹天钦做代表参加我们此地的成立酒会'"。

（四）几个问题

1. 募捐情况：英国、美国、香港各有一东亚科学历史基金会分会，迄今英国分会只募得57镑，以致《泰晤士报》也著文说英国人不识货。美国对李约瑟1952年在朝鲜调查细菌战，在世界面前揭露美国使用细菌武器一事，迄今耿耿于怀，对他不甚欢迎。美国的基金分会还未正式行动，美国有些人想出钱，但是想把书弄到美国去。港澳大有潜力，主要是同胞侨胞爱国；估计新加坡也有潜力，下次李约瑟等预备在新加坡也进行募集。港澳募捐，仅二日即已筹集60万英镑，完成指标1/3。

2. 日本人插手：日本多年来一再邀请李约瑟访问，演讲中国科技史成就，李约瑟已出版的十一本《中国科学技术史》日本都已全译出版。我在剑桥李的图书馆见到过。今年他们花了十二亿日元专供李约瑟和鲁桂珍在日本旅游演讲，并为此准备了六个月，事事安排得极为周到。日本人并先捐二亿日元给东亚科技史图书馆，但条件是所有发表的文章书籍，都要送日本一份或几份。他们还想打入东亚科技史图书馆，主要有下列原因：（1）他们已看出李约瑟的《中国科学技术史》的价值，对人类文化的重要性越来越明显，他们想插手这个成果。（2）日本有许多研究中国科技史的学者，但英文不好，对中国以外世界其他各国科技史的素养又不够，写出的文章质量不高，别人不要看，很想通过李约瑟打入东亚科技史图书馆，以李之长补彼之短。（3）日本人提出想派人去李的图书馆工作，研究中国科技史，读博士学位等等。据悉李已婉辞。估计他也看出日本人在这方面，像在经济上一样，是非常利己、会打算盘的。日本人预计还会再多捐钱，不过他们是有目的的。

3. 几点感想：

（1）资本家唯利是图，但港澳的资本家爱国的心情，使我很有感触，相比之下，我们有些小青年，反而心无祖国。应该进行一些爱国主义教育，华侨爱国，不自今日始，辛亥革命他们也是大力支持的。

（2）中国古代科学史，以往竺可桢副院长在世时，科学院还有一委员会抓此事。李约瑟的书只翻译了四本，还是节译，台湾已出版了十一本，全译，我也在剑桥李的图书馆见到。但目前，国内对李约瑟的著作有不同看法，翻译工作停辍。更可惜的，是中国对古代科技成就，自己进行研究的力量不大，队伍不强，工作不多。近年来考古新发现为中国古代科技发展的光辉历史提供了许多宝贵的实物证据。如我们自己不加以研究，或研究之后发现了新的结果，不能气势磅礴地、融贯中西地、科学地进行总结综合，写出像样的巨著，那我们的零星成果也只能为别人提供材料而已。我们应赞助支持李约瑟，写中国科学技术史，我们更应该有志气自己写出更好的中国科学技术史才对。

（3）四化是当务之急，国家富强了，一切才有希望。港澳同胞和各国华侨都看着祖国，祖国富强了，他们在外面的腰杆子也更硬。我们几年来多次出国访问，中国人受人尊敬，不再是以前那种"支那人""猪啰"。别人尊敬我们悠久的文化传统，希望"四化"早日实现，让别人也尊敬我们的现在和将来。

中国科学院上海生物化学研究所 曹天钦
一九八一年十月十九日北京

附：

曹天钦在香港东亚科学历史基金会成立大会招待会上的讲话

（1981年10月14日下午）

主席、李约瑟博士，女士们、先生们：

今天我很荣幸，代表中国科学院，来香港参加这次招待会。

李约瑟博士是中国人民诚挚的、雪中送炭的朋友；他始终如一、患难与共。他先后来华八次，最长的一次是抗战时期；他不满足于仅仅完成一次友好的访问，而是想做些具体的工作，帮助中国。于是他创办了中英科学合作馆，在战时那种极端困难的情况下，从英国和印度运进大量的科学书籍、杂志、化学试剂、仪器……帮助与世隔绝的各大学和研究机构。他还帮助把几百篇战时中国学者的论文，送到西方杂志上发表，并把几十位年轻的或已有成就的中国科学家送到英国深造。

李约瑟博士通过他的巨著《中国科学技术史》，向西方介绍了中国古代科学技术的成就——不止造纸、火药、指南针和印刷术四大发明，还有许多其他的贡献。他也通过英国的《自然》杂志中一系列的文章，他的书籍和其他文章，把中国现代科学的种种努力与成就，包括近年的人工合成胰岛素，介绍给西方。对中国人来说，李约瑟的著作，是一种巨大的启发和鼓励。中国人对他们的过去感到骄傲，对他们的未来，充满信心。

李约瑟博士在中国人民的心中，占有一种特殊的位置。这可举几点证明。中国报刊上常常著文介绍李约瑟博士的事迹和贡献。最近一期上海编辑出版的《自然杂志》，第9期是为李博士出版的专刊，用他的照片作为封面。这是一极不寻常的安排，唯一的先例是爱因斯坦。上海古籍出版社

《中华文史论丛》编辑部编辑了一本为李约瑟八十寿辰祝寿的文章，题为《中国科技史探索》，十一个国家三十多位学者撰写了中国古代天文、数学、化学、工程技术、生物学、医学等各方面的论文，为李约瑟祝寿。文集中还有李博士生平的介绍及全部著作的目录。文集附有大量的插图。全套将于今年年底出版，中文译文也将于明年问世。

我很荣幸，有机会在第二次世界大战期间在重庆同李约瑟博士工作；战后在剑桥又同他学习共事；回国后多次在中国或英国见到他。我亲眼看到他的《中国科学技术史》如何孕育成长；一些点点滴滴看法和材料，如何凝聚成11卷（将来是20卷）巨著；一些中外古今有关中国科技史的书籍资料、如何发展成现在举世无双的东亚科技史图书馆——一言以蔽之，即看到了滴水如何汇集成洪流。

《中国科学技术史》的写作，目前必须邀请很多中外学者参加，但我同时可以这样说，这是一个单独的学者所从事的最大胆的尝试。这个尝试现在证明是富有丰硕成果、震动世界的。我谨代表中国科学院祝李博士长寿、祝东亚科技史图书馆一切顺利！

谢谢各位！

钱三强致钱临照[*]

（1981年10月23日　出严济慈论文集和为李约瑟《中国科学技术史》评奖）

临照兄：

　　多日不见，我身体状况允许我现在又开始作一点事了。兹有两事相商，请考虑后赐复为荷。

　　①王竹溪、彭桓武、林家翘、胡宁等同志最近一个月曾酝酿明年周培源老先生八十大寿，是否可以开个祝寿式的学术活动。这在外国是普通的事，但在我国尚属不常见的事。竹溪兄本来预备在北大举行，但遇到一些阻力。为了此事我即写信给院党组，请示原则和办法。十天前党组书记李昌正式给了回信，内容略述于下：（一）毛主席与党中央长期以来主张不举行祝寿的各种形式，因而科学家，特别是党员科学家似乎也不应该例外。（二）为了像周老这样在教育与科研工作上作了不少工作的老年科学家，在他寿辰前后能出一本科学论文集，由他的学生和同行在他所专长的业务方面（如理论物理、力学等方面）写出比较有水平的论文，集在一起，在封面内扉页上说明几句祝贺的话就可以了。这样，既出了一本有学术意义的专业论文集，又有了祝贺的意思。（三）可以请一位（或几位）与他历史上最熟悉的科学家在那个时候左右写一篇有关周老学习过程、学术成就、对教育与科研、物理学会与科协等方面的贡献，实事求是地写一篇文章，对青年科学工作者既有教育意义，也是鼓励。这方面工作对科学

---

[*]钱临照（1906—1999），物理学家、教育家。中国科学院首批学部委员（院士）。时为中国科学技术大学教授，中国科学技术史学会理事长。

家过去是作的不够的。

我曾建议在学报上出一专集，但党组觉得还是专门出一本论文集为好，不然的话各学报的编辑也不胜其烦。我为此事专门向党组请示，因为这类事情会不断产生，带有普遍意义，因此早点有个原则，将来大家好办理这类事情。

我已将党组批示通知院出版办公室，他们很积极，并预备借此机会出一系列专集，印刷装订等工作，他们大力支持。昨天我已告诉王竹溪、彭桓武兄，他们与林家翘、胡宁等负责向有关科学界征稿。

②有了这个例子开头，我想对严老似乎也应该作一下，既然不是祝寿活动，当然年龄也不一定要整数（严老明年八十二岁）。我兄与钟盛标是最早即与严老一起工作过，对他前后工作与贡献知之甚深，因此我大胆向我兄建议，可否在光学（包括光谱、应用光学等）或其它有关方面，请我兄发起找几位同志（如承宗、大珩、庭燧等同志）一齐商议一次，成立一个小组，在严老有关的科学事业各方面征稿，以备明年出一本有相当水平的论文集以示庆贺。至于在报上写一篇与严老有关的情况与成就，我兄对之知之最全，写起来定能实事求是，对青年也是有一定教育意义。

我甚望老兄能登高一呼，作为论文集的发起人，有如竹溪兄负起对周老的论文集一样的责任。我想对物理界尚健在的二老能有类似的表示，也是我们后学后辈应作的事，同时也打破了一种社会上不够重视科学的顽固势力。不知我兄肯否带头，请考虑见告为盼。同时也可以与竹溪兄联系一下，以便参考。如能同意，我在院内尽力推动。因已有周老之例在先，作起来可能阻力不致过大。周老的事，竹溪已与周老透露过，周老未表示反对。严老的情况待我兄决定后，当然也应该向他透露一下，看看他的反应。

③这次李约瑟以81岁高龄又来我国一次。过去听自然科学史所李佩珊谈起，我兄对李的科技史认为有不够正确之处，或者观点不一定恰当。现在又有人推荐以他的科学史作为我国自然科学奖金候选人。按奖金条例

规定，对我国友好并有成就的外国科学家可以经过推荐给予奖金。现在正在进行这方面的工作，有人也赞成第一次发奖能有一个外国友好科学家也好。李在旧中国时期对我国即有友好的关系，新中国成立后又一贯主持或参加中英友好协会，特别在1952年反细菌战作了相当重要贡献，那次反细菌战调查的报告书，他的手笔占了主要地位，毛主席与周总理为此事曾接见了这个代表团，并对他们主持正义表示感谢。回国后一直没有翻悔过，因此，还在一定程度上受到了美国的歧视（数年中不给他入境签证）。以后就一直搞中国科学技术史，在世界上也起了一定宣传中国文化的作用。作为一个外国人，写中国科技史一定不如我们自己写的好。从友好的角度来说，他对中国做过好事，又有一定水平（不能以我国自己的水平来要求他），如果能不太苛求，他得奖金也是对他后半生的工作一种鼓励。最近他希望在英国建一个科学史图书馆，中央同意我院派人陪他去香港华侨界募款，结果数日内即得到爱国华侨支持，募捐64万英镑，他非常感谢我国领导和爱国华侨的支持。我谈这些情况，希望我兄对李约瑟得奖事能表示支持，当然最后衡量权重尚需我兄自己决定。以上陋见，不知我兄以为如何？

  此致

敬礼

钱三强
10月23日

钱三强致武衡*

（1981年10月27日　关于自然科学奖评审）

武衡同志：

根据你的意见，我院已布置各学部分头对各口初审的结果进行复审工作，请勿念，有何重大情况当再报告。

过去我曾向你和其他同志都提到过，世界各国对我国三十年来的重大成就差不多都一致的认为①原子弹、氢弹，②导弹、卫星，③石油地质（指大庆油田），④胰岛素的全人工合成是比较突出的。我曾委托当时的学部办公室懂地学的王玉春同志向各方面调查有关"石油地质理论"的工作的前后经过。她经一年多的工作，各方面得到的材料综合成附上的报告。我感到对各家还比较公平，特将"初稿"附上，请你看一看，若是可行，我们即请地学部、化学部、技术科学部等有关[学部]委员议论一下，看有那（哪）些有不合事实处。将来他们讨论到最后阶段，希望你亲自参加一下，或听取一次汇报。如果一切都具备条件，我个人意见，这次可以评一个特等奖（用集体的名义也可以）。这样三十年四大成就有两个在我们自然科学奖金中得特等奖金，其它两个请国防部门考虑了。请看如何？

敬礼

钱三强

10月27日

---

*武衡（1914—1999），中国科学院首批学部委员（院士）。时任国家科委副主任兼国家奖励委员会主任，钱三强为国家奖励委员会副主任，主持三大奖中的自然科学奖评审工作。

解说

武衡阅信后即表示:"同意这个意见。"

李政道致钱三强

（1981年12月22日）

三强先生：

很高兴昨天能畅谈。关于中美高能合作会议，我极希望能由您带队，然后文裕（张文裕）、洪元（朱洪元）、家麟（谢家麟）等可为成员，效果可增几个数量级。

谢谢你对我的"高能计划意见书"提出的建议。已按照您的意见修改了，并拟即呈邓副主席、胡主席及赵总理。

政道

12.22.

惠箬代为致谢。

解说

李政道在北京饭店单独约钱三强谈他准备提交中央领导的"高能计划意见书"，钱据实提出若干建议，主要是如何结合中国现实的实际和可能。钱三强时为中美高能物理联合委员会中方主席。

1982 年

大哥钱秉雄致三强

（1982年1月26日）

三弟：

好久不见，你好！

晓蕙和小周已于上礼拜五乘车到湖北等地旅游结婚了。等"佢们"回来后再去拜望你们。

昨日看茅盾先生所写《我走过的道路》，上卷中有关伯父（钱恂）住在湖州"潜园"时的生活。我只知其园名，但搞不清楚。今读后回忆到当时的一点零星记忆。那是1910年（宣统二年）六七月时间的事，伯父代理湖州中学校长一个月，把他老人家的兄弟儿女都去代课了，正是父亲刚从日本回国不久。宣统三年（1911年），我们的父母都在湖州潜园住。辛亥革命那年，我们家迁往杭州。大约1912年，伯父六十岁生日还在"潜园"照了一张相，现在已不存了。在茅盾的《我走过的道路》（他的回忆录）卷上pp.75–78，他那时是十四岁，董大酉十二三岁。你可以来看看，很有意思。

最近翻出你和父母同照的一张相片，大约是1937年夏天的，还有你给妈妈的你们俩结婚照，我想还给你，由你保存了。

有人告诉我，中央有个文件，十四级干部退休后可领全薪，不知有什么条件否？我是十四级干部，工资138元，现领其数的75%。便中请查一查有没有附带的条件。

我们都好。《浙江画报》的稿中相片已寄出。

祝你们全家好。

秉雄

1.26

马临*致钱三强

（1982年1月30日）

钱三强教授：

　　1月15日手书诵悉。欣允任敝校1982年国际暑期物理讲习班咨询委员会委员。先生惠然应邀，匡助该培养科技人才计划开展，尤加强该讲习班以成功的信心。

　　今后请益之处甚多，谨先布臆，敬致谢忱。

马临
1982年1月30日

---

*马临时为香港中文大学校长。

钱三强致杨振宁

（1982年3月16日　推荐清华校友陈虓之子深造）

振宁教授：

十日前曾寄一信，想已收到。吴秀兰先生处，已由朱洪元先生去信邀请她到高能物理研究所参观与讲学。

现有一事奉托，不知有无困难。

北京大学1981年物理系毕业生陈芒（男），现在担任北京农业机械化学院助教，教普通物理，管学生作物理实验和负责改学生习题。他是福建福州人，生于1959年。他的父亲陈虓于解放前夕毕业于清华大学（我看见过，那时就是一个进步的好学生），曾任钢铁学院教授，对断裂力学有贡献，因患癌症死于1978年。在患病期间仍坚持工作，曾受到科学界的表扬。

陈芒在学校成绩优良，英语不错，喜欢凝聚态物理理论，他的先生北京大学杨立铭教授为他写了封推荐信，他希望能找一个到美国作研究生的机会，半时担任助教的工作得以维持生活，半时学习研究生的课程。不知你校可否找到这种进修的可能。如果你校有可能，那是最好了。若是你校有困难，可否请你代为向你认为其它合适大学推荐。

陈芒是个有希望的青年，他的父亲去世比较早，我们这些老清华的人，都非常同情他父亲的遭遇，因此愿意为他的孩子找到一个深造的机会。如果你能帮助他找到学习凝聚态物理理论的机会，我们将非常感谢你。

附上陈芒的学习成绩单，在北大学物理和数学的课程用书的单子和杨立铭教授的推荐信。希望得到你的答复。

　　顺祝

你身体健康　工作顺利

钱三强上

1982年3月16日

李政道致钱三强

（1982年4月1日　告吴大猷近况及三封信内容剪贴）

三强副院长：

刚返纽约。这次在北京能见多次，并蒙亲切招待，惠箬和我都很感谢。

中国高能物理所的体制改进，在国际科学界上均受到很大重视，都觉得现在目标更切实。深信在您的领导下，将很快会有成果的。

去年12月在北京曾和您谈过吴大猷先生的一套《理论物理》全集共七册，内容很精彩，亦可为国内同行教学和同学参考之用。当时您提议，如适合和吴先生同意，国内可翻印此集。12月返纽约后，我即写信问吴先生。这次返纽约后收到吴先生的回信，其中有关部分随信剪贴寄上。（故词不能达意。但由他连写三信，充分表示他对您和国内物理界同行和同学们的感情。）吴先生书的改正本亦另封转寄上。盼您决定如何处理后，请告诉我一声，以便转达吴先生。谢谢。

望珍重体健。惠箬和我敬礼您和泽慧教授

研安

政道

一九八二年四月一日

解说

吴大猷致李政道三封信中有关部分的剪贴如下：

1982年2月25日吴大猷写道：

　　我也想念他们，但心情不好，不知和他们从何谈起。请你便中代表我告诉他们我的消息，并问候他们。

1982年2月26日吴大猷写道：

　　我的理论物理七本，如他们以为有用，我没有问题，排印错误甚多，我将在一套中尽我已发现的更正寄你。（如翻印则甚简单）你可以寄给他们。如你加一个"序"，或可作该书的介绍。书或可于旬日后更正后航寄你。

1982年2月28日吴大猷写道：

　　这几本书，你便中寄回去，他们如何用，都欢迎。如他们有些具体建议，我可以作些小规模的修改增加。

浙江大学化工系毕业生致钱三强

（1982年4月13日）

尊敬的钱校长：

您好！首先，让我们全班同学向您老人家致以崇高的敬礼，祝您老人家身体健康！

再过两个多月，我们就要毕业了。我们永远不会忘记在母校四年的学习、生活。母校的求是学风，母校老师的严谨态度，特别是您老人家的治学精神时刻影响着我们，鞭策着我们。毕业后，我们决不会辜负党、祖国、母校及您老人家期望，在"四化"建设的第一线上献出我们的第一份热和光。

临近毕业，我们的心情激动、兴奋，又有点依依不舍。大家商量决定，准备到厂里订做一册毕业纪念册，每人一本，毕业前夕，同学之间可以互签毕业赠言，以相互鼓励。为此，我们一致冒昧地提出一个要求，希望您老人家在百忙的工作中抽出一点宝贵的时间，为我们的纪念册写几个字（内容自定，纪念册有半张信纸大）。我们将把纪念册随时带在身边，以鞭策我们每一个即将奔赴祖国各地的新一代大学毕业生——四化建设者。

钱校长，我们急切地期待着。

此致

敬礼

浙江大学化工781班全体同学
1982.4.13

回信请寄浙江大学132信箱化工781班全体同学收

解说

1978年8月，经党中央、国务院批准，浙江大学改由中国科学院和教育部双重领导（以科学院为主），并于1979年初任命钱三强兼浙江大学校长（至1983年）。

钱三强致浙江大学化工系毕业生

（1982年5月1日）

愿你们作祖国四化建设的

  佼佼者！

  应化工系七八届毕业班同学之约而写，

  并赠全体毕业班同学。

钱三强
1982年5月1日

钱三强致浙江大学化工系毕业生手稿

钱三强致卢嘉锡[*]

（1982年5月5日　出版吴大猷《理论物理》）

嘉锡同志：

最近，接到李政道四月一日由美国寄出的信和七本吴大猷在美国写的、由台湾出版的理论物理书，现将原信与该书一并送上。

吴大猷是解放前同周培源同志一个时期在北京大学教理论物理的教授，一九四六年由政府派赴美国考察原子能事业，曾与李政道、朱光亚同志一起去美。解放后，他担任过加拿大大学的理论物理教授，不断来往于［中国］台湾、美国、加拿大之间。现在是台湾"中央研究院"院士，在台湾学术界有较大影响。

一九八〇年广州粒子会议前，李政道曾建议邀请吴大猷来参加会议。当时院党组方毅和李昌同志曾为此事专门向中央作了请示。为了加强海内外的学术交流，扩大我对台湾的统战工作，中央领导同志很快表示，同意邀请吴大猷参加广州粒子物理会议，并请李政道向吴大猷转达此意，后来的正式邀请书也是由李政道转寄的，不巧，那个时期吴大猷正好在台湾，李只好将邀请书寄给了吴在美国的妻子处，结果，吴没有来，也没有音讯。

去年十二月，李政道在北京时又和我谈起吴大猷。他说，吴有一套理论物理全集，共七册，内容颇不错，可为国内同行和学生作教学、参考

---

[*] 卢嘉锡（1915—2001），结构化学家。英国伦敦大学博士。中国科学院首批学部委员（院士）。时任中国科学院院长，党组书记。

用。当时我曾表示,吴多年教理论物理,他的书如果对国内适用,他若愿意的话,我们也可考虑在国内翻印此书,为参考书用。

今年四月一日,李政道来信说,吴大猷于二月二十五、二十六和二十八日,接连三次写信给李,表示国内认为有用,如何用他都欢迎,并且希望李政道为他写个序,作为该书的出版介绍,他还将一套改正的样书寄给李,要他转寄给我们。

我收到李政道寄来的信和书后,曾与严济慈、周培源同志交换了意见,他们认为这部书是不错的,对国内学生作参考书是适用的。而且重要的是,吴多年来与我学术界没有来往,这次穿过李政道写信和寄书来,对台湾学术界的影响定会是很大的。

此事我也曾和院图书出版办公室商量过,他们认为,只要院领导商定,他们一定抓紧工作,作为一项重要任务完成。和外事局我也谈过,他们也认为,与吴大猷多年进行联系,都没有得到正面的信息,我们正好可以利用这个机会扩大对台的宣传工作,这也正是中央对台工作领导小组一再希望我院作的。

此事,前天也同胡永畅(科学院副秘书长)同志交谈过。

根据以上情况,为了扩大我对台湾的统战工作,我向党组建议:

1. 同意将吴大猷的七本书影印出版;

2. 请李政道写一个"序言";

3. 书的原序中,有"民国六十六年元旦"字样,可改为公历"一九七七年元旦";

4. 其它基本不改,争取早日出书。

如果党组认为可以,可考虑是否应向中央和有关领导部门报告请示?

钱三强
一九八二年五月五日

解说

　　经书面请示中央对台工作领导小组并中央书记处同意，吴大猷的《理论物理》（七册）决定由科学出版社影印出版。对此，吴大猷告李政道："深为感动，特嘱代致谢意。"钱三强曾致李政道信表示过欢迎吴大猷回来讲学，李政道致钱三强信中说："吴先生对回国访问事，郑重考虑了几天。决定月底返台后，向当地执政者提出，如有下文，再相互联系。"后吴大猷于1992年5月成行，并在北京出席中国当代物理学家联谊座谈会。

钱三强致杨振宁

（1982年5月18日　举办凝聚态物理学术讨论会）

振宁教授：

　　三月五日信谅已收到。

　　你去年十二月一日给方副总理的信，我们分头收到后在一定范围内进行了讨论，对你提出的加强发展性研究的重要性很受启发，但是如何进行这方面的工作，尚缺乏经验。为了响应你的建议，现在科学院决定提前召开凝聚态物理学术讨论会（本来想在一九八三年夏天开），定于今年末到明年初（1982年12月28日至1983年1月4日）开一个新学术讨论会。经研究，拟邀请20名以内的华裔学者（因会议使用中文）参加，现在想请您代我们联系并确定参加者名单，特别希望能邀请10名左右在几个有名的厂设研究室进行发展性研究的华裔科学技术专家，来介绍一下他们的经验与体会，这样我们可以学到最缺乏的经验。为了便于学者们的参加，我们准备把这个会叫作"凝聚态物理及其应用学术讨论会"，同时我们也请一些在大学工作的华裔学者，使得学术空气活跃些。但是我们的主要目的是想请你代我们邀请一些你认为合适的科学技术专家来给我们一些启发，以便我们早一点改组我们的研究机构以适应国家的需要。

　　为了便于你挑选，我们提出一个初步的参考名单，由使馆转交你，谨供参考，最后名单由你全权确定，然后由国内发出正式邀请。关于华裔学者参加会议的费用，大致采取的原则是：国际旅费自理，国内费用由会议招待。

　　我记得你曾帮助香港中文大学今年暑期开一个以应用科学为主的讲习

班，你还说过南朝鲜最近这方面也发展得不错。想来你对我院这次按你的建议而召开的会议一定能给以大力支持。如果你那时候有可能回来一下，我们将更为高兴。

等待你的回音。

钱三强上
五月十八日

钱三强致娘舅徐世燕[*]

（1982年6月10日）

世燕舅：

接到你的信已有一年，我曾经生过一次较长时间的病，因此应回的信便放下了一年。

你的名字，我还有些印象，但是那时我们只有六七岁。我的父亲在抗日战争时期，拒受伪聘，在家中养病，但因高血压及心情不愉快，1939年初就去世了。那时我刚到法国不到两年。我于1948年夏回国，秋回北京，母亲还在世，但是十年艰苦生活，使她苍老了不少！1949年初正是北京将解放前夕，她也因心脏病去世了，我总算出国十一年后还能与母亲相聚半年，也算一件不容易的事了。

解放后，一直就在党的领导下从事科学院的改组工作和原子核科学的培养队伍的工作，1955年毛主席亲自决定开展原子能的工作，在周总理亲自关怀下，一直到"文化大革命"，被戴上"资产阶级反动学校权威"的帽子，作为靶子被抛了出来。以后经过长期审查，没有什么问题，行政上被解放了。不久（六九年冬）即被送到陕西干校劳动了两年半，后因生了心脏病，由于周总理对老干部与老知识分子的关怀，我才回到北京养病，并且恢复了党籍，可是在"四人帮"掌握实权时，虽然名义上回到了科学院，但实质上做不了什么事情。一直到打倒"四人帮"，才能在科学事业

---

[*]徐世燕系钱三强母亲徐婠贞之弟，与钱年龄相差不大，儿时曾一起玩耍，相隔数十年未曾见面，亦极少通信。

上做点事，浙大校长事也是这个时期产生的。但不久身体就有些欠佳，所以浙大就去过一次，以后就去不成了，现在领导上已同意我辞去浙大校长职务，只在科学院做些力所能及的事。按现在政策规定，我已到该退休之年，但还没有正式通知我们，所以还应该站好革命的最后一班岗。

从你信中知道你在这六十年中也经过了不少曲折，但解放后一直在银行工作为人民服务，这也是可喜的事。你有三儿一女，都已成家立业，晚景也可告慰了。我的爱人何泽慧现尚在科学方面工作，二女一男都到过农村锻炼三四年，后来被公社送上清华与北大上大学，现在都在科学院不同研究所做科学工作。男孩子考取了研究生，被送到美国去进修，大概两年后回来。

我们也总算是十年不幸中侥幸的了，来日不多，但是能为国家人民做一些有益的事，总是努力去做。周总理教导我们"活到老，学到老，改造到老"，我将终身按此教导执行，愿我们大家互勉。

此致

敬礼

甥 钱三强敬上

1982年6月10日

周培源致钱三强

（1982年7月8日）

三强同志：

　　我已收到关于召开自然科学奖励委员会会议的通知。由于八月份将举行第三届格拉斯曼广义相对论国际会议，还有许多准备工作要做，我自己的论文也尚未完成，需要抓紧时间进行计算和写作，所以我已写信给自然科学奖励委员会办公室请假，信中还附上了我对评选工作的一些意见，供讨论时参考。

　　下面想就我本人的项目（《湍流理论》）作几点说明：

　　1. 关于提出请奖的经过。这次请奖是由北京大学力学系流体力学教研室的同志主动提出的，事先我并不知道，后来还曾提出过不要申请的意见。但在北京大学审查同意上报后，我曾对上报材料作了一些修改。

　　2. 关于解放前的工作能否请奖问题。我记得在1956年提出的请奖项目几乎都是解放前的工作，所以实际上不存在解放前的工作能否请奖的问题。至于当时我为什么没提出申请，主要有两方面的原因：一是40年代我的文章发表以后，国际上除1951年Rotta根据此文写了一篇文章以外，在相当长的一段时间内没有见到别的有关文章，说明工作的重要性在当时尚未被人认识。直到六七十年代高速电子计算机发展和使用以后，这项工作在国际上受到很大重视，发表了很多有关文章。解放后我的研究工作主要在均匀各向同性湍流理论方面。经过二十多年的努力，在说明和解释实验结果方面是目前国际上最好的。第二方面的原因是在1956年我主要忙于讨论别人的请奖项目。

3. 为什么在北京大学时不想申请。我主要是想把均匀多向性湍流与变通湍流结合起来（"准相似性"），争取做一些工作，取得一些成果，所以曾考虑暂时不提出申请。

4. 北京大学力学系的同志是一直坚持要请奖的，因为北大在湍流方面已经建立了一定的研究条件，并有了一支较强的实验与理论队伍。所以现在我想，如果决定给奖，也是对这些同志的一种鼓励。

我个人认为，建议授予《湍流理论》二等奖是合适的，即使将来再做一些工作，并取得一些新的结果，我想也只是能授予二等奖，因为从大的原则来讲，这还在牛顿力学的范围之内，而不能算是重大的原则性的问题。

对授予王淦昌、陈景润同志的工作一等奖的建议，我认为是合适的。预祝这次评奖工作圆满结束！

周培源
1982年7月8日

解说

20世纪80年代初恢复科学奖励制度，钱三强被任命为国家奖励委员会副主任，负责主持全国自然科学奖的评审。1982年组织专家进行成果评审时，出现了一件令主持者钱三强作难的事：由北京大学报奖的周培源的"湍流的基本理论研究"，申请自然科学奖一等奖，而评审专家通过无记名投票同意给二等奖；同时又有评委和其他一些专家强烈认为，对于周培源这样深资历的研究成果给二等奖不合适，甚至认为是对其名誉的某种损害。正在意见僵持，使主持者和学生辈的钱三强左右为难之际，周培源主动写来这封信。同年10月，颁奖大会后接受《人民日报》记者采访时，钱三强对周培源老师的实事求是态度和顾全大局的谦逊风格，既赞叹又感动，称其为"科学家的榜样"。

丁肇中[*]致钱三强、严东生^{**}

（1982年7月12日）

钱三强教授、

严东生教授：

　　现有中国高能物理研究所人员回国，托他带上一信，说明我们组近期工作和计划，以及对与中国几个方面参加合作组的意见，供讨论。

　　（一）现在的研究结果。最近我们实验组发表了一个比较重要的研究成果（见附件），这个工作是第一次在高能实验上证明弱电相互作用，因此也是大统一的第一步。在这以前，其他组做过这方面的实验，但结果都不理想。我们这个实验结果在物理学界很受重视。许多中国同志参加了这个实验。

　　（二）DESY的实验室。DESY的PETRA对撞机将在今年10月提高能量，根据现有的理论推测，明后年内很可能会找到第六种层子，以及更重［要］的电子。我希望中国科学院高能所能继续维持每年至少派出四人到DESY我们组学习工作。新粒子发现后，中国科学院的贡献将明确地被公认。最近台湾报纸曾经访问我，他们提出关于我中断和中国科学院高能所合作的谣言，希望我发表意见，借此宣传。我没有回答。所以我想同高能

---

*丁肇中（1936—　），华裔高能物理学家，美国科学院院士，中国科学院外籍院士。1974年在用高能质子束轰击铍靶实验中发现一种新粒子（命名为J粒子），与美国的B. Richter共同获得1976年诺贝尔物理学奖。

**严东生（1918—2016），化学家，美国伊利诺伊大学博士。中国科学院院士，中国工程院院士。历任中国科学院上海硅酸盐研究所所长、中国化学学会理事长、中国硅酸盐学会理事长等。时任中国科学院副院长。

所继续保持原状合作下去是非常重要的。

（三）中国参加LEP合作，组织实验组的问题。我上次在和您及李昌副院长讨论后，曾详细考虑过我认为最有效的合作办法是成立一个好的中国实验组，有计划、有组织、有系统地参加LEP合作。对这个中国实验组的建立，我有几点看法和建议。

（a）组成单位：中国科学院所属高能所、科技大学、上海硅酸盐所及其它有关大学。

（b）人员：应重质不重量。希望能和苏联实验组、荷兰实验组等别的国家水平不相上下。这些人员可以从上述组成单位挑选。其中应包括曾经在我这里工作过的、已经回国的优秀人员，以及将在MIT等处得到博士学位和以后继续学成归国的人员。

（c）保持和发扬优良传统。过去几年我每次回国时都一再呼吁，在我组里工作过的人回去后应尽可能集中在一起，这样才能发挥更好的作用，原因是我们组多年工作的习惯、方法、传统，和别的组都不一样，也许因为这个原因，我们组的实验结果一般比别的组好些和快些。我认为能够保持一个特别的传统，是很值得你们考虑的。

（d）近期目标。希望这个中国实验组将来能在LEP上做出世界水平的成果来。同时也希望他们能在中国的2.8GeV正负电子对撞机的第二个对撞点上独立发挥作用，做出精巧的实验来。也希望中国的BGO晶体成为国际上有力的竞争者。

（e）领导。建议中国科学院统一领导，并且把这项国际合作当作科学院的一项重点任务，给以各种支持。高能所参加的人员成立一个研究室，例如由唐孝威*教授来领导。

（四）关于选派人员到DESY、CERN工作和挑选博士研究生的问题。

---

*唐孝威（1931— ），实验物理学家。1952年毕业于清华大学物理系。中国科学院学部委员（院士）。1978—1979年曾在丁肇中实验组参加高能正负电子对撞实验。时为中国科学院高能物理所研究员。

（a）关于派到DESY的人选，我想请唐孝威教授负责选定，因为他对我们组的情况比较了解。同以往一样，每年派来的四个人，到DESY后将同上一批的四个人交接工作，上一批的人在一个月后再回国。

（b）关于我们在CERN的LEP工作，CERN的所长曾经和我讨论过西欧中心和中国科学院高能所签订协议的内容，希望高能所能在CERN的资助名额之内，送人到我们在LEP的组里工作。

（c）从各大学选学生到我们组学习并攻读博士学位的事，现在已经有了初步的基础。第一批选出的三名学生即将到我们组来。我认为，从长远看，训练这些特别好的学生，对中国科学发展是很重要的。我下次到中国，将到各大学对新的学生进行面试选拔。

（五）建议明年四月在中国开合作会议。我们的LEP合作组轮流在每个合作国家开合作组会议。所以我希望明年四月也能在中国开一个合作会议，参加的包括我们合作组中世界各国的22个大学和研究所的物理工作者，我希望这个会明年春天能在科技大学及高能所开，同时也希望去上海硅酸盐所参观和讨论落实中国实验组的具体合作项目和进度，例如能承担多少BGO和质量、价格等问题，以及VAX 11/780的进口等具体问题。

丁肇中

7-12-1982

钱三强复谢家麟[*]、张厚英[**]

（1982年7月31日　中美高能物理合作事）

家麟、厚英同志：

6月28日和7月6日来信收悉。

你们少数同志到纽约的情况，得空时可以扼要报告一下。你们问有关SLAC二十五周年纪念事，及厚英同志回来时间问题，特向你们回答如下：

① 以我的名义打电报致贺。

② 李政道到SLAC时，希望总领事和你们多做工作，使与SLAC的合作比较更顺利与更方便些。

③ 总统顾问来时，可代方毅同志向他致意。谈有关两国对加速器的合作和出口器材许可证等问题，由领事、你们和李政道一起谈，用你们的口气，根据中美高能合作协议，尽量争取能作到的程度。

④ 厚英同志还是等与总统顾问谈过话后，代表团商定后再回国。务必使能解决的问题都落实。

⑤ 有关外汇问题，谷羽同志等正在努力解决，不久将另行告知。

望各位同志努力工作，同时注意身体健康。

---

[*]谢家麟（1920—2016），加速器物理学家。美国斯坦福大学博士。中国科学院院士。2011年国家最高科学技术奖获得者。曾任中国科学院高能物理研究所副所长，时任北京正负电子对撞机工程（中美合作项目）经理，其和工程领导成员张厚英带领一批专家被派往美国斯坦福直线加速器中心（SLAC），为工程初步设计进行全面考察与交流。后该工程建成并获得国家科技进步特等奖，谢家麟排名第一。

[**]张厚英时为高能物理研究所常务副所长、北京正负电子对撞机工程领导小组成员，其为该工程获科技进步特等奖获奖者之一。

其它有关马夏克等事，尚待院领导商定后再复。

钱三强

7月31日

（东生同志现不在京，故只由我一个人写这封信）

李昌致钱三强

（1982年8月15日，关于管理学组）

三强同志：

昨天办两件事（下午），使我想起我们商量的管理科学学组选举学部委员，我同意作为一个候选人，是一个严重的错误。我诚恳地承认这个错误，坚决要求改变我们共同的关于我可以当学部委员的决定（应为意见）。

一件事是，严老、仲华（吴仲华*）和我商谈召开主席团会议事，谈到补选学部委员事，严老要求主席团讨论并通过一项决议，今后补选要全部学部委员投票，而且言谈之际，声色俱厉，拍了桌子，所以，你原来设想简单推选的办法，可能会遭到反对。

另一件事是，华老（华罗庚**）给万里写信，要承担任务就要给予条件（调人、给房子、买计算机等）。其中谈到今年三月已成立中国优选法和管理科学培训中心，而挂靠单位是应用数学所（培训中心建立是科协批准的）。

从这两件事，我想到：

一）你要我多在管理学组工作，我也是愿意的，但若推选我为学部委

---

*吴仲华（1917—1992），工程热物理学家。1940年毕业于西南联合大学。1947年获美国马萨诸塞理工学院机械工程科学博士学位。中国科学院学部委员（院士）。时为中国科学院主席团三位执行主席之一。

**华罗庚（1910—1985），数学家。初中毕业后自学成才。1931年入清华大学，1938年任西南联合大学教授。1946年赴美任普林斯顿高等研究所研究员。中国科学院首批学部委员（院士）。时为中国科学院数学研究所所长、中国数学会理事长。

员，会使你我都被动，而带来一些十分不利的后果。比如我若当了，其他类似的同志是否吸收？如教育部管科研的高沂、胡永畅，还有各部委退居干（二）线的同志，如邓裕民、张友萱等。都搞进来，不搞进来，都是问题。倒不如给我一个特约研究员的名义，对我和类似的同志都很合适。

二）我想起还是建立一个半官半民的科学咨询中心。我估计我同意去纪委，还搞科学咨询中心，耀邦同志处会通过的，而挂靠单位放在管理学组。我甚至可以担任这个中心的负责人之一或主要负责人。于光远、你和钱学森等都担任负责人。我至少每周参加一次研究会议，如晚上时间就无问题，或者每个星期天。你知道我这个人的特点，我绝不会干些敷衍塞责的事，或一些形式主义的花样的。

三）我去纪委后，和科学院保持一定距离，就越能在院外委外做些工作。科学咨询中心的十个人员编制名额和房子（也有些想法），由科学院、科委，或国务院解决，都可以。我估计都有可能。

四）如科学院现领导不愿管理学组作挂靠单位（估计你和胡永畅多商量并坚持，会通过的，我绝不回科学院，对他们没有威胁），也还可以以科委的科技发展中心为挂靠单位，我估计吴明瑜会积极，方毅、赵东宛都会赞成。我们这些人还是可以出些主意的。

如此等等。总之，我绝对不要当学部委员。你坚持，是好意，大概也想找我作依靠。但只我一人，这个依靠不行，不如靠更多的同志。我不是为我个人的利害或谦虚考虑，而是为开展科技工作。

务请你倾听我的意见。至少，等我回京后再从长计议。

敬礼！

李昌
八月十五日凌晨五时

解说

在1981年中国科学院第四次学部委员大会上，决定作为向学部过渡先成立一个"管理学组",并预留20个名额逐步遴选管理科学家为这个组的学部委员。钱三强被推举兼任管理学组代组长(其时为科学院副院长兼数学物理学部主任)。后因种种意见分歧,管理学组的学部委员遴选未能付诸实施,1984年钱三强离任科学院副院长,管理学组随之宣布撤销。

李政道致钱三强

（1982年9月21日）

三强教授：

　　上周末由日内瓦返纽约。次日吴大猷先生由伦敦飞来。您6月29日和8月31日写给我的信都给吴先生看了，他知道您和国内学术界对他的关怀，科学院和科学出版社对他《理论物理》全书的重视，深为感动，特嘱代致谢意。

　　我写的序文附上。吴先生认为宜放在他原序的前面。

　　吴先生对国内访问事，郑重的考虑了几天。决定月底返台后，向当地执政者提出，如有下文，再相互联系。

李政道
一九八二年九月二十一日

1983 年

钱三强致思进

（1983年 1月18日）

思进：

我所希望于你的是，在这两年左右时间内把博士论文做完，赶快回来参加祖国的科学事业。做研究工作是一生的又一个新阶段的开始，不是没有困难的。你过去还是克服了不少困难，我相信这研究开始阶段的可能，你是能克服的。这里需要有股闯劲，也就是创新精神。同时要同国外和国内的老师和同行们经常请教和交流经验。

你这几年的环境是复杂的，但一定要相信祖国在十二大以后会比较快地复兴和发达起来。今天早晨国务院科技领导小组成立后召开了第一次大会，动员编制科技长远规划。我们经常回忆的五六十年代搞两弹的黄金时代，又将到来，并且针对国民经济发展，涉及面更广。到2000年以后，我国将在世界上进入比较先进的行列。这个日子的到来是经过多少人民100多年来受帝国主义的压迫后艰苦奋斗得来的，你祖父和我们这一代人都是在这场斗争中努力过的。近十多年来你们这一代受了不少委屈，但打倒"四人帮"以后，形势还是转得比较快，到2000年你大约五十岁，你是可以看到和参加到这个百年斗争的洪流中去的。你祖父和我们都是对社会做过一些有益的工作，虽有不少缺点，但是问心无愧的。希望你们也能做到问心无愧，并对社会做出有益贡献。

爸爸
1983.1.18

李政道致钱三强

（1983年3月6日　关于设立博士后科研流动站）

三强副院长：

　　附上一文尚祈指正。

　　专此敬祝

公安

政道

八三、三、六

　　目的：

　　1. 近几年来国内派出留学生学科学的颇多。因出国时均皆年轻，得博士学位回来后，恐怕需要一段时间使他们了解国内现况，亦使国内研究院了解他们的情况，这样才可充分发挥他们的力量，"研究站"可帮助解决一部分这一类的问题。

　　2. "研究站"亦可成为推动青年科技人员流动的永久方法之一。（不仅是从国外回来的学生，也包括国内各研究院的毕业生及在各院的青年研究人员。）

　　组织：

　　1. 在国内选若干（请参阅第四页）有实力的属科学院的研究院、属大学的研究院及属工业部门的研究院，各增设"科技研究流动站"（简称"研究站"）。

　　2. 每站的研究员任期为一年，成绩优良者或可延期一年，但总共不能超过二年。

3. 各站的研究人数需固定，但不能太多，约十来位。

4. 各研究站应充分利用所属研究机关的设备。

5. 各研究员的科研专题必应有适当的自由权（大体而论，学理论的不妨可完全自定，学实验的宜与其所属研究院的科研题有关）。其科研成果为所属研究院的成果之一。

6. 每研究员一年（或二年）任期完后必需离开研究站。因而产生的空额，可请新的研究员，这样就形成了必然的流动。

研究站的固定研究员人数必需每年严加保护，绝不能与所属研究所的其他研究人员的名额和位置相混。

经费：

因为每研究员仅需薪金，如无研究站他们亦需薪金，从国家整体来讲，有研究站和无研究站的费用基本上是一样的。

估计：

1. 科学院或可设约四、五十站，每站约10人。

2. 教育部或可选二十来所大学，每校选二、三已有实力的科目各设一站，每站亦约十人。

3. 工业部门的研究院也可相应的设若干研究站。

李政道

一九八三年三月五日

研究站造成千余位青年科技工作者的必然流动性，而在这流动中可选拔人才，留精去芜。

商务印书馆致钱三强

（1983年3月14日　为《居里夫人传》约序）

钱三强同志：

您好！我馆出版的《居里夫人传》一书，自一九七八年以来多次重印，又参加过羊城书展，在广大青年读者中反映较好，并曾由团中央列为向青年推荐的普及读物。去年新华书店又提出重印，后因纸型老化，暂未付印。

考虑到此书的价值和对青年读者的教育意义，我馆决定组织校订，重新排印出版。为了帮助青年读者阅读此书，七八年初，我们曾函请您为此书撰写序言。承蒙允诺在修订重版时撰写，我们十分高兴。现在，此书校订稿已经完成，并已发排，故特写信联系，恳请拨冗赐稿为盼。（如果时间允许，请您在五月前后，将序赐下，是为至盼。）

此致

敬礼

商务印书馆哲学室

八三年三月十四日

解说

钱三强撰写了约2500字的序并于1983年4月1日挂号邮寄商务印书馆。他在写给该馆哲学室的短信中作如下说明："我尽量用原译本注法国科学家的译名，只有Licence现在译为学士学位，以免与硕士混淆。"

以下附钱三强所作序文：

《居里夫人传》序

当人们谈起近代科学的历史时，不能不联想到原子能时代的开创者之一——居里夫人。作为一位杰出的科学家，她一生中所作出的贡献卓越非凡，是世界上第一个两次诺贝尔奖获得者；作为一位伟大的女性，她赢得了世界人民的同情、支持和敬仰。

然而，居里夫人的一生，有成功也有磨难。

她出生于一个被沙俄占领的波兰教师家庭。民族的压迫，社会的冷遇，生活的贫困，激发了她的爱国热情和发奋精神，她决心努力学习，用知识武装自己。1891年，她靠自己当家庭教师积攒下的钱，从华沙到法国巴黎大学求学。经过刻苦努力，三年中她先后获得了物理学和数学学士学位（Licence），并取得进研究室工作的机会。1894年，她结识了居里先生，为科学献身的理想，把他们永远联系在一起。

他们生活清贫，工作、学习都十分紧张。1896年，在居里夫人分娩大女儿伊莱娜期间，法国亨利·柏克勒尔发现了铀的放射性。她怀着极大兴趣阅读了柏克勒尔的报告，开始系统地探索除铀以外，是否还有别的化学元素具有类似的放射性。于是她对当时已知的80种元素一一进行测试，先是发现已知元素钍和铀一样能放出射线，进而发现了两个比铀的放射性更强的新元素。居里夫人时刻不忘自己的祖国，她决定用波兰（Poland）命名第一个新发现的元素为"钋"（Polonium），另一个新元素为"镭"。科学的攀登还有更艰巨的路程。他们要开始进一步的研究工作，但没有适用的实验室和缺乏其他的物质条件，仅仅在巴黎市立理化学校内找到一间上漏下潮的破旧棚子，略加修整后就成了他们的"实验室"。在这里，他们不但进行了大量、周密的科学研究，还要从事繁重的化学工艺的操作，从几十吨铀沥青矿废渣中进行无数次的溶解、蒸发、分离和提纯。经过整整四年的辛勤劳动，终于第一次提炼出了十分之一克多一点的纯氯化镭，并测定了镭的原子量。后来还第一次获得了金属镭。1903年，巴黎大学授予居里夫人国家理学博士学位，又和居里先生、柏克勒尔一起获得了这一年的诺贝尔物理学奖。

磨难接踵而至。1906年，居里先生因车祸不幸逝世。居里夫人尽管内心悲痛，却仍然以坚强的意志生活着，工作着，她继任了居里先生在巴黎大学的讲座，指导实验室工作，潜心研究着各种放射性元素；同时，她还完全担负起供养老居里先生和教育两个女儿的责任。

居里夫人成了世界公认的卓越科学家以后，还不断受到科学界顽固保守势力的冷遇和压抑。1911年，她接受朋友们的劝说，参加了法国科学院院士的竞选，结果却以一票之差落选。反对者所持理由之一是，女人不能成为科学院院士。然而公正的人们敬仰她，就在同年12月，她第二次获得了诺贝尔奖（化学奖）；不久，法国医学科学院选她为院士。

科学不是为了个人荣誉，不是为了私利，而是为人类谋幸福。这是居里夫人和居里先生一贯遵循的原则。在他们发现镭后，为了使镭尽快地服务于人民，立即公开了提取镭的方法，拒绝申请专利权，尽管那时他们的生活还很艰难。在第一次世界大战期间，为了救护伤员，居里夫人把X射线设备装到汽车上，奔走在战场各处巡回医疗，挽救了大批受弹伤士兵的生命。她热爱人民，而对自己却想得极少。在她刚开始从事放射性研究时，由于不了解射线对人体的破坏作用，没有采取必要的防护措施；后来又长期在条件很差的环境里工作，致使有害物质严重危害了她的身体，得了恶性贫血病，就是在她生命垂危的时刻，她也没有因为一生的磨难和不幸遭遇，有过丝毫抱怨和遗憾。

使她兴奋的是，巴黎大学为她盖起了镭学研究所，东边是居里实验室，西边是研究射线对生物的作用的巴斯德实验室。在居里实验室这个名副其实的国际科学机构里，她每天指导各种有关物理与化学的研究工作。在她的指导下，居里实验室完成了有关放射性研究的论文达500篇以上，其中有许多是开创性的研究成果；最为突出，同时也是她最高兴的是，

1934年她的长女伊莱娜和女婿约里奥发现了人工放射现象，并于1935年获得了诺贝尔化学奖。她的实验室培养了一批优秀的法国和外国的科学家，后来法国的学生们大多数成为法国原子能事业的骨干，现任法国原子能总署的高级专员泰雅克，就是其中的一个。

在了解了居里夫人的光辉一生以后，我们从中得到的教益和启迪是深刻而广泛的。第一，受压迫，处困境的人们，只要意志坚强，不畏艰难，勤奋学习，勇于攀登，胜利与成功之路是可以走通的。第二，要接受和支持新生事物，要用创新精神去从事科学研究和其他一切工作，并且要有百折不挠的毅力和勇气去完成它。第三，在科学的道路上，有时特别是妇女工作者，可能会遇到不应有的压抑和歧视，但只要有信心，有脚踏实地的忘我工作精神，保守的枷锁和禁锢，是可以打破的。第四，在科学研究和其他工作中，一定的物质条件是必要的，但是更重要的是要自己动手，自力更生地去创造条件，永远保持艰苦奋斗的精神。

我到法国去做研究工作时（1937年），居里夫人已经去世。但我在居里实验室工作了10年，我的老师正是居里夫人的长女约里奥-居里夫人。她的简朴的生活，对虚荣的蔑视态度和对青年的热情关心与指导，以及研究室里的浓厚的学术和民主讨论的气氛等，都继承着居里夫人的优良传统，使我荣幸地，又是间接地受到了居里夫人的学术和品德的教育。

1978年，我有机会重返阔别30年的巴黎，我怀着崇敬和激动的心情，参观了居里夫人和我的老师以及我本人工作过的实验室，那里的一切，几乎没有什么改变，只是当时的实验室现在成为纪念馆；在实验室的小花园里，伫立着两尊铜塑头像，一尊是居里夫人，一尊是居里先生；过去的"比埃尔·居里街"，现在改成"比埃尔和玛丽·居里街"；邻近的"先贤祠"（Panthéon），埋葬着居里夫人的老朋友、进步的科学家佩韩和郎之万；居里夫妇和约里奥-居里夫妇，都静静地长眠于"梭镇"坟地。他们的生命停止了，然而，他们为人类创建的丰功伟绩，是永远不会磨灭的!

　　艾芙·居里为她的母亲撰写了这本言情并茂的传记,使后人得以了解这位伟大科学家自强不息的一生,我们应该深深感谢她的劳作。

钱三强
一九八三年四月

谢毓章*致钱三强、何泽慧

（1983年9月6日）

三强、

泽慧：

听说三强近日住院，不知情况如何？预祝早日恢复健康。

我找到当年毕业时十人合影一张，估计大家恐怕已经不会再有，因此托人翻拍了一张，洗出来分送大家，作个纪念。可惜洗得深了一些，不如原片清晰而已。

本想来看望你们，恐怕打搅休息，所以只好写信问候了。

祝

康健

谢毓章

1983/9/6

清华大学十二公寓十四号

关于液晶分科学会的一些问题，我目前向管惟炎同志作了反映，我想日后他会向你汇报。

---

*谢毓章为钱三强、何泽慧清华大学物理系同班同学。

乔玲丽[*]致钱三强

（1983年9月27日）

钱副院长：

您好。

回到长岛转眼已一个多月了。除了母亲和我在旅途末了得了重感冒咳嗽以外，一切都很顺利。这次在国内拜访一切的安排和招待，是令我们终生难忘的，特别高兴的是又能和您、何老师相聚、畅谈。母亲很感激能见到她卅几年未见面的亲友们，对国内有了切身的经历和了解，觉得很心（欣）慰和高兴。儿子惟本又再新了他对中国的了解，现在他高三，特别选了一门中文课（老师是一位由上海外语学校来他们学校教一年课的），这次的参观对他的一生是会有很大的影响的。对我来说，在成功的'80年广州理论粒子物理会议后，又能与许多同行老友交谈，是愉快和收获很大的。对您的感激是无以语意的。

回来后立刻告诉杨振宁先生您们的邀请（那时他尚未收到信），他非常高兴。想现在一切安排定妥的。谢谢您给我的邓小平文选，已给大家传阅。

所长Dr. N. Samios和李政道先生都告诉我说在十一月间一组中国代表团将来美国讨论高能物理方面的继续合作，是由上次您的副领队谷羽女士领队。他们十一月廿七、廿八、廿九、卅将来Brookhaven，所长需要我帮着做一些日程和宴请的安排，特别是联络和当地华裔的科学家见面。有机

---

[*]乔玲丽系美籍华裔女物理学家。

会，请向谷羽女士和其他代表们致欢迎之意。

　　敬祝
健康快乐！

玲丽上
一九八三年九月廿七日

　　又：请代问何老师好。

钱三强致葛能全[*]

(1983年10月4日　准备出版《科坛漫话》)

小葛：

看到你和王樵裕（知识出版社）联系的情况，谢谢他们的热情态度。

本来我若在家里，找照片不是很大的困难，但平时泽慧对我晚上翻动材料的事从来不过问，因此在哪里，她临时找起来有一定困难。鉴于这种情况，为了简单化和不耽误出版的时间，用一张比较特别一点现有的裂变照片。这是世界上第一张直接用云雾室拍出的铀受中子冲击时产生裂变碎片的照片，自下而上的比较粗的射线是裂变碎片的痕迹，左下端发出的两个较细的射线是铀放出的射线。这张照片是弗莱德里克·约里奥–居里于1939年1月份用可变压力的云雾室拍出的，载于1939年2月20日法国科学院周报。

有关此事，请你多麻烦，但不要耽误院中其它你该办的事。

三强

10月4日

---

[*]葛能全时为钱三强秘书，临时兼任严东生秘书。

钱三强在法兰西学院改建的可变压力云雾室（1938年）

解说

  1938年钱三强接受约里奥亲自指派的第一项工作，在法兰西学院核化学实验室改建原用的云雾室：一是要改进充气压力，并达到可人为调节，测量粒子的能量范围能自由控制；二是设想放慢膨胀速度，延长有效灵敏时间，使每次实验测得尽可能多的粒子径迹。结果改建成功，其有效灵敏时间由原来的0.1—0.2秒提高到0.3—0.5秒，还配制了一个自动照相系统。约里奥称其为"可变压力云雾室"，并于1939年1月用它首次拍到铀裂变照片（世界上第一张用云雾室拍的核裂变照片）。因此，它被珍藏于巴黎"居里与约里奥-居里博物馆"，其说明文字为"法兰西学院内由钱三强改建的威尔逊可变压力云雾室（1938年）"。（见上图）

  由于对钱三强锋芒初露产生好感，约里奥主动表示将和夫人伊莱娜·居里共同指导他的博士论文，并且从此让钱三强可以根据需要在巴黎大学居里实验室和法兰西学院核化学实验室使用仪器设备，进行研究实验和参加学术讨论会。

皮埃尔和安娜·约里奥*致钱三强

（1983年10月14日　法文　吴颖译）

亲爱的钱教授：

我和安娜非常遗憾，由于您的身体状况欠佳，使得此次我们无法见面。

我们要告诉您，我们此次的北京之行，因为中国科学院的组织和招待而非常美好，科学研究的规划和旅游的美景都给我们留下了深刻的记忆。昨天晚上，王教授邀请我们共进了一顿美好的晚餐，并且送给我们您和我父亲以前的照片，谢谢这份礼物，海伦将会和我一样珍惜它。

请接受我们最诚挚的敬意和回忆，祝您和夫人身体健康。

皮埃尔

安娜·约里奥

1983年10月14日

---

*系约里奥-居里夫妇的女儿和女婿。

1984 年

李约瑟致钱三强

（1984年1月9日）

亲爱的钱三强：

您是我在中国科学技术［奖励］委员会中的最老的朋友，我感到我必须亲自致信于您，以此表达我最诚挚的谢意，感谢最近授予我的崇高荣誉。据我所知，我是历史上的第七人，同时也是第一位西方人，获得中国科学技术［奖励］委员会授予的国家奖（国家自然科学奖一等奖）。我已经给武衡先生发了电报并写信，表达我的感激之情。

我真诚地希望您健康和活跃一如往昔。真高兴几天前我收到您的新年贺卡。我会永远记住我们1952年在朝鲜共同度过的那段时光。我相信您知道，《中国的科学与文明》（中文版译为《中国科学技术史》）第四卷（物理学）第一册是题献给您的，那是十年后的1962年，书的内容是中国物理学史。你可能还记得我在题记中称您为"当需要的时候就会出现的儒士和骑士"，这是模仿了W. H. 奥登*的诗句。如果我没有记错，这首诗是这样开头的："'噢，你将去往何方？'儒士对骑士说……"当然，这里的儒士和骑士指的是对照的双方，一方是饱读诗书的学者，另一方是为拯救灾难和为人民幸福而积极投身于社会活动的学者。祝愿您那令人钦佩的事业久长！

你永远忠诚的朋友，

Joseph Needgan

李约瑟

---

*W. H. 奥登，英语诗人，以当代社会和政治现实为题材，描写知识分子和社会公众关心的道德问题见长。

解说

  信中称"1952年在朝鲜共同度过的那段时光",是指朝鲜战争中发生细菌战,1952年3月29日,世界和平理事会在奥斯陆举行执行局特别会议通过决议,组织"调查在朝鲜和中国的细菌战事实国际科学委员会"。随后,李约瑟接受世界和平理事会和中国人民保卫世界和平委员会之邀,参加调查委员会(由来自6个国家的7名独立科学家组成)并担任该委员会的秘书长;钱三强被指定为调查委员会的唯一联络员,讨论时可以发言,但无表决权。

  同年7月10日至8月9日,钱三强陪同李约瑟及全体科学委员先在中国丹东、抚顺,而后进入朝鲜战争前线进行实地调查、取证,经历各种艰险,甚至险些命丧美国飞机轰炸:一次,钱三强和李约瑟同乘一辆吉普车往战地调查,被美军飞机发现投下一颗炸弹,气浪把车子掀了起来,猛地撞到山崖上,险些连人带车翻下深沟。最后写成45万字的报告书(含附件),以大量证据证明美国进行了细菌战。正式报告书由各位科学委员签名以法、英、俄、汉4种文本(法文本为正本),提交世界和平理事会。

  李约瑟的这一举动,使他曾遭受美国施加的许多政治压力,遭遇种种非议和不公正待遇,此后长期被拒签赴美学术交流和出席会议。

  李约瑟致钱三强信见文前插图。

周光召致钱三强

（1984年2月26日）

钱老：

已和薛士莹*同志谈过，他同意担任这个工作（物理学会副秘书长）。但担心和秘书长（管惟炎）之间的关系不好处。

科协春节座谈会未讨论问题，只是一些学会讲了讲84年的工作的体会。周老（周培源，时任中国科协主席）在会上未指名讲了吴大猷先生接受为名誉理事一事，认为是个成功的例子。

新加坡潘国驹和美籍华人章义朋等发起87年在新加坡为李政道举办一个学术讨论会，名为"格点规范场和专用电子处理机"。这是李近年来的工作，邀请很多国际学者参加发起。他们提出由中国物理学会、新加坡物理学会和日本物理学会共同举办。

潘过去和杨较好，但章是李的学生。我估计他们办这个可能是因去年我们办了杨-密尔斯场会议，以及前年在新加坡办了以杨为主的亚太物理会议以后作为平衡而提出的。他们已和李谈过，得到他完全的支持。李向他们提出要我作顾问委员会成员，我个人觉得可以给以支持，当然还要争取一点经费才能支持。请您看是否可以中国物理学会（钱三强时为物理学会理事长，周光召为副理事长）名义共同举办。

我想在三月份争取召开一次物理学会常委会，把有关问题讨论一下。现在沈克琦和管惟炎都在国外。最好等沈克琦回来再利用人大开会时外地

---

*薛士莹时为周培源在科学院的秘书。

委员在京时开，人数多一点。这次常委会，除您提出的几个问题外，还要讨论开理事会的问题，按照章程，今年应开一次了。

  此致
敬礼

周光召
2.26

钱三强致葛能全

（1984年4月27日）

能全同志：

　　看到你四月二十五日信，很高兴。你有这样的恒心，几年里做了这样一件有意义的工作，实在应该祝贺。

　　有关物理部分，在你誊清了以后，我很愿意拜读一下，若有意见，一定提。

　　要我写几句话，我很愿意写，只要有利于加速出版，我当尽力为之。你记得否，我主动为申璋（漳）同志写推荐意见，正是因为我看了他的书（《简明科学技术史话》），感到应该扩大它的影响。所以你写的东西，要我写几句话，一定作。

　　给浙江科技出版社写的提纲（即《钱三强文选》目录），我写了以后，已寄出了。谢谢你的帮助。

　　有关马大猷*那里，什么时候要我写，我一定写，请告诉光召同志。

　　最近身体略有好转，因此心情比较高兴，特告。

三强
4.27日

---

*马大猷（1915—2012），声学家。1936年毕业于北京大学物理系。1940年获美国哈佛大学授博士学位。中国科学院首批学部委员（院士）。时为中国科学院数学物理学部副主任。

钱三强致科学出版社

（1984年5月7日　推荐《科学技术发现发明纵览》）

科学出版社：

　　葛能全同志经过几年的努力，编出一套分七个学科（物理学、化学、数学、天文学、生物与医学、地学和工程技术）的"科学技术发明发现年表"，共约三十来万字。

　　在编写该年表过程中，他阅读了各种科学技术史著作和刊物达五六十种；还按不同学科找有关专家请教，使其内容更确切，重要科学事件不致遗漏与发生错误。这样一件工作是很有意义的。

　　在世界各国出版的科学史著作或科学年表中，对中国的科学技术成就（包括古代和近代）反映得都很少（当然李约瑟的著作除外），尤其中国近代科学的发展，基本上从国外的科学史著作中看不到记载，看不出发展的线索。而葛能全同志编写这部年表的指导思想和具体内容，正好是弥补了这个不足，它不仅对我国古代科学技术的一系列发明发现作较详细的叙述，同时对近一百多年，特别是新中国成立以后的重要科学技术成就进行了比较充分的反映；而且是把这些成就放在世界科学技术发展的背景之下加以反映的。这就能使我们看到我国科学技术发展的过程和成就，也能使我们从中找到与世界先进水平的差距，从而更加激励我们发展科学技术、振兴中华的自信心。

　　为此，我愿向你社推荐出版葛能全同志的"科学技术发明发现年表"。如果可能，希望能在时间上尽量抓紧，以便这套具有中国特色的分学科年表早日问世，为我国的四化建设事业服务。

　　此致

敬礼

钱三强

1984.5.7日

钱三强推荐出版意见手稿（页一）

中国科学院

术成就进行了比较充分的反映,而且是把这些成就放在世界科学技术发展的背景之下加以反映的。这套书使我们看到我国科学技术发展的过程和成就,也能使我们从中找到与世界先进水平的差距,从而更加激厉我们发展科学技术、振兴中华的自信心。

为此,我愿向 你社推荐出版蒋秋金同志的"科学技术发明发现年表"。如果可能,希望能尽快向上参考排紧,以便这套具有中国特色的小古补年表早日向世,为我国四化建设事业服务。

此致

敬礼

钱三强
1984.5.7日

钱三强推荐出版意见手稿(页二)

钱三强致葛能全

（1984年5月8日　对撰写物理学史的建议）

能全同志：

你的大作（《科学技术发现发明纵览》物理学的发明与发现）已初步翻了一下，觉得很不错。

除我有把握的改了一些外，其它有的在旁边作个符号，提醒注意。下列几点请参考：

①除赵忠尧的工作应加入外，还有王淦昌、丁大钊、王祝翔等在杜布纳联合核子研究所的工作（大约是1959？）——发现反西格马负超子，可以放上，材料1982年获奖项目上有。

②彭桓武的工作能出现似乎好一些，我记得1953年访苏代表团写过一个中国科学技术概况，其中有彭桓武1944年或1945年在都柏林和Hamilton、Heitler合作有关当时宇宙线的理论解释，当时也颇有名气，称H-H-P理论，P就是Peng。此事可以请教一下何祚庥，问问他彭除了原子弹理论以外，还有哪些应列一下的。

③层子模型的工作，可以按1982年获奖项目上列的四个主要作者和四个单位的作者。四个主要作者是朱洪元、胡宁、何祚庥、戴元本，内容如何写，也可以请教何祚庥或者朱洪元。

④周光召除了原子弹等理论以外，在杜布纳时或在国内近年来有何工作应提，如何提法，可以请教何祚庥。

⑤方守贤的加速器理论工作，对国内用不上，在国外倒有用。1982年得四等科学奖，可以参考列上。

⑥我们宇宙线方面在西藏站的工作，值得写一条，他们的研究简报在《物理学报》与《高能物理》上有，可以问高能所霍安祥同志。

最后一个重要的是：

①法国的第一颗原子弹与氢弹爆炸时间应列一项。

②我国的第一颗原子弹与氢弹爆炸时间，也应列一项，写可以简单些，如："1964年10月16日中国爆炸成功第一颗原子弹，两年零八个月后（1967年6月17日）爆炸成功第一颗氢弹。"

③英国不写，印度的不写，可以，写也可以。

（意见粗线条，供参考）

三强

5月8日

钱三强致葛能全

（1984年6月2日）

能全同志：

①任辨琴同志领导的科技干部处写的材料，你修正的很好，我只作了几个字修改，从笔迹上你也看得出。现将该稿送上，请阅后转交给他们。

②给顾迈南（新华社记者）的信及文章，想已送达。现在又想了一下，有下列两处请再与她商酌：

ⓐ第一大段中有"梦想"（顾原文），"理想"（出版社文），"幻想"（我改的）三种写法，现在我考虑恐怕还是用"设想"的好。因"科学救国"本身就是不能实现的，但那时的确是那么想过，也为此而努力过。所以"理想"固然不该说，"梦想""幻想"也是不恰当，我看"设想"还比较合适。"设想"加上政治条件和社会主义制度，则就成为"理想"了。

ⓑ原子弹的提法问题。我改成"为了自卫、反对核讹诈，我们也……"。我一查5月31日《人民日报》登载总理5月30日在法国议会大厅发表的演讲中有："……为了自卫，抵制核讹诈"。我看用总理的"抵制"两个字更好。

③关于你的大作，我曾提过"王守竞"有可能在1928年左右作过氢分子的理论计算。彭桓武来我处时，我问他记得否。他说好象是，但要查一下。我从泽慧那里收到彭的便条：

ⓐ1927年W. Heitler与F. London第一个用量子力学对氢分子进行计算；

ⓑ1928年S. C. Wang（即王守竞）改进了计算方法，得到了比ⓐ更接近

于实验数值的结果。

ⓒ以后，1933年Coolide又改进前人所作计算，得到与实验数值符合得很好的结果。

因此，这条大体可以提，1927—28年，Heitler与London（1927）与王守竞（1928）相继地用量子力学方法对氢分子进行理论计算，显示出理论计算与实验结果比较接近。到1933年，Coolide又改进了前人所作的计算，得到与实验数值符合得很好的结果。

三强
6月2日

钱三强、何泽慧致五弟夫妇

（1984年7月9日　反思自己，满意周光召接任）

德充、静仪：你们好。

接来信，都是喜信，很高兴。

我卧游了五个月出头，总算得到医院同意，认为本星期内可以出院，也算个喜讯罢。医院决定给一证明，要全休六个月，因此尚可以"无官一身轻"，并且事实上科学院已决定（根据年龄与身体状况），在改革精神下，要起用又红又专、较年轻的科学家担任副院长，已决定接我工作任务的，是我们曾推荐作十二大中央候补委员的周光召，他确是德才兼备，并对国家重大科技工作起了很大作用的中年干部。我心中十分满意他能把我过去的工作接下去，并且他在国际上有一定声誉，也有一定组织能力。总之，我确是感到后继有人，并且他一定能青出于蓝胜于蓝。

我有可能还担任中国科学院顾问名义，这样做点力所能及的工作。

小元的成绩及政治都很好，我知道了很高兴。她可能是他们这一辈中最小的了。成绩好，政治好，在过去十来年的复杂条件下，是不容易取得的。一方面祝贺她，她已有了一个好的开始，希望她坚持不懈，坚决按中央精神努力，将来一定有好的发展前途。

我们钱家人有一个通病，也是多数知识分子有的毛病，即强调知识，对组织工作重视不够，因而往往要与政治工作撞车，有时也受到挫折。我自己也是一样。看来小元在这个问题上，受到环境教育早一点，因此书呆子脾气少一点，所以有现在结果。今后，一定要明白中央的大方向，另外，不要怕"中间梗塞"，但又不去硬干。我过去二十年前就硬干过，所以下了乡，身体也受到了损伤。一代比一代聪明。

　　小元的毕业论文我已看了，并且给大哥送回去了，我还写了几个字，意思是：写的很扼要，全面，值得推荐给登青年写作的论文杂志发表。

　　信写长了，就此停笔。

　　祝你们好。

三强、泽慧
7月9日

钱三强、何泽慧致五弟夫妇

（1984年9月24日）

德充、静仪：

你们好。接你们8月19日来信已一个多月了，看到小元有了对象很高兴。

小元弯子转得快，很好。其实我们这些人从学校出来哪一个是走直线的呢。我最近也总结一下自己一生的工作，十二年的专业研究，以后三十六七年都是做组织工作，也就是科学管理工作。我在原子能所时，每年要对新入所的学生作一次报告，讲根据需要"转行"，所以当时戏称我为"转行专家"。你们以自身经验教导子女，使他（她）们顺利转弯，这是值得庆贺的事。政治工作与管理工作，都需要懂行者去搞，这是大势所需，改革的必经之路。愿他们顺乎形势，乘风破浪前进吧。

我出院已近三个月，身体比较稳定，体重倒没有涨，体力慢慢恢复。遵医嘱，六个月不参加正式工作，不开会或少开会，所以今年盛大国庆纪念也就在电视中看看了。回想开国时期，我是每回都参加，那时我也正好不到四十岁。

三十五年国家兴旺，我们也做了一点事，现在年已七十出头，应该做自己还能做一点"余热"的工作了。回顾起来已经比父母长寿了。

另寄一本《文史资料》，内有周作人写的《钱玄同的复古与疑古》，大哥看了也觉得写得不错。到现今为止写爸爸的文章都没像周作人写得这样深刻。

祝

国庆愉快

三强、泽慧
九月二十四日

钱三强致葛能全

（1984年10月19日）

能全同志：

听说你将于今日午后去南方开科学学与科学管理讨论会（名称也许不对）。我觉得这是一个很好的学习与调查研究的机会，领导上同意你去，我认为是件好事。希望今后你能在这方面增加才干，认识人员，提高国内外管理工作的知识，最后能在走中国式道路上提高见解。总的仍是"古为今用，洋为中用"。希望你珍惜这次机会，扩大知识，增长才干。

我院对科学管理中的理论性问题，重视不很够，特别在城市改革中，科学与教育又是重点之一，更应该懂得与经济改革的关系。总的来说，在领导工作（在院部）岗位应该懂得社会科学与自然科学的交叉面。祝你收获较大。

三强

10月19日

（上次我请你复印我父亲1938年的信，不急，等你回来再说。）

钱三强致思进

（1984年11月27日）

思进：

　　看到你带回的照片很高兴，特别是你在Olympic会上挥五星红旗的那张，更是让我们高兴。在国外，才更能显示对祖国的热爱。这是我们40年前的感觉，同时也是你现在的感觉，祖国的伟大就在于此。希望你一辈子都能保持这股劲头。

爸爸
1984年11月27日

解说

　　钱思进8月初在美国洛杉矶现场观看了1984年夏季奥运会的中美女排决赛，中国队获胜后请人拍摄了他在体育馆里挥舞五星红旗的相片。

郁文*致钱三强

（1984年12月15日）

三强同志：

　　收到您十二月十日亲笔签名惠赠的《科坛漫话》一册，非常感谢。在书中四十篇文章中，一部分是我曾经读过的，后边一部分我大都没有读过，我将抽时间认真地读一读。

　　离开科学院后，环境变了，自然科学方面的东西听得也少了，但感情还没有淡薄。

　　祝您多多保重，不要过分疲劳。

郁文
15/12

---

*郁文（1918—2010），曾任中国科学院政治部主任、秘书长，中共中央宣传部副部长等，时任中国社会科学院副院长。

1985 年

钱三强致张麟玉[*]

（1985年3月15日）

外事局张麟玉同志：

　　最近二机部的同志问起我，1984年底或1985年初，有一个法国原子能总署的快堆方面负责人（人称他为"法国快中子堆之父"）万德里耶斯先生（也许是Vandryies，我记不清应如何拼了）来访问，我院由我代表院宴请，地点在北京烤鸭店（晚餐）。在吃饭过程中，我曾赞扬法国在快堆方面是走在世界的前列。他说中国的原子弹爆炸比法国晚，但氢弹爆炸却比法国快。当时戴高乐总统批评了他们。他想问一下，中国为什么氢弹炸得这样快。我回答我们在研究设计原子弹的时候，同时就有人进行氢弹的原理的研究，等原子弹爆炸了以后，两支队伍一合并，很快就爆炸了氢弹。这里有个科学预见性，正确对待科学储备和任务的关系的问题。

　　这是根据我的回忆。

　　希望你能回忆一下（或查一下），他叫什么名字，外文怎样拼法，他来的时间，他那次由于什么原因到我国的，是法方派来的，还是我们邀请的。我与他的谈话内容大体是否有很大差误？

　　望能告诉我一下，写个材料交给我。多多麻烦。

钱三强
3.15.

---

[*]张麟玉为法文翻译，时任中国科学院国际合作局五处处长。

解说

二机部同志问起钱三强是想证实钱那天接待法国外宾究竟说了些什么，有什么问题，是不是泄了密，是不是传说的那样把第一颗氢弹快速研制成功的原因，都记在他领导原子能所轻核理论组开展预研的前期工作上。

钱三强听后感到非常惊愕，也很无奈，在他第二天把在家里写给外事局同志的信交葛能全时，明显表现出气愤的样子，却还得忍辱含垢求下级为自己写证明材料，完全可以想象他内心的那种痛苦。

附中国科学院国际合作局五处关于万德里耶斯的情况及其谈话的函。

钱三强先生：

有关您想查的法国原子能委员会被称为"快中子堆之父"的万德里耶斯先生的情况已经查到：他的名字全称为Géorges Vendryes，从1983年以后几乎每年都来华。您会见他那次系二机部请来的，为的是授予他"中国核学会荣誉会员"称号一事，当时是二机部外事局刘雪红同志陪同，该外宾目前不任主要工作了，仍然是CEA的Conseiller。我院不是主接单位，仅仅由您和外事局李志毅同志见的他，张麟玉和吕蓓蕾当时全出差了。您和他吃饭时谈过的中国爆炸原子弹、氢弹的事确实如您所回忆的。

赵文利
3月18日

刘静宜*复钱三强

（1985年5月4日）

三强同志：

　　来信已收到，谢谢您的鼓励和关怀。

　　1956年以来承组织上和您的信任，参加了原子能有关化学方面一些工作，在您和允斌等同志直接领导、亲自带动下工作多年，虽然自己还只是边干边学，工作很少，但是回忆起来，这仍是十分有意义，也很愉快的一段经历。特别是当时你们几位亲自组织领导的科研大会战，生气勃勃，高于成效，对自己也感到很受教育，有许多好经验我认为至今仍值得发扬继续。

　　我来到科学院30余年，工作较杂乱，自己也缺乏及时总结。最近组织上让我作了一次回顾，包括当时在您领导下的一段工作，只是手头缺乏材料，又多集体性工作，因此写得仍很简单，原想稍加整理寄您，昨日知道我所已有一份送您，这样我就不重复写了。仍希望您多加指导。还希望您多加保重。

　　此致

敬礼！

　　代问泽慧同志好！

刘静宜草上

5.4.

---

*刘静宜（1925— ），女，环境化学家。美国伊利诺伊州立大学博士。中国科学院生态环境研究中心研究员。曾参加原子能所核燃料后处理工艺及化学研究，其中胺类萃取工艺，获1978年全国科学大会成果奖。

钱三强致思进

（1985年5月21日）

思进：

　　你通过答辩后，19日正式毕业典礼举行了，我们全家向你正式的热烈祝贺。同学们去参加你的典礼，一定会把你终生难忘的日子的神情照下来，他们参加了也算代表我们参加了；若是董先生（指导老师董无极）也参加了，那就更像我们参加了。墨西哥的同学或美国同学有他们的亲属远地而来，固然好，但我们事实上是来不了，你也可以谅解的。希望很快你能把护照（签证）办好，下面回来就容易了。我们过去都十一二年一出国就回不来，相对之下，你已经算幸运的了。知足者常乐。

　　你的博士论文的抄本已由航空工业部的同志用挂号方式寄来了，很巧就是19日收到。我们很高兴，并且也写信向他表示感谢了。

　　正好，昨天（20日）法国大使代表法国总统向我授予"荣誉军团军官"的勋章。严老、卢嘉锡、周光召、胡启恒、彭伯伯，还有核工业部、水电工业部副部长都参加了，妈妈也去了。所以这两天忙了一点，今天才给你写信祝贺毕业大典。祝你以后的事逐渐顺利解决。你论文中对全家都表示感谢，我们很感动。其实，我们觉得你的毅力还是我们非常高兴的。希望你不断地加油吧，趁着年轻为社会为国家多争口气！

爸爸
1985年5月21日

钱三强致葛能全

（1985年5月31日）

小葛：

你做了一件好事。我看了一遍，觉得她（指新华社女记者）是好心，并且也下了功夫，文字上尚需请你斟酌一下。

内容上有几个地方我初步改了一下。

①第四页中"一门六人"，不知指哪几位？我父亲与伯父和伯母都是有著作的，伯祖钱振伦和祖父钱振常都是翰林，祖父又作过书院院长，可以算教育家。因此我改为"上两代，一门五人"。人称"钱氏一门俊秀"，过去我没有听说过，但她一定是有根据的。我改的她是否同意，请打电话问问她。

②第十四页，我加了一段实在情况。

③其它地方，改了一点，都是"实事求是"角度出发，有的你都知道。

看来她不一定很痛快，因记者要改她几个字，她是不高兴的，但是写人，总得执笔者与被写的人统一起来才好。

请你多多费心，你从内容与文字代我负责，改了以后再给我看看。总之你知道，我是不怕改的。

将来的最后改定稿再请她过目，以表示尊重她。名记者是不大好惹的。

下次我再签个字。相片，我们那本小书（指《科坛漫话》）上有的是否可以共用一下，更早的则又要回家找了。请她从新华社找吧。

诸事拜托，又要费你搞几个晚上。

三强

5月31日

钱三强致《科学学与科学技术管理》杂志

（1985年5月）

《科学学与科学技术管理》编辑部：

科学学与科学技术管理作为一门独立的科学在我国出现，才不过几年历史。那时，理解它、熟悉它的人不多，对它发生兴趣以至潜心研究的人则更少。然而几年后的今天，情况却大不相同了，不仅有了一支研究队伍，还建立了全国性的专门研究会，有水平、有特色的研究成果不时可见；尤其可喜的是，有些研究成果已经初步发挥出实际效益，受到重视。取得这些成绩，除了其他因素之外，我想"园地"的作用是不可低估的。《科学学与科学技术管理》是这方面的一块最早开垦的园地，正是它给许许多多科学学和科学技术管理工作者、研究者和爱好者，提供了交流思想，切磋观点，普及知识，提高水平的好机会，好场所。在它创刊五周年之际，我为它的成长和所发挥的良好作用感到高兴，并表示衷心的祝贺。

我国科学技术事业正面临着一场前所未有的变革。今年三月十三日发布的《中共中央关于科学技术体制改革的决定》，全面反映了这场变革的主要内容，诸如：改变拨款制度；开拓技术市场；克服单纯依靠行政手段管理科学技术工作和包得过多、统得过死的弊病；运用经济杠杆和市场调节，使科学技术机构具有自我发展的能力和自动为经济建设服务的活力；改变研究机构与企业相分离，研究、设计、教育、生产脱节，军民分割、部门分割、地区分割状况；扭转对科技人员限制过多，人才不能合理流动，智力劳动得不到应有尊重的局面，等等。四月八日全国政协主席邓颖超同志又在六届三次会议闭幕会上讲话着重提出：教育是立国之本，基础科学、中小学教育必须加以重视,这不只是为了今天,更重要的是为了明天。这些内容,如果从科学学和科学技术管理的角度说,无论从理论或实践方面,都为我们提供了极为丰富而迫切的研究课题。我们不是强调要建立具有中国特色的科学学理论吗,我看中央的决定把方向指明确了,关键是我们要下功夫去一个一个问题进行理论联系实际的研究,得出符合客观规律的答案,以促进科学技术和经济、社会协调发展。

今后一个时期内,我们从事科学学研究和科学技术管理的同志,要把很大的注意力放在研究和探讨科技体制改革和经济体制改革中的那些带根本性和全局性的问题上,要组织一些专题讨论会、报告会,《科学学和科学技术管理》杂志可以辟专栏发表研究文章和报告。这样,就会使我们的工作、我们的刊物具有时代气息,充满生命力,就会充分体现我们工作的作用和力量。

几年前我讲过,现在仍然认为,科学学和科技管理研究一定要为我国的科学技术繁荣和经济振兴作出贡献,这是党对我们的期望,国家对我们的期望,人民对我们的期望。我们所以要加强这方面的研究,根本的目的是为着解决我们中国的实际问题,为着探索我国科学事业发展的规律。从另一方面说,科学学研究,只有结合本国科学事业发展的实际,才能有根基,才能有所建树,有所创新。我寄同样希望于科学学和科技管理工作者的亲密朋友——《科学学与科学技术管理》杂志。

钱三强
一九八五年五月

(此件发表于《科学学与科学技术管理》1985年第5期)

钱三强致栾中新 *

（1985年6月25日）

中新同志：

　　葛能全同志探亲尚未回来，有一件事是否请你帮助一下。

　　一个月前计划局成果处召开会议，研究我院提重大进步奖的问题。何祚庥同志曾到我这里了解有关我院在原子能攻关时作出的重要贡献，预备在计划局召开的会议［上］提供材料。我除口头谈了一些情形外，还交给何一份材料，有关原子能所在"氢弹预行研究"的报告，这个报告是黄祖洽写的，于敏改的。因为这个工作是我直接抓的，所以他们把材料直接交给了我。现在这个材料存在计划局。最近核工业部来人谈写"当代中国"的问题，提到当初（1960—1965）在原子能所的这个工作，都希望我能提供一些有关材料，我答应他们把那个材料复制给他们。

　　现在麻烦你，请问一下计划局张云岗、林文澄、白伟民同志，这份材料是否还在他们那里，若在则请办公厅复制两份交我为荷。

　　多多麻烦

　　此致

敬礼

　　　　　　　　　　　　　　　　　　　　　　　　　钱三强
　　　　　　　　　　　　　　　　　　　　　　　　　6月25日

---

*栾中新时任中国科学院办公厅主任。葛能全时因父亲病危告假探望。

《中国教育报》编辑部致钱三强

(1985年7月15日)

钱三强同志：

您好！

今年九月十日是中华人民共和国第一届教师节。全国各地都将开展各项有意义的活动，以表示对广大教师的尊敬和慰问。

《中国教育报》为倡导尊师重教的社会风尚，拟在节日当天，发表各界知名人士向教师，特别是中小学教师祝贺节日的短文（千字左右）。您一向关心教育，为教育战线广大教师所敬仰，必将支持本报的工作，为培育祖国花朵的辛勤园丁撰文祝节。广大教师在自己的节日里能读到您为他们写的文章，定会受到很大鼓励。望您将您的文章于八月十日前寄北京《中国教育报》记者部。

此致

敬礼

《中国教育报》编辑部
1985年7月15日

钱三强致葛能全转《中国教育报》

（1985年7月22日）

能全同志：

　　教育报要写一篇文章，我想还是答应的好，是为了第一个教师节。我初步写了一篇短文，文中是用个人口气说的：我在中小学和大学时的教师对我的教导，对我的成长和后来在科学技术工作中起了很重要的作用，现在回想起来，还要对他们辛勤的劳动表示感谢。许多情况你都知道，请你在文字上帮助作些修改，完成以后给我看看。

　　　　　　　　　　　　　　　　　　　　　　　　　　三强

　　　　　　　　　　　　　　　　　　　　　　　　　　7、22日

解说

　　1985年9月10日《中国教育报》刊载钱三强的署名文章如下。

难忘的教诲　由衷的感谢

　　在第一届教师节到来之际，我以喜悦的心情向千千万万从事最光荣职业的老师们致以崇高的敬意和节日的祝贺！

　　在我们这个古老文明的国度里，素有尊师的传统。然而真正把尊师和重视教育工作紧密联系起来，并以之为国家以至全社会的头等重要事业切实加以提倡和实行，应该说是党的十一届三中全会以来实现历史性伟大转变的一个重要标志。这几年中，我有一个极为深刻的印象，就是邓小平同志一再向全党、全社会提出的"尊重知识，尊重人才"。正是这一思想逐渐被越来越多的人所理解，受到拥护，特别是党和国家为贯彻这一思想采取了一系列有效措施，一种可喜可赞的风气正在开始形成，因而教师节也得以应运而生。

尊重知识，尊重人才，必然联系到尊师。古人说过："师者，传道授业解惑也。"如果用今天的话来解释，意思就是：老师是培养人的，是传授知识的，是人类灵魂的工程师。这不是一个抽象的定义，也不是一种人为的解释，事实正是如此。也许有的教师不曾意识到，在所有经历过求学生活的人中，他的最美好、最难忘的回忆里有重要一席是属于对老师的，而且这种感情不以时间的流逝而淡薄，不以环境的改变而改变。我本人就深有体会。

岁月流逝，时过境迁。几十年前的许多往事都已印象模糊了，惟独老师的指点和教诲，记忆犹新，如在眼前。拿我进大学前后一段情况来说吧，那是50多年前的事了，那时我还不到20岁，正在北京大学理科预科读书，本来我是想学电机工程的，但由于我到物理系本科去旁听了两位清华大学兼课老师吴有训先生和萨本栋先生的讲课，我的兴趣渐渐被物理吸引住了，于是立志学物理。后来我便报考了清华大学物理系，在吴先生、萨先生和叶企孙先生直接关怀下进行学习。

1933年，叶先生给我们讲授热力学。本来这门课较难懂，加之叶先生又是一口上海口音，而且还有点口吃。但他抓住要领，讲授得法，基本概念清晰，重要的原则有意识地重复，并且用实例来加以说明。叶先生讲课的特点，今天回忆起来，印象非常深刻，而且是值得我们学习的。

1935年，吴先生开了一堂"实验技术"选修课，我们班有五六个人参加了，我是其中之一。他手把手地教我们如何掌握烧玻璃的火候和吹玻璃的技术；后来他又指导我作毕业论文，内容是制作一个真空系统，试验金属钠对改善真空程度的影响。一次，当真空系统吹成刚抽真空时，因为玻璃结构机械应力不均匀，突然整个玻璃设备全部炸碎了，水银流了一地，我当时心里感到很紧张，可是吴先生没有责备，而是关心地让我赶紧打开窗户，以免水银蒸气中毒。隔了两天，他把我叫去，鼓励我再干，结果毕业论文的实验顺利完成了。后来我到法国从事原子核物理研究和进行放射化学工作时，正是由于吴先生实验技术课的锻炼，给我工作提供了很大方便。

吴先生、叶先生和萨先生都已经辞世了，我也成了70多岁的老人了。然而，在庆贺第一个教师节诞生的时候，首先使我想起的正是他们，还有我的小学的、中学的以及国内外指导我作研究工作的老师，我借此机会向他们表示深切的怀念，我由衷地感谢老师们的教诲和关怀。

钱三强致葛能全

（1985年8月30日　发表纪念N. 玻尔文章）

能全同志：

有一事请你与《人民日报》编辑部的熟人联系一下。

今年10月7日是丹麦当代物理学家玻尔（N. Bohr）诞辰一百周年纪念。玻尔在微观力学上的贡献，能与爱因斯坦在宇宙力学相比美，可以说是牛顿以后本世纪对科学发展有重大影响的科学家，他对原子物理的理论与原子核的理论，以及1940年以后对美国搞第一颗原子弹的工作，都有重要贡献。同时又是我们与西方科学界首先取得联系，并接受我国青年去他的研究所的开创人，从1937年第一次访问中国到他逝世（1962年底）时，一直对我国友好，并且他的儿子（A. Bohr，也是诺贝尔奖获得者）继续他的遗志，一直在以他的名字命名的理论物理研究所不断接受中国的青年去实习进修，直到现在全国去的青年约十几个到二十个，有些都已是研究所与大学里的副教授、教授或副研究员、研究员。

得到科协的同意，今年十一月份在北京举行玻尔一百周年纪念学术报告会两天，由物理学会带头，汇合化学会、生物物理学会等联合举办。

我们初步打算并已作准备，由我出面，请冼鼎昌（第一个到Bohr研究所的）等同志写出初稿。十一月正式学术报告会由周光召同志作学术报告，他的报告及其他方面的报告，都将由《物理》集中出专集，包括A. 玻尔的合作者一篇报告（他将于十一月份参加我们的纪念会）。

冼鼎昌的初稿已交给我，我正在修改中，看来字数将在五千字左右。我想请你与《人民日报》联系一下，十月七日前后登这样一篇文章是否可能，字数约在五千字，若觉得太长了，我们还可以略为删减一点。同时也请告诉《人民日报》，玻尔纪念会从今年五月份起到今年年底，在世界各国都将举行，因此，我们的意思（严老、周老、周光召同志和我，以及物理学会其他负责人）都希望《人民日报》能支持这件事，给以适当篇幅，以表示对当代伟大科学家、又是支持我国科学事业的朋友，给以哀荣，在现在对外开放时期，也显出我们的国际主义精神。

请你帮助联系。若有需要，我们也可请院长、副院长以及方毅同志等出面表示支持此要求。

三强

8月30日

解说

《人民日报》在尼尔斯·玻尔诞辰日（10月7日），刊出钱三强署名文章，题为《毕生保持科学研究的青春——纪念伟大的科学家玻尔诞辰一百周年》，约3000字，刊于第五版。

杜石然*致钱三强

（1985年9月15日　编写《中国科技史丛书》）

尊敬的钱老：

久疏问候，殊为不当。但当初钱老管我所及钱老中南海主讲科技史等情景，历历在目，不敢一日或忘。

今有一事烦请钱老在百忙中拨冗给予支持。英国人李约瑟所写《中国科技史》一书，台湾早已翻译完毕。近年来由于中央领导同志过问，中科院已拨15万元进行翻译了。但作为中国的科技史工作者，只是译他人之书，似嫌不妥。台湾在翻译完李书之后，也以中国人不可自己无书为理由，仍由陈立夫领衔，编辑《中华技艺丛书》（"中华科学技艺史丛书"），已出版十余种。在这种情况下，我们再不着手编写足以和李书与台湾《丛书》相应的著作，就更不妥了。为此我们拟订了一个编写《中国科技史丛书》的规划。我们期待着钱老的鼎力支持，玉成此事。我们将根据老前辈的意见，上报中央，以期解决经费问题。

此外，在访问日本期间，偶然得见玄同先生于1928年为方纪生先生（原河北师范大学中文系教授，"文革"后随其日本夫人返日，方先生1983年去世）写的一个斗方，笔力遒劲，真乃稀世真品，原件现藏于方先

---

*杜石然（1929—　），数学史家和科学史家，中国科学院自然科学史研究所研究员，中国传统科技文明研究中心学术委员会主任。1980年7月钱三强为中央书记处和国务院领导主讲《科学技术发展的简况》，杜为讲稿讨论及撰写者之一。

生女公子之手。影印件随函奉上，敬请留存，不必退我。

专此

敬礼

杜石然
9月15日

附1.《丛书》编写计划

    2. 水利部副部长、水利史专家张含英先生的意见，谨供参考。（附件略）

钱三强致葛能全

（1985年9月18日）

能全同志：

我忽然悟到，这次可能是把上海表扬五十年老科技人员的经验推广而来，这本身是件好事。正因其如此，恐怕我差一年而受奖励，就更成问题了。

因此请你向领导上说明我不是五十年，今年不能受奖状。

三强

9.18日晨

（同日，钱三强再致葛能全）

能全同志：

接院"关于准备召开我院京区学部委员、科学家从事科技、教育五十周年庆祝会"的通知。我想弄清楚，我是否算在这类人里面，因为我是1936年大学毕业的，到今年只算毕业后49年，还不到五十年周年。因此，我想我不能算"从事科技、教育工作五十周年"的人。你上次谈话时提起过这事，现在通知已寄到我这里，因此我很迟疑。若被人知道了不够五十年，又要去参加庆祝并接受荣誉奖状，实在是太不合式了。因此请你澄清这件事的经过并且告诉我如何处理。

照片一张送上，简介材料你那里有，是否由你交给值班室。

三强

9.18日

钱三强、何泽慧致思进

（1985年10月19日）

思进：

　　我们远距离也很难给你送什么有意义的东西，但是还送给你一个"牛"吧！因为今年是"牛"年，你正好今年得到Ph.D.，这说明你是用了"牛"劲的。今年你又开始做post-doctor的工作，在新的领域，也需要"牛"劲才能有所得、有所发展的。更重要的是，中央的精神要我们长期做"孺子牛"。根据我们俩50年做科学工作的经验，"孺子牛"确是保证"出成果"、因而也是"出人才"的必需有的精神。愿你一辈子发扬孺子牛的精神，给人给社会的多，取于社会的少，这样才是一个正直的人。你的祖父是这样的人，我们也是学着做这样的人。

爸、妈
1985年10月19日

胡乔木*复钱三强

（1985年10月21日）

三强同志：

　　接获十九日来信并尊作（即钱在玻尔一百周年纪念学术报告会上的主持词），深以为感。玻尔诞生一百周年纪念是一件大事，我承邀出席当然应引以为荣。但一则工作太忙，很难抽出半天时间；二则我对近代物理学的发展过于外行，坐在这个纪念会的主席台上不但惶愧无地，且对己对人都有滑稽之感。我想科学界的纯学术性的纪念会实在完全没有必要找一个与科学无关的人（无论他有什么地位）参加，这种风气从根本上说来对科学的发展没有什么利益，国际科学界对此也不会有好的观感。由于上述，务恳免此一举。对于老朋友的要求加以拒绝，在我的感情上是很不好过的，希予格外鉴谅。

　　敬祝康健，并候泽慧同志安好。

胡乔木
十月二十一日

---

*胡乔木（1912—1992），本名胡鼎新，理论家。中国科学院哲学社会科学部首批学部委员，曾任政务院新闻总署署长、人民日报社社长、中国社会科学院院长、中共中央书记处书记等。

1986年

钱三强致科学院办公厅

（1986年1月6日）

请能全同志转办公厅负责复印的部门，为我复印博士证明书两份。这是属于个人的请求，与院工作无关，因此请告知应负（付）的费用，由能全同志处代付。1986年开始，我们更应该公私分明。

诸事拜托，请帮助办理。

三强

1月6日

钱三强致葛能全

（1986年3月21日）

能全同志：

现有一事，请帮助考虑如何处理。

最近接我院武汉数学物理所潘克奎同志来信，希望得到"具体的支持"（特别在研究经费方面）。（信附上）

潘现在搞的新的交叉科学课题（自然科学与社会科学）——结构论。他们是三个高干子弟合作搞的，并且得到几位党的领导同志的支持。现在他给我写信，大概知道我过去作过"副院长"。他们的科学内容还没有见过，并且隔行如隔山，总应该请有关领导、专家、组织家决定。

因此我建议请将此信复制两份，一份送钱学森，一份送钱伟长，另外请你与数理学部章综同志和政策研究室罗伟同志共同研究一下，有关经费，自然科学与社会科学交叉学科如何支持的问题。关于发表文章，自然科学性强的文章可在有关数学的杂志发表，若社会科学性强的文章可以推荐给已存在的几个科学学与科学管理杂志。这两方面工作都请章综与罗伟同志负责安排，定了以后，请你用办公厅的名义代我写一回信，表示我只担任院特邀顾问，不管具体事务，现已请数理学部与政策研究室（或政策研究所）分别处理，以后若再有事，请他与二部门直接联系。

这样处理你看如何？

三强
3月21日

钱三强致葛能全

（1986年4月8日　发表纪念伯母单士厘序文）

能全同志：

　　兹有一事相托。

　　我的伯母单士厘系《癸卯旅行记》和《归潜记》的作者（均系湖南人民出版社出版），她的诗稿《受兹室诗稿》，湖南文艺出版社也预计于今年七月出版。

　　我哥哥和我去年为该书写了序，现在湖南文艺出版社编辑给我们来信，希望将我们的序能在北京的报刊上发表（该信附上）。

　　我过去曾为科学有关的文字在《人民日报》或《光明日报》刊载，你也帮了不少忙，但有关文学、诗、近代史方面工作从来没有写过文章，有关这方面的编辑同志也没有联系。你过去在文史方面写过不少作品，和他们可能有些联系。因此是否可以请你代为联系一下，有哪家报纸愿意登此文。若认为文字过长可以删短些。我把该稿复制了两份，现送上一份请阅，如有需要我可以把第二份送上。若是没有人愿登，也没有什么关系。（湖南新书目也附上）

　　此致

敬礼

三强

4月8日

解说

经葛能全联系《光明日报》文艺部黄永涛（南京大学中文系1964年毕业，曾是葛在科学院的同事），该报同意刊钱序。黄4月24日回信葛称："三强等同志的序文已排出，删节不多，就不再寄审清样了，计划近期刊出。附寄奉还，请收。文章发表时，我会给你们寄报，稿费寄何处，请示。"

以下附湖南文艺出版社1986年版《受兹室诗稿》所收序文。

回忆伯母单士厘·代序

《受兹室诗稿》的作者是我们的伯母单士厘。她生于一八五八年（清咸丰八年）卒于一九四五年，去世到现在已四十年了。她以亲手抄写的《诗稿》赠送罗守巽先生，此稿得以保存至今，尤其是经过"十年浩劫"，实在是一件难得的事。现在陈鸿祥先生将它校点，湖南文艺出版社热诚接受出版，真是值得大家庆幸的事。我（秉雄）上小学以前，即一九一三年，曾在北京伯母家中生活过一年多的时间。她热爱我国的古典文学，喜读我国的历史书籍，勤于执笔写文章，每天必写日记。她的生活很有规律，每天早晨，不管冬夏，五点钟起床，点着灯吃早饭，饭后陪着伯父带我乘车去中央公园散步游玩。八时半回家，在她的书房里为我安排日程，常是拿出从国外带来的积木、画片等供我看着玩弄，每天教我识方块字，还教我读五言古诗。安排完，我就看她坐在书桌前打开书本翻阅，写文章，抄录书中有关的记载直到吃午饭。晚间天黑就睡觉。这虽然已事隔七十年，但每一回忆起来，仿佛离我不太远。在家里我叫她"大妈"，如按年龄来说，可以说她祖母了，因她儿子们和我们的父亲（钱玄同，原名钱夏）年龄差不多。

伯母的弟弟单不庵先生，是研究我国历史和哲学的。他和我们的父亲，从一九〇六年在日本东京伯父家中相识后，很谈得来，是父亲青年到中年时期的好朋友，他们之间书信往来很多。单先生曾来北京，在大学中任教，我们见过他，是一位专心致志的学者，比父亲年纪大一些，在一九二九年病故。父亲曾写文章纪念他，题目是《亡友单不庵先生》。后来单先生的唯一幼子又病死，伯母心中很悲伤。

伯母是一位慈祥的老人，她对小辈非常爱护，并且善于引导。因为她在十九世纪末就带着她的两个儿子东渡到日本去了，接受日本明治维新以后的新教育思想较早，并且很注意研究日本的儿童教育和女子教育，所以她平时经常说要启迪儿童的智慧，让他们爱学习。要学习，象以前那样关在书房里不让动，那是不行的。在过年过节或过生日的时候，伯父伯母有时乘马车来接我们弟兄到德国饭店去共吃西餐。一九四〇年端午节，伯母家宴，在饮酒时，她想起三强远在巴黎围城中，必然要受危困，写了忆三强诗，其中有这样几句："不尽樽前酒（话），难忘海外孤。烽烟怜小阮，无计整归途。"那时她已是八十多岁的老人，从诗中可以看出她对小辈亲切的思念和关怀。

我们的伯父钱恂很早就在清季外交界工作，先后在我国驻伦敦、巴黎、柏林、彼得堡等使馆任职，最后任荷兰和意大利两国公使各一年。一九〇九年归国寄居在湖州陆家花园，次年春父亲从日本回到湖州，老兄弟俩见面特别高兴。他们对于清政府的腐败都是切齿痛恨的，认为皇帝是要不得的，应该推翻；共和政体是天经地义，光复后必须采用它。后来在湖州响应革命号召、首举义旗的是我们的伯父。他几次出国，在国外二十多年，到过不少的国家，见闻较广，一八九六年就建议清政府派青年学生出国留学，学得先进国家的新知识新科学来改革我国清末腐朽的政治、经济和社会，要唤醒人民，不论男女一齐动手来干。他还经常谈起外国人如何珍惜时间勤奋做工，如何研究医学、注意卫生。父亲曾说，伯父一生做事，经过思考成熟后，认为应做的事总是一往直前地去干，不为流俗所限。自己的日常生活是比较俭朴的。这是伯父的工作和生活作风。

在辛亥革命前，伯父归国后，曾被湖州中学的沈校长约请去代理校长一个月。因沈校长慕伯父的名望，想借他的力量对湖州中学加以整顿。伯父进到学校就到教室中去听课,指出有的教师讲得不详细,有的教师讲课有错误的地方,大部分教师挨了批评。对英文教师的批评是发音不准确,英文教师就在当天晚上鼓动大家罢教。次日,伯父到校后知有教师罢教,嘱咐学监让学生照常上课,他找人来代课。据茅盾先生《我走过的道路》中记载:当时,代课教师中代国文的是我们的父亲,很受学生的欢迎。父亲教的文章有史可法的《答清摄政王书》《太平天国檄文》,黄遵宪的《台湾行》,梁启超的《横渡太平洋长歌》。这些文章在当时是新颖的,有进步意义的,富有革命战斗性的。伯父认为选得好,一扫过去选文中的陈腐的气味。他们在湖州中学虽说仅仅只共事一个月,可以看出他们俩在教育思想上反封建的精神是一致的。一九一三年以后,他们俩都在北京,往来是经常的。伯父在家中请老朋友,如夏曾佑老人、张菊圃表兄等,父亲都被邀去座谈吃饭。记得章太炎先生被袁世凯囚禁在北京,伯父和父亲一同去探望他,并设法营救。

父亲自袁世凯称帝和张勋复辟之后,思想上受到很大的刺激。他看到民国建立后,而政权却又为北洋军阀所篡夺,仍然是民不聊生,丧权辱国,做帝国主义的走狗,心中非常气愤。他经过深思熟虑后,认为非搞一场思想革命不可,于是就投稿《新青年》杂志,以钱玄同的名字写文章参加了"新文化运动"。这事伯父不知道。有一天,伯父与单不庵先生谈起:"近来我看了一篇《儒林外史》的新序,写得很不错,署名钱玄同,何许人也?"单先生答说:"钱玄同就是钱夏。"伯父说:"这很好嘛!《儒林外史》这部书应该让青年人读读,这是一部旧时代读书人的辛酸遭遇的记载。"当然,由于他们两人的年龄、经历和所处的时代、环境不同,对于事物的看法和对问题认识的高度自然有所不同,但是他们俩的思想作风——反压迫,却有类似的地方。

以上是我们回忆伯母时,想起的几件有关琐事,作为纪念他老人家的一点献礼罢了。要想了解《诗稿》的内容,陈鸿祥先生有详细的介绍。

钱秉雄　钱三强
一九八五年六月十二日于北京

钱三强致葛能全

（1986年5月6日）

能全同志：

　　有一事，请你帮助一下，不知可否？

　　计算技术研究所不久即将举行建所三十周年庆祝。一九五六年四大紧急措施，计算所即是其中之一，并且对国家建设做了许多事，应该庆祝。

　　不过，他们要求有点使我难于满足，他们希望我写"向世界先进水平进军"，但希望要用毛笔写。我的毛笔字实在拿不出，因此是否请代劳一下，就用我的名字好了。你的中文字写得很好，只要是楷书就成了。

　　不知此事是否得当，今晚我再打电话给你。

　　（以后有些题字，可以用钢笔字的，我仍自己办理。）

三强
5.6日

葛能全复钱三强

（1986年5月9日）

三强同志：

　　遵嘱写了几个字（向世界先进水平进军　纪念中国科学院计算技术研究所建所三十周年），送上。

　　据我看，如可能还是您亲笔书写为好，因为这是用于永久性纪念册上，最好是真迹。

　　为了您能如愿，1. 我给打好了一张纸的格子，请一个字一个字地写，不论字体如何，总是真的，这本身就有纪念意义；2. 如写毛笔不习惯，据我了解，用您习惯用的粗碳水笔也是可以的。至于时间可不必着急，待您闲暇并有兴致的时候再命笔不迟。请酌。

葛能全
9/5

钱三强复葛能全

（1986年5月11日　有感写毛笔字和文言文）

能全同志：

　　你写的很好，我看可以应差了。但你又说最好自己写，并且可以用粗碳水笔写。这样我勇气又大了一些，试着写了。看来的确是不如毛笔写的好。现在送上，请你考虑，若是他们认为可对付，那就这样交差了。

　　总之，我父亲当初的革命性主张：白话，横写，自左到右，并且主张用钢笔写字。看来"五四"时期的主张可能过头了一点，但对我这个"五四"时期入小学的人，要改还是不容易的。当初他主张白话文，我出国考试时，戴传贤主张复古，一定要白话以外，还要作一篇文言文，结果成绩也受了一点的影响。优点和缺点在一个人身上常常是同时存在的，因情况条件不同，会表现结果不一样。这也是辩证法。今天不少场合要用毛笔，直行，自右至左。我的不适应也是很自然的，但我并不因此而教导孩子们应该走另一条路。路应该他们自己选。一笑

　　现将你写的与我写的都送上，请他们选吧。同时再一次表示谢意。

　　　　　　　　　　　　　　　　　　　　　　　　三强

　　　　　　　　　　　　　　　　　　　　　　　　5.11日

解说

　　寄交计算技术研究所的，是钱三强用粗碳水笔亲书的祝词："向世界先进水平进军——纪念中国科学院计算技术研究所建所三十周年　钱三强"。

钱三强致葛能全

（1986年6月6日）

能全同志：

连接复旦大学徐宗士两封信，告旅法华侨蔡驹（学宇宙线的）已于五月二十二日逝世，终年72岁。蔡是1947年到法国的，由杨承宗[*]介绍给我，要我替他找一个公费到法国去进修，最后办成了，在当时宇宙线专家Leprince-Ringuet指导下工作，在法国与法国人结了婚，约1973年回国讲学一次，由我接待了他，以后就没有经常来往了。

现蔡已去世，徐宗士来信希望表示哀悼，并且还希望转告严老。你是否请严老秘书（何仁甫同志）问一下严老愿不愿意署名发唁文，若愿意，则严老和我一齐署，若认为不一定需要，则可用我一个人名义发一唁电。请与张麟玉同志商量一下，或者用电传，或通过使馆用中文电报发，电文拟如下："驻法大使馆教育处转留学生处费斌军：惊闻蔡驹先生患癌症逝世，不胜哀悼，请向其姊蔡蕴章致唁。钱三强"

是否可行请告我。

三强
6月6日

---

[*]杨承宗（1911—2011），核化学家，1932年毕业于上海大同大学。1951年获巴黎大学理学博士学位。曾任中国科学院近代物理所研究员，中国科技大学近代化学系教授。时为中国科技大学副校长。

又及：请您办完后，给科技大学杨承宗写一封信，告诉蔡驹逝世的情况。

（附徐宗士5月31日及6月3日信，请你与张麟玉同志阅）

解说

经联系严济慈同意联署唁电。

袁翰青*致钱三强

（1986年7月7日）

三强同志：

您修改的《约里奥–居里夫妇》一文和您的来信，都已经收到了，通过来信使我知道了科学院（1980年）年报上的"居里"系误译。

感谢您费了相当多的时间，修改了这篇小传的主要部分。文中一部分照片是采用《化学元素的发现》一书，英文版的照片比中文版的照片要清楚得多。

这篇文章可能先在《化学教育》上发表，也可能要等明年甚至后年《化学重要史实》出版时，才能发表。这篇文章发表的时候，在适当的地方，表示对您的感谢，希望能同意。

此致

敬礼！

袁翰青
7月7日

---

*袁翰青（1905—1994），化学家，美国伊利诺伊大学博士。中国科学院首批学部委员（院士）。对立体化学的研究，特别是变旋作用的发现受到重视。对化学史颇有研究，同时重视科学普及工作。

钱三强致谷羽*

（1986年7月23日　为赵忠尧加速器请奖事）

谷羽同志：

　　我最近看到你们两期对撞机和同步辐射加速器的简报，非常之高兴，最近你们辛苦了，但是成果很好，中央很重视。希望你多保重身体，作好领导小组的工作，同时作好"政委"的工作。

　　我最近"卧游"之余，想到一件事，也是多年存在我心里的事，现在请你考虑到底有没有用？时机是否恰当？

　　一九五六年科学奖金评奖时，赵忠尧先生的质子静电加速器（合作者有叶铭汉、徐建铭等十余人）曾被评为二等奖，我们大家都认为合适，但吴有训先生觉得"赵先生得二等奖不妥当，要得就应该是一等奖"，但奖金委员会不同意给予一等奖，最后吴先生和我商量是否可以抽出赵先生请奖的项目。从今天按原则办事，本来奖金应由奖金委员会投票通过，但吴先生先同我商量这事，我当时就说这事需要吴先生与赵先生商量是否抽出，最后吴与赵谈后就把请奖项目抽出了。吴先生的旧思想使得这事就这样处理了。

　　但从今天看，自己研制加速器，加速器并且已有推广的作用（有的工业部门已接产，对加速器的推广应用是很有价值的，应该鼓励）。现在科学技术奖励又有多种，因此质子静电加速器的工作是否可以推荐给"技

---

*谷羽（1918—1994），胡乔木夫人。曾任中国科学院新技术局局长、计划局局长、副秘书长等，时任北京正负电子对撞机工程领导小组组长。

术奖"（或叫发明，技术改进奖？）的奖金委员会。过去"真空阀门"项目就是这样评上去的。"技术奖"接受和评定与科学奖有所不同，不限期限，一年中可以评一次或两次。

同样，"电子直线加速器"过去没有请过奖，现在是否可以同时请奖。

"质子直线"（加速器）也是在国内首次制成，是否等能量达到一定数量时，也可以请奖。

这样一个措施既可对"轻技术，重理论（重基础）"的倾向（或舆论）有所改进，同时可以鼓励凡是对国家作出贡献的，都应得到奖励。对你们抓的几个大项目也使工作人员得到鼓励。

这些看法，既有从全国角度出发，也有消除自己的内疚问题，因为那时我还是原子能研究所所长（或是近代物理研究所所长），我没有坚持原则，使得这件事情拖了三十年左右。

请你考虑这样作法是否应该，同时看时机是否合适。

你考虑成熟后，请与光召同志先商量一下，再作出决定（此信最好不给他人看，特别是赵先生，将来若是你们都可以同意，则可以在所内提出讨论）。

至于宇宙线云南大云室的问题也可以顺便考虑，但这个问题与加速器略有不同（因为不能推广，但技术还是值得一提）。

匆此
敬礼康健

钱三强
7月23日

中央文献研究室周恩来研究组致钱三强

(1986年7月27日)

钱三强同志：

　　我室正按照中央批准的工作规划，编写《周恩来年谱》和《周恩来传》，并着手进行周恩来经济思想研究。需要多方面了解周恩来同志领导我国革命和建设事业的情况和他的杰出贡献。您多年在周恩来同志领导下，从事国防尖端科学的研究和生产方面的领导工作，对周恩来同志关心和指导我国科学事业的发展，特别是关心和指导"两弹"的研制和生产的情况有较多的了解。我们拟请您在方便的时候向我们详细地介绍一下这方面的情况。谈话的时间和地点请您确定并通知我们。

中共中央文献研究室办公室（印章）
一九八六年七月二十七日

　　联系人：周恩来研究组赵春生、郑淑芸

解说

　　钱三强于同年9月12日上午9时接待周恩来研究组赵春生、郑淑芸访谈，地点在三里河科学院院部办公室，至11时半结束。访谈主要围绕研制原子弹的决策、人员调配与培养、协调力量、普及知识、组织攻关及关心科技人员疾苦等进行。根据邀约，钱三强还将谈话内容写成《新中国原子核科学技术事业的领导者》文字稿，列为周恩来诞辰90周年纪念文章发表于《红旗》杂志1988年第5期，并编入《不尽的思念》一书，由中央文献出版社出版。

附：

新中国原子核科学技术事业的领导者（节录）

当我还在法国留学和从事科学研究的时候，就听到不少关于周恩来和邓小平、陈毅、李富春、聂荣臻等同志勤工俭学时胸怀大志，从事拯救危难中国的事迹。正是通过这些事迹的熏陶，我开始对中国共产党产生了钦佩和景仰的感情。

我第一次见到周恩来同志是北平解放不久，在北京饭店举行的一次会议上。他向各界人士作形势报告，手无片纸，而所举的各项数据准确无误；他精力充沛，襟怀坦诚，语言亲切、中肯，侃侃而谈三四个钟头，全场听众的心自始至终紧紧地被吸引住。我是有生以来第一次听到这样引人入胜、令人信服的报告，留下的印象极为深刻。今日回想起来，周恩来同志的言谈举止依然历历在目。

1949年2月底，当时住在北京饭店的丁瓒同志电话通知我，党中央决定派一个代表团到法国巴黎去参加保卫世界和平大会，团长是郭沫若，团员包括各方面人士40余人，他和我也在团员之列，要我协助办理出国事务。丁是中国科学工作者协会的会员，我是世界科学工作者协会的会员，我们互相知名但未见过面。我那时回国半年多，在北平研究院原子学研究所工作并在清华大学任教，正着手培训原子核科学干部和筹备建立实验室，但物质上困难很大，很想借到巴黎开会的机会，托我在法国的老师约里奥-居里教授帮助定购中型回旋加速器的电磁铁和其它一些仪器、图书、资料等。我把这个想法向丁瓒谈了，但又有些后悔，因为战争还在继续，国家经济和人民生活还很困难，要拿出外汇购置仪器图书实非易事。丁说他可以反映一下我的要求。不料几天过后，中共中央统战部部长李维汉同志在怀仁堂附近一间小房子里约我会面，他对我说："你想趁开保卫世界和平大会的机会，定购一些研究原子核科学需要的器材，中央很支持。你提的预算二十万美元的数目，可能不是一次能用完；北平刚解放，国家经济还需要恢复，因此这次预备先在代表团带的费用中支付五万美元，以后再陆续支付。中央对发展原子核科学很重视，希望你们好好筹划。代表团副团长是刘宁一同志，你过去很熟悉，这次需要支付款项时和他商量办理即可。"听到这个传达，当时真是心里暖呼呼的，有这样为民族、为事业着想的党和领导，中国新兴科学的发展定会大有希望！后来知道，党中央作出这样的决定，是由于周恩来同志起了重要作用。

代表团乘火车到达莫斯科，在向法国使馆办理到巴黎去的签证时，结果被拒绝入境，戴高乐政府反对苏联、中国、东欧等国家的代表去巴黎开保卫世界和平大会。苏联方面及时和法国的约里奥－居里（世界和大主席）等联系，决定在巴黎和布拉格同时举行大会，一个会议两个会场，重要发言两个会场都能听到。4月20日大会开会时，约里奥－居里对法国当局不给签证的作法首先提出抗议，他还讲出"真理旅行不需要签证"的警句，全场为之热烈鼓掌。第二天正在开会过程中，忽然传来中国人民解放军解放南京的消息，顿时会场充满了欢呼声、掌声，互相握手拥抱，表示祝贺。这时主席台前几个外国代表把身体比较轻的我国代表丁瓒，抬起来向空中抛举，大会气氛达到了高潮。中国人民为保卫世界和平作出了重要贡献。

在当时形势下，原以为能去巴黎见到约里奥－居里的计划不能实现了。经过与刘宁一同志商量，在代表团款项中取出中央批准的经费的十分之一（即五千美元），托来布拉格开会的一位有身份的法国代表，带给了约里奥－居里。后来从法国和英国回国的我国核科学家即用这笔经费购买了仪器和图书带回国内。原来预计定购回旋加速器电磁铁的计划没有能够实现。

附文解说

1998年出版的《周恩来文化文选》，收录了周恩来1949年3月22日在西柏坡签发的"关于参加世界和平拥护者大会的中国科学技术界团体及人员的意见"的电报（共八条），有关钱三强的电文引录如下。

（一）邀请团体，同意增加中国科学工作者协会，丁瓒、钱三强、卢于道、袁翰青均可去。曾昭抡已由香港邀请，尚未得复。

（六）同意以钱三强代钱伟长。

（八）钱三强购买实验设备事，请先调查外汇如何汇去，实验设备如何运回。到之，具体情况待面谈。

钱三强直到1992年逝世前都不知道，发展原子能的第一笔外汇是由周恩来亲自批准的。但他1990年10月应香港《紫荆》创刊约稿，撰写了《中国原子核科学发展片段回忆》一文（该文后在《人民日报》海外版全文转载）。在文中他深有感慨道："当我得到那笔用于发展原子核科学的美元现钞时，喜悦之余，感慨万千，因为这些美元散发出一股霉味，显然是刚从潮湿的库洞中取出来的，不晓得战乱之中它曾有过多少火与血的经历！今天却把它交给了一位普通科学工作者。这一事实使我自己都无法想象。……尽管五万美元对于发展原子核科学所需，不是过大的要求，然而，他们的远见卓识和治国安邦之道，一举之中昭然天下，让人信服，给人希望。"

1987年

周丰一*复钱三强

（1987年3月19日　回忆中学时代）

三强兄：

　　收见影印件，非常感谢。赞叹你记忆的好。我比你大一岁，丢三拉（落）四，嘴边的熟名字都想不起来，显然是不动脑子之故。

　　关于我，你提的多了，山猫队确是逞过一阵子能，但没有赫赫战绩可言，个人技术更是可笑了。至于乒乓球公开赛，我倒没有全忘，在欧美同学会举行的，女子方面我不太清楚，男子方面的前四名中孔德有三名，即你、金国光和我，第二名被青年会叫傅洵克的得到了。我得到的奖品毁于一九六六年八月"红卫兵"手中，连尸骸都没留下，怪可叹的。这个纪念品我本想送给张燮林，因他在世界乒乓球锦标赛上取得辉煌胜利了，可惜当时不知道何处才能到达他手里，耽误了，不然，可能在"文革"中保存下来了。

　　这是往事，有点后悔。其次一件事让我至今羞愧的。矿物老师郁维民先生，他是最受班里欺负的老师，而我又是极突出的捣乱分子之一，你大约不会忘记课堂上的秩序有多乱了。五十年代郁先生从西安西北大学来京开会，我妹夫，即周静子的丈夫也在该校执教，托郁先生捎来了东西，要我到郁先生住处西安饭店去拿。我找上前去，一见认出郁先生，旁边是同来的西大校长。郁先生介绍我时说他在班上很活泼。这活泼二字岂非捣蛋二字吗？我不记得怎么对付这种局面的了。事后心里总不是滋味，同先生

---

*周丰一系周作人之子，中学时曾与钱三强为孔德学校同学。

在堂上倒（捣）乱实在是家常便饭了；但是受灾难最深重的，就是郁先生了。去年好像报纸报道郁先生已逝世了。

我们孔德的老师，我知道仅有两位健在，一是陶虞孙先生，另一位是苏民生先生，陈君哲先生逝世四五年多，陈聘之先生也前年逝世了，再有即西安西北大学王耀东教授还精神甚佳，前年还赠给我一张照片，信里问起你和秉雄两兄弟近况。想秉雄已告诉你知道了。

你身体怎样？听说有过一个时期很严重，我知道您与烟酒无缘，那自然逢凶化吉了。我现只喝点绍兴酒、啤酒等，烈性酒已经不喝了。

绍兴老家邀请我回乡小住住，春天里想走一趟，回来后定个日期见面谈谈如何？

谨祝

二好

丰一

八七、三、一九

钱三强致葛能全并转告记者

（1987年5月21日　写文章要"还我原来面貌"）

能全同志：

任欣发*同志的稿件，我看了一下。我看他是下了功夫的，你供给他的材料，他是充分利用了，并且作了一些调查。能在几次谈话后，写出这样一篇文章，我觉得是很成功的。请你向他表示祝贺，并代我致以谢意。

①他抓住了重点，刻划出了人的性格与走过道路的总线条。没有搞平铺直叙与繁琐哲学。

②他有些对我过奖了，"过"则"不实"。因此我提了一些"还我原来面貌"意见，多数已用铅笔改了。

另外重复的叙述过多了一点，我尽量给他简化些。有一些地方我也加了一点内容（比如58页、63页），特别是科学院的贡献。

现在送上，请你作为一个读者，有文字修养的又对我有所知的朋友，仔细推敲，看哪些地方说的不清，需要修改。你知道，我是不怕人改的，改的越多，文章更加会切合实际。所以请你仔细推敲后，再给我看一下。等任欣发同志回来时再送给他，请他作为文章作者再定案。

本星期日你若有空，是否可以看一下？

三强

5月21日

---

*任欣发时为《科技日报》记者。

又及：

约里奥–居里夫妇的称法，我想有必要与任欣发同志交代一下。

他们1935年以前，科学工作的署名是：伊莱娜·居里，弗莱德里克·约里奥。1935年以后因得了诺贝尔奖金，又互相尊重，两个人有时在正式文件上用复姓"约里奥–居里"，但是科学工作仍然是用原来的署名。俗称叫"小居里夫妇"是可以的，但是以不多用为宜。

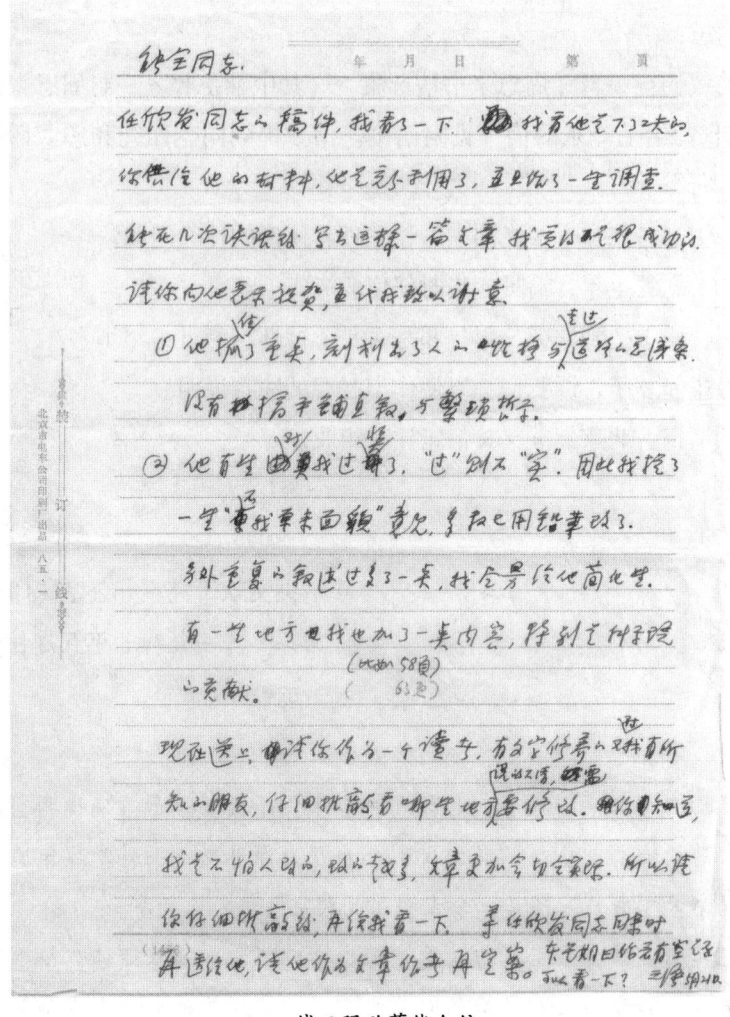

钱三强致葛能全信

中央文献研究室办公室致钱三强

(1987年5月27日)

钱三强同志：

目前我们正编辑《周恩来书信选集》，其中准备收入一封周恩来1955年1月14日写给毛泽东的信（见附信）。信中提到同李四光和您谈话的情况。现需向您了解：

（一）当时您和李四光同主席、总理具体谈的什么问题？

（二）您的生年、籍贯、当时任何职务？

（三）信中提到的彭、彭、邓是否是彭德怀、彭真、邓小平？

以上望能复函告诉我们，以便作出必要的注释说明。

来函请寄：北京×××信箱注释组收。

此致

敬礼

中央文献研究室办公室（印章）

一九八七年五月廿七日

解说

同年6月1日，钱三强根据信函所列各项作了回复。为准确说明当时所任职务，曾函询葛能全："其中有一个问题请你再查一下科学院年鉴，我那时是'学术秘书长'还是'学术秘书处秘书长'？"

钱三强第一次知道那天应约在总理办公室谈完后周总理连夜给毛主席写了亲笔信，看了信深有感触地对葛能全说："周总理关心人真是入微入细，这样重要会议的时间还照顾到李老的身体，看了信很使人感动。"

附：

1955年1月14日周总理致毛主席手函全文

主席：今日下午已约李四光、钱三强两位谈过，一波、刘杰两同志参加。时间谈得较长，李四光因治牙痛先走，故今晚不可能续谈。现将有关文件送上请先阅，最后能在明（十五）日下午三时后约李四光、钱三强一谈。除书记处外，彭、彭、邓、富春、一波、刘杰均可参加。下午三时前，李四光午睡。晚间，李四光身体支持不了。请主席明日起床后通知我，我可先一小时来汇报下今日所谈，以便节省一些时间。

周恩来
一、十四晚

明天下午谈时，他们可带仪器来，便于说明。

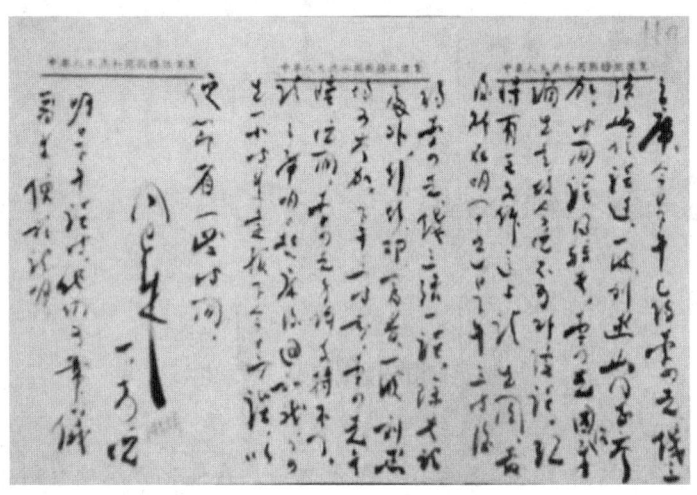

1955年1月14日周总理致毛主席手函

倪平*致钱三强

（1987年7月11日）

钱三强同志：

前些日子写了一篇杂文《钱玄同的催化之功及其他》，对令尊鼓励鲁迅先生写作作了赞美，寄上《文汇月刊》第五期请收阅。

我曾在《文汇报》驻京办事处工作过一段时期，多次在会上见到您，但未趋前讨教，引为憾事。现已回沪在国内记者部工作，我亦为绍兴人，为故乡辛亥革命、"五四"时期人才辈出而自豪，仰慕前贤，时有感怀。

祝
夏安

倪平
7.11.

杂志可能比信晚几天收到

附：

钱玄同的催化之功及其他

重读鲁迅先生《呐喊》自序，忽然想到，在催化鲁迅先生创作上，钱玄同先生有一功。

当年，鲁迅先生在S会馆钞古碑，《新青年》杂志编委钱玄同往访，力劝他做点文章。鲁迅先生答应了。"这便是最初的一篇《狂人日记》。

---

*倪平系上海《文汇报》记者。

从此以后，便一发而不可收。"随后《孔乙己》《药》《风波》《故乡》《我之节烈观》等不断在《新青年》上刊出，别的报刊约稿蜂涌（拥）而至，尤以发表在《晨报》上的《阿Q正传》影响更是深远。

我无意说，没有钱玄同的催化，就没有鲁迅的作品。因为历史的发展，终将使鲁迅先生呐喊起来。鲁迅历观中外，深谙世事沧桑，能感应时代潮流，对中华民族的命运有深沉的历史责任感。蓄积越久，其发必速。钞古碑时，表面宁静，可内心激越，若不是对封建主义胸中有一团怒火，也不可能有喷薄而出的笔底波澜。

我只是说，在革命的狂飙兴起的前前后后，敦请战士上马出征，钱玄同先生的功不可没。鲁迅先生一上马身手不凡，以犀利的文笔驰骋文坛，唤醒人民大众觉悟，终而成为我中华民族的伟大的思想家。这也许为钱玄同先生始料所不及。但有一点可以肯定，玄同先生的敦促约稿是鲁迅开始文学生涯的一个契机。若没有这个契机，鲁迅的"从此以后，便一发而不可收"的局面，也许要推迟一些时日才能到来。

由此又想到，编辑这岗位与发现培育作者关系实在重大。高明的编辑的主要功绩恐不在于对业已成名的作者的贺喜喝采（彩）上，而在于发现作者于未成名之际，给以奖掖提携。高尔基原是个流浪汉，当过跑堂、守夜人、司磅员、面包师，1892年他的处女作《马卡尔·德楚拉》发表在《萨马拉日报》上，这得益于作家、编辑柯罗连科的帮助，没有他的提携，高尔基尔后的创作是否如喷泉流水？——难说。

笔者也好浮想，假如高尔基不是遇到柯罗连科，而是遇到一名以世俗眼光看人的X或Y先生，他一了解斯人是个不知名的新手，地位低微，谈不上有什么"背景""来头"，又不属于"哥儿们"的圈子中人，一退了之，或者让来稿终年沉睡，你能拿他怎样？我相信象（像）高尔基这样的参天大树总是要破土而出茁壮成长的。若对通常作者则犹如春苗遇到暗霜——延缓生长。想到这里，对奖掖作者的编辑怎不由衷地怀有敬意呢。

如果说衡量一位作者的造诣要看作品，那末衡量一位编辑的胆识，就看是提携人才还是埋没人才了。

大哥秉雄致三强

（1987年8月6日）

三弟：

　　你好！

　　天气真闷热，希望它快立秋，北京的立秋后虽然热，但天高气爽了，决不似这几天的潮闷。如果我现在住到南方去，恐难以适应了。

　　曹述敬先生寄来乐颜的悼念父亲的文字，他抄自上海出版的《文献》。写得不错，我抄一份寄给你看看，你认为如何？有什么意见？曹公说《年谱》如有再版的机会，他拟附进去。

　　昨夜闷热，今早阴，似有雨意。

　　匆上，顺祝

全家康强

秉雄

87.8.6

钱三强致钱学森

（1987年9月16日　发布首批科学名词）

学森主席*：

　　今天下午［会］我请假了，请原谅。

　　现在有件事请你在百忙中能给予支持。一九八五年四月国务院批准由中国科学院和国家科委牵头成立全国自然科学名词审定委员会，由国家教育委员会、中国科学技术协会、国家标准局、国家自然科学基金委员会分别委派了副主任，负责领导委员会工作。委员会成立了29个分委员会，分委员会成员都是科协领导下各专门学会的成员。

　　经过二年多的工作，开始收到了成果，首次宣布天文学名词，预备九月二十五日召开名词委员会的工作会议，拟请严济慈、宋健、周光召等同志参加开幕式，并在会上宣读国务院授权委员会自行公布各学科名词的批复。

　　鉴于这次会议是开放政策实行后第一次公布专业名词，以后将成熟一个公布一个，因此这次会议开的比较隆重些，请各有关方面领导同志出席并讲话，以兹鼓励。

　　我兄过去对名词工作很关心，"航天""激光"等创造性名词常为科学界称道，同时又是科协主席，你的出席对各专门学会成员们一定会起到鼓舞作用。因此特邀请你九月二十五日能参加委员会工作会议的开幕式并作讲话。送上"国务院关于公布天文学名词问题的批复"影印本和拙作天

---

*钱学森时任中国科学技术协会主席。

文学名词的"序",以资参考。

  开会地点在远望楼,请帖随即发出。

  此致

敬礼

钱三强
9月16日

国务院领导致钱三强

（1987年9月17日）

钱三强同志：

九月十五日来信收悉。

审定自然科学名词，统一科学技术术语，实现科技术语的规范化，以适应我国科学技术现代化的需要，这是一件很重要的事。因二十五日上午已安排会议，我不能前往参加开幕式，请予谅解，并向与会的同志表示问候，希审定自然科学名词的工作取得进展。

此致

敬礼

（署名）

1987年9月17日

钱三强致《中国大百科全书》编辑部

（1987年10月5日　应约撰写"科学"条目）

能全同志转

大百科全书编辑部王樵裕同志：

　　大百科条文"科学"，在前文基础上我又改了一些。

　　我改的内容中有一点说明如下：19世纪生物进化论、电磁感应规律和电磁波理论，确实是引起了重大影响，前者引起生物科学、微生物学、医学等的革命，后二者是电机工程与无线电工程的基础。二十世纪实质上是微观世界的规律（包括物理、化学、生命科学）引起了科学革命，至今还在不断发扬，其间核裂变、半导体、激光、量子化学等都发挥了作用。

　　出版社再有改动，希望能通知我一下。

　　需要签字，也请告。

三强

10月5日

附：

钱三强撰写的"科学"条目

　　科学（Science），关于自然、社会和思维的知识体系，包括对各种自然现象、社会现象的观察、描述、分类、归纳和进行数据分析、数学演绎。它的任务是揭示事物发展的客观规律，探求真理，作为人们改造世界的指南。按传统分类法，科学分为自然科学和社会科学。随着社会、经济及科学自身的发展，现一般分为自然科学、社会科学和技术科学；也有按自然科学、社会科学、技术科学、数学科学、系统科学、思维科学和人体科学进行分类的；还有许多新的交叉科学不断出现。这都反映出人们在不同历史时期和根据不同情况及科学发展的内在特点对科学分类体系的不同认识。

科学同哲学和社会、经济有着密切联系。科学产生于古代社会生产和生活的实践需要，经过漫长的发展过程，在16—17世纪形成后，随而其活动的范围逐渐扩大和深化，并转化为生产力和对社会各方面产生巨大影响。

在科学发展的历史进程中，往往是积累时期和革命时期相互交替。科学革命往往导致社会生产、人们生活和科学结构、认识原则、范畴与方法以及科学组织形式的改变。人类历史上迄今发生过多次科学革命，在自然科学领域最具影响的是哥白尼的日心说对地心说的革命，标志着近代科学的创立；17世纪以牛顿力学为代表的革命，导致自然科学的对象、方法和作用的急剧变革；19世纪生物进化论、电磁感应规律和电磁波理论的发现，20世纪初以物理学革命为先导的自然科学各领域深刻而广泛的革命，造成了科学的鼎盛时代。在社会科学领域最有影响的是17—18世纪资产阶级在社会科学各领域对封建主义的革命；19世纪以马克思主义诞生为标志的社会科学发展中最深刻而广泛的革命。马克思主义哲学辩证唯物论对自然科学同样起着指导作用。

科学不断发展，永无止境。科学是全人类的共同财富。近代自然科学、技术科学和工业生产间的联系逐渐加强，新技术、高技术的建立来源于自然科学的突破。科学在人类的总思想体系中占有越来越重要的地位，起着改变历史进程的重要作用。

杨振宁致钱三强

（1987年11月17日　钦佩推荐邓稼先研制原子弹）

三强先生：

你好。看见《科学报》10月27日关于你的文章（即《播春者之歌——记核物理学家钱三强》），对你的贡献有了多一些了解，谨致敬意并祝健康！

杨振宁

11月17日

解说

《播春者之歌》一文（作者任欣发），比较系统地写了钱三强在启动我国第一颗原子弹研制方面所做的工作，尤其在苏联专家撤走后，重新排兵布阵，推荐了一批科技骨干到关键岗位，特别首次具体写了钱三强如何推荐邓稼先到核武器研究所主管理论设计的情况，因此，杨振宁专从纽约致信表示敬意。

1990年，杨振宁访谈纪念老同学邓稼先，再一次讲到钱三强推荐邓稼先之举："所以我也佩服钱三强先生推荐的是邓稼先这个人去做原子弹的工作。因为那时候中国的人很多呀，他为什么推荐邓稼先呢？我想，他当初有这个眼光，指派了邓稼先去做这件事情，现在看起来，当然是非常正确的，可以说做了一件很大的贡献。因为他必须对稼先的个性、能发挥作用的地方有深切的了解，才会推荐他。而这个推荐是非常对的，与后来整个中国的原子弹、氢弹工作的成功有很密切的联系。邓稼先是一个很聪明的人。不过，我想他的最重要的特点是他的诚恳的态度，跟他的不懈的精神，以及他对中国的赤诚的要贡献他的一切的这个观念。"

1988年

钱三强致葛能全

（1988年3月18日　拟修订《科坛漫话》）

能全同志：

有关《科坛漫话》的增订本工作，你作了很多工作，王樵裕同志也是大力支持，我应该感谢你们。

首先我对于你起草的目录，觉得是很用了心的，但是我还想提一点修改意见，请你再斟酌一下。

（1）今年三月五日是周总理诞辰九十周年，中央文献出版社出版了《不尽的思念》，《红旗》杂志也转载了我的文章（附上《红旗》1988年第5期）。这篇稿子的形成费了近一年的时间，你也帮助我改了不少，最后他们觉得太长了，把第三部分大大缩短了。最后缩短稿送给我看了，我也同意。总之这篇稿子的绝大部[分]内容（除第一部分开始一小部分内容与"我国现代科学技术的组织者、领导者"《人民日报》1979年3月10日，即《科坛漫话》第二篇有些重复外），还是讲周总理从1949—1959年对核科学技术的直接领导工作。因此我觉得还是可以收入本书，放在第三篇。

（2）"锻炼身体，扩展视野，培育拼搏精神"一文，是我写中小学直到大学的经历，从孔德学校、北大预科（相当于后来高中）直到入清华的过程，都作了一些描述，对我的兴趣形成、拼搏精神的培育都有一定影响。这篇东西放在"回忆我们的父亲——钱玄同"的后面比较恰当。你把它放在目录第五页也是有道理的，因为那些都是对青年讲话。但对"我"作为较系统描述（包括家教、中小学时的教师，兴趣形成的过程等），我想还是放在我建议的地方为好。

（3）在目录第三页上，我觉得把"要舍得把一部分优秀人才输送到生产部门作开拓型企业家"（1987年）和"建议在中型企业应从销售额中提更多的资金进行技术开发工作"（1988年）[原文本附上]两文从目录第四页提前一点有一定好处，把它同"依靠"与"面向"归一类扣的紧，也表示我自己的认识随时间而逐步提高。实际上现在有关领导比较多责怪"科学面向的不够"，没有强调"经济依靠科技进步"作的远远的不够。这个问题今后几年还是要发生争论的。我作为一个咨询人员（政协委员，科协成员）应该向领导表达我们这些老家伙的看法。这个问题是在1987年政协科技组几次座谈会中强烈反应（映）出来的。

（4）"努力实现我国科技名词术语的统一与规范"是第一次在我的文章中提出来的，其实自五四以来（或更早）就有许多科技专家下过工（功）夫，我们是跑接力棒的。工作很重要，但实际支持的人比较少（特别是经费）。所以放在《迎接交叉科学的新时代》后面还是恰当的。

（5）目录第二页《新中国原子核科学技术发展简史》，最近核工业部与原子能研究院发表了一些历史性的文件，有些材料需要补充与修改。假如我们稿件尚未排版，最好能先要回来，修改后再送还。稿件给我后，一个星期后当可改好。

（6）其他稿件排版后，希望能给我看一下校样，偶尔会发现一些需要改一下的地方，尚有可能补救。

（7）1984年版有需要少许改的地方，我将在四月中旬中仔细看一遍，改出一本，交给你，请你再看一下。

（8）新版名称叫什么？"增订本"，或用其他名字，请你与王樵裕同志商定。

（9）要不要在序的后面，再加上几句话表明这个出新版原因（如原印本已卖完，又增加了1984—1988年3月底的新内容），同时也表示王樵裕同志担任了社长，仍大力支持这个新版的出版等等。这几句话请你执笔吧。

　　想说的话很多，看来书未出，总是想这想那，总希望它完整一点。出了，也就罢了。大概作者心情都是这样罢！你的工作与责任都很多，很大，对这本书只算你的业余吧。你是写作家，对业余恐怕也有点职业癖了，一笑。

　　就此搁笔。祝你全家好。

三强

1988年3月18日科学大会十周年纪念

又及：总之，这次又增加了两篇，增稿附上。

钱三强致《中国大百科全书》编辑部

（1988年3月30日　应约撰写"科学学"条目）

大百科全书编辑部王樵裕同志：

约写的"科学学"条文已改好，现寄去我已签字的抄清稿，请酌用，如有改动还请通知我。谢谢。

钱三强

1988.3.30日

附：

钱三强撰写的"科学学"条目

科学学（Science of sciences），研究科学的职能和科学的发展规律，科学活动的结构和动态，科学和社会其它物质、精神生活领域之间的关系的学科，是自然科学和社会科学综合产生的新兴交叉学科。科学学的研究始于20世纪20年代。1925年波兰学者F.兹纳涅茨基（1882—1958）最先提出"科学学"一词，1939年美国科学家J.贝尔纳（1901—1971）出版《科学的社会功能》，成为科学学的奠基性著作。60年代形成为独立的研究领域，此后科学学得到迅速发展，到80年代全世界成立专门研究机构有500多个。科学学的研究范围大致如下：①研究自然科学在人类历史发展中的地位和作用，在各个历史阶段科学发展的规律性。②研究现代科学知识体系，探索科学体系的结构、科学理论与实验、科学与技术的关系。③研究自然科学的社会形成过程，包括科学研究体制、结构和组织形式，科研队伍的素质、构成和人员培养，科学发展规划与政策，科技情报系统等。④研究科研活动的最优化管理。⑤研究科学与教育的关系。⑥研究科研活动的认识规律、心理规律、社会规律和计量方法等。科学学的研究成果为科技政策的制定和科学研究的组织管理提供最佳化的理论和方法。

杨福家*致钱三强

（1988年5月2日　首批实验核物理博士毕业）

尊敬的钱三强教授：

最近，我们自己培养的首批实验核物理博士生在我校获博士学位。在此时此刻，我们想到了您——我国的实验核物理的开拓者。特致此函，向您致意，并附上消息两则。我还常记得25年前赴丹麦（玻尔研究所）前夕，您在中关村一座大楼内对我的教益，它常常鼓励我的工作与学习。

在健康备件许可下，欢迎您与何先生能光临上海参观指导。

谨致

敬礼！

杨福家
1988年5月2日

---

*杨福家（1936—2022），核物理学家，中国科学院院士。时任复旦大学校长兼中国科学院上海原子核研究所所长。1960年初被派往哥本哈根尼尔斯·玻尔研究所学习，此为钱三强邀A.玻尔访华时商谈签订的合作项目。

钱三强致葛能全

（1988年5月19日）

能全同志：

听说你明天出差，回来后即赴山东领导讲师团的工作。

上周，你曾问起"三分裂"照片说明应该怎么写，我现在寄上"说明"，如认为可以的话，请即交出版社负责编辑。

铀核三分裂照片说明

图中M_1，M_2是两个重裂片，M_3是长射程的轻裂片

A：M_3的射程为44厘米

B：M_3的射程为17厘米

C：M_3的射程为25厘米

（射程系显微镜观察到在乳胶中的长度折合为标准条件下空气中的长度。标准条件下空气系气压760毫米、气温摄氏15度。）

附一幅旧照片，预备放在《科坛漫话》增订本的第四篇内——《论铀三分裂的机制》，这些图片保存了有四十年，纸已有些黄了，请你与出版社商量是否可以

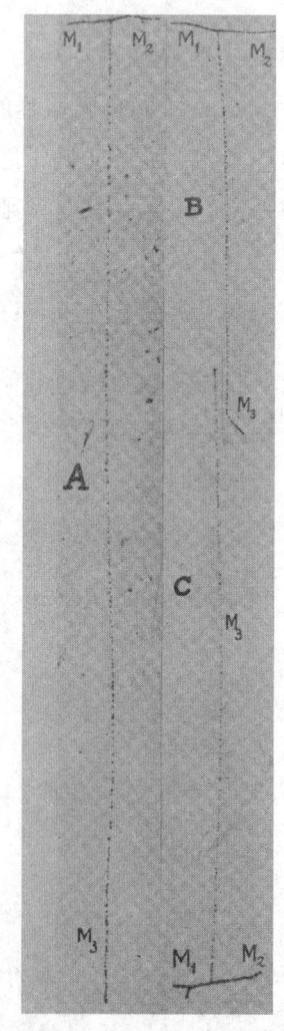

1946年首次拍得的铀核三分裂图片

放在书中。

其它事情（以及出版事宜）等你回来以后再谈。

祝好

三强

5月19日

> 铀核三分裂照片的说明
>
> 图中 M_1、M_2 是两个重裂片，M_3 是长射程的轻裂片。
>
> A: M_3 的射程为 44 厘米。
> B: M_3 的射程为 17 厘米。
> C: M_3 的射程为 25 厘米。
>
> （射程係题微镜观察到在乳胶中的长度折合为标准条件下空气中的长度。标准条件下空气係气压 760 毫米，气温摄氏 15 度。）
>
> （摄氏）

钱三强亲笔写的照片说明

钱三强、何泽慧复王豫生[*]

(1988年8月28日)

豫生同志:

接到你6月14日来信(由张宗健同志转来),我们都非常地高兴。你们技术物理系第一班的同学现在都已年过半百,真是时间过得快。我们两人加起来已150岁了,但还是关心国家的科学技术发展。七强公司的筹备与成立,正是看到改革开放新的情况,使得核技术能在经济效益中起点作用,才给他们打气促进的。我只是起了说空话的作用,工作是张宗健、孙汉城、屈智潜等他们做的。

你们这股干劲,从无到有,真是经过"风风雨雨",我们看了以后,很为你骄傲,只有这种不顾得失、勇迈向前的勇气,最后才能做到对国家、民族起作用的人。这样的人越多越好。我们过去对你们没有提出过"开放"的要求,这是缺乏远见,但有你们自觉地在这方面作出成绩,也补足了我们的缺陷,希望你们12人的"深大-401核技术应用联合研究所",走科、教、工、贸一齐上(如你所说的)的路子,越走路越宽。论文固然重要,但组织工作做好了,不但个人发挥了专长,同时发挥了集体作用。

你已不是在401所做具体研究的时期了,应该多考虑一些发挥集体的作用。你提到约里奥-居里,他们就经常讲"要为科学服务,科学要为

---

[*] 王豫生系中国原子能科学研究院研究员,时在深圳大学-401核技术应用联合研究所主持工作。

人民服务"。我们所做的，基本上也是符合这一教导的。顺便寄上一篇郭梅尼在《科技日报》写的《通往科学家之路》（1988年2月23日），请参阅。

你所想在物理、生物、化学方面抓一些问题（基础的或应用基础的、应用性的），同时根据地方需要做些工作，这些方向都是好的，事物总是发展的，也许将来会有更大的发展。总之，不要受任何框框的影响，努力去干吧。"老天不负有心人"，虽然是一句老话，但是也总结了一定的经验，我还是相信它的。

九月下旬开堆典礼，我不能参加了，因为健康原因，医生不许出北京。祝你们成功并预祝取得更大成就！问同志们好。

泽慧现在也只是同全国政协组织的团体一齐出去，今年暑假她已去山东了，九月底恐怕也很难再到深圳去了。我倒有一个新想法，今年底，你若有一点时间，建议你自己写一篇总结，包括去深圳一直到建堆、开幕典礼，它有现实意义。比郭梅尼写我们四五十年代的事，对青年们更有教育意义，中年在中国本土的经验，比我们老年在国外的经验更能对青年起好作用。

祝你顺着劲取得更大的成绩！

钱三强 何泽慧
1988.8.28

又及：我们的通信地址，写北京中国科学院转交或中国科学院高能物理研究所转交泽慧就成了。

钱三强致五弟夫妇

（1988年9月30日　为新北京图书馆集"文津厫"）

德充、静仪：

明日国庆，想来你们家附近的节日气氛一定深厚些。

我写这封信的目的有二：

（1）西郊体育馆对面的新北京图书馆馆长任继愈*见到我时曾说起这样一件事：过去文津街的北京图书馆落成的纪念文是蔡元培撰写的，碑文由父亲书写。新馆址预备设一个"文津厫"，以纪念图书馆的继承性，"文津"两个字，在原碑文中找到了，只有"厫"字没有。因此，他希望我找一下父亲遗留文字中有没有"厫"字（不要草书，要"钱字体"的正规笔迹——如条幅、扇面题字等），小一些没有关系，他们可以放大。我在家里找了一下，没有找到，我已写信给大哥，请他找，现请你们也找一下。如有，请告我，我当去取。这也是扩大父亲在文化方面影响的好事。

（2）从明天起，北京邮政通信实行新方法，就是寄信人和收信人要写"邮政编码"。因此请你们告诉我你们地区的邮政编码。我们的编码是"100080"。

伯母前问候

三强
1988年9月30日

---

*任继愈（1916—2009），哲学家，图书馆学家。长期从事中国哲学史、中国佛教史、中国道教史教学与研究。时任北京图书馆馆长。

解说

　　北京图书馆（现国家图书馆）新馆在西郊白石桥建成后，为了体现与原文津街老馆的继承关系，准备在新馆内设一"文津厫"，但当年由蔡元培撰稿、钱玄同书写的老馆碑文中找不着"厫"字，任继愈馆长在一次政协会议时向钱三强说起，于是钱开始遍查父亲钱玄同手迹，终于由五弟之女集到一个钱体"厫"字。

任继愈复钱三强

（1988年10月17日）

三强同志：

　　承您不嫌麻烦，为"文津廳"集字费了不少时间，特向您和您的侄女致谢。现正着手制作，制成后，拟请您来看看。

　　此致

敬礼！

任继愈
1988.10.17

王允智*致钱三强、何泽慧

（1988年12月25日）

钱所长、何先生：

您们好！

接到您俩热情洋溢的来信，十分高兴！

上星期，我参加了机关党委的学习，在学习中，谈到了一件振奋人心的好消息。今年九月二十日我国中子弹爆炸试验成功。由于当前裁军形势，一没有广播，二没有登报。此消息您俩可能比我知道的早。

院里盖了九栋高工高研楼，三室一厅，五栋已竣工，四栋明年"五一"竣工。我于今年10月搬进了新楼，在小学校附近（住址略）。您俩有机会来院时，可来我家玩玩，表示热烈欢迎。

您俩有什么需要我们办的事，可来电话。

祝健康长寿，新年快乐！

王允智　曾淑媛
1988年12月25日晚上

---

*王允智系原原子能研究所研究员。

1989 年

丹尼尔·克里比埃*致钱三强

（1989年1月24日　法文　吴颖译）

尊敬的钱三强教授：

我很荣幸能通过贵国驻巴黎大使馆科学技术处向您转送刚刚出版的《弗莱德里克和伊莱娜·约里奥–居里》一书。我上次访问中国期间曾向您提到过此书。得益于弗雷德里克和伊莱娜·约里奥–居里协会的莫尼克·柏德烈女士的特别关照，我从她处得到了此书。期待您能收到此书，并再次表示我很高兴能够把它寄给你。

在此给您送上1989年的新年祝福。

感谢您对我在北京时的盛情款待，也希望我们能够在不远的将来再次见面。

顺致最崇高的敬意！

丹尼尔·克里比埃
1989年1月24日

---

*丹尼尔·克里比埃时任法国原子能总署基础研究所所长。

钱三强致教育科技界人士

（1989年1月24日　邀请参加"科学与文化论坛"）

×××同志：

发展教育事业、提高全民族的文化素质，为21世纪我国科技、经济与社会协调发展培养合格的人才，是我国在世纪之交面临的重大任务，也是社会各界关心的重大问题。"科学与文化论坛"第四次会议决定邀请知名人士探讨教育改革指导思想、战略目标以及教育内容、体制、方法等问题。会议定于1989年2月11日上午8时半在友谊宾馆内科学会堂210室召开，请您准时到会发表意见和建议，并将发言内容写好书面材料，以便印发简报。

致以
敬礼！

钱三强
1989年1月24日

解说

钱三强时任中国科协促进自然科学与社会科学联盟委员会主任，从1988年5月起每季度主办一次"科学与文化论坛"，邀请各界知名人士参加自由讨论，前三次讨论的主题分别为："科学与文化的关系""经济与文化的关系""农村文化建设"，第四次论坛的主题是"教育改革"。2月11日，出席教育改革论坛并发言的有钱学森、丁石孙、李宝恒、陈难先、何祚庥、童大林、康明、李昌、于光远、许嘉璐、朱厚泽、张维、王梓坤等。

刘盛纲*致钱三强

（1989年4月1日　教育改革感想）

尊敬的三强先生：

　　我本应遵先生所嘱赴京出席会议，几经努力，终因工作不能脱身，深表歉意。谨奉此书并真挚祝愿会议完满成功！

　　七十年前，"五四"运动以"民主"和"科学"两面大旗唤起了民众，这场伟大的思想解放运动震撼了旧中国，推动了中国民主主义革命，在我国现代史上写下了光辉的一页。

　　今天，我们正在具有中国特色的革命路上探索和前进。由于中国经历了几千年的封建历史，旧制度、旧思想、旧伦理的大量沉积，使当前我国的实际情况距"民主"和"科学"还有很大差距。

　　回顾历史，我们付出了巨大的代价才取得今天的成绩，应当特别珍惜；此外，我们的道路相当地曲折和坎坷，政治体制改革、决策民主化、科学化的任务尚很艰巨；在科技兴国、教育立国、民主治国、提高民族素质、振奋民族精神方面还有着漫长的路程。因此，继承和发扬"五四"传统，有着重大的现实意义。

　　对先生来说，我只是一个晚辈学生，但也已在教育战线上工作了三十几年，对于教育事业的感情很深，对其发展特别关注，在教育受到冲击的今天尤为担忧。当前教育经费紧缺，老师待遇过低，新的"读书无用论"日益流行。这些问题严重地危害着教育事业。但是这些还只是事物的一

---

*刘盛纲（1933— ），微电子学家，中国科学院院士，时任成都电子科技大学校长。

面。问题的本质是，我们还缺乏成熟的教育理论，教育立法或者尚未制定，或者未能真正执行。三十几年来，教育因为政治影响而进进退退，左右摇摆，导致实践中问题成堆，深负人民厚望。

　　古今中外，民族兴衰，教育为本。为了避免民族素质的大滑坡，为祖国造就合格公民的教育，应确立为教育的基本方针。振兴中华，要依靠科学，发展科学的根本之路在于教育。我们应尽快把发展教育真正列于战略首要位置。

　　钱老（钱学森）和您倡导的"科学与文化论坛"，已在国内引起很大的反响，衷心祝愿这朵瑰丽的鲜花开得更加茂盛，在我国的科学与民主进程上，起更大的促进作用！

刘盛纲
1989年4月1日

吴惕生*致钱三强、何泽慧

（1989年6月20日）

三强 老师：您好！
泽慧

有一事禀告，就是江西省政协决定编纂吴有训生平一书，为此广泛收集纪念他的文章。彼处深知您与家父共事多年，因此殷切盼望吾师百忙中是否能写一篇怀念文章。家母与生等也觉得该书若有吾师大作，将更有意义。

今年五月中旬，江西政协戴佳臻等同志曾专程来京，意欲拜谒吾师并邀稿，由于您公务繁忙，彼等难以面禀，因此托生将其邀稿函件寄呈，敬请考虑。

书不尽言，余容再禀，专此敬礼

暑安

学生 吴惕生上
1989.6.20

家母附笔问候

解说

同年八月，钱三强亲笔撰成一稿寄交江西省政协文史资料研究委员会。

---

*吴惕生系物理学家吴有训之子。

曾昭璇*致钱三强

（1989年8月16日）

钱三强同志：

您好，转来科协油印文件，得知台端有意建立地理科学体系之意。使吾人至为欣慰，此建国以来，对地理科学最公平的科学结论。忆建国初中国地理所并入中国科学院之难，有说地理科学不成科学，说研究地貌学不如地质学者，研究气候不如气象学者，总之，地理科学不成为一门科学也。

本人曾举例说：失火主人请救火者居上坐，而预先请主人防火者不与焉。哀哉，立首功者无人知之，地理科学之职能，向未为人重视者也。

四十年后，有此一举，可见我国科学水平的确有所提高。

秉维**同志之心声，亦与台端共鸣矣。

冒昧修书，敬请谅鉴。专此敬候

暑安

曾昭璇敬上

1989.8.16

另邮上拙作《海南岛自然地理》一本，敬请指正，有空赐几句评语，以便申请奖励之用。又及

此意已同时修书刘恕同志

---

*曾昭璇（1921—2007），时为华南师范大学地理系教授兼任中山大学人类学系教授，中国地理学会理事。

**黄秉维（1913—2000），地理学家。1934年毕业于中山大学地理系。中国科学院首批学部委员（院士）。时为中国科学院地理研究所名誉所长、中国地理学会理事长。

张德禄之侄致钱三强

（1989年9月19日）

尊敬的钱伯伯：您好！

我们从来没有见过面。您见到这封信会感到突然。请原谅我们吧！

我们兄弟俩是张德禄的侄子。

小时候听祖母讲过叔父上学，参加学运和十八岁去法国留学的情况。叔父曾到里昂和巴黎，并在那里获得学位。

直到1946年或1947年叔父从美国开始和我们通信。1948年夏叔父张德禄从美国回到天津老家，给我们留下很深的印象，那时我们兄弟俩是十多岁的小孩。同年叔父离华取道瑞士日内瓦，回到美国纽约。

以后我们就失去了一切联系，直到现在整整四十余年。我们非常想念我们的叔父。我们的长辈都已去世。叔父的朋友、同学我们一位也不认识。

可巧，最近我们在天津《采风报》上惊奇地发现，您和我们的叔父张德禄曾是同学，这使我们非常兴奋和激动，这是四十年来有关我们叔父的唯一信息。

我们想请您告诉我们一些关于叔父的情况。我们时刻都在想着和我们的叔父取得联系。叔父属虎，现在该是87或88岁了。

祝您一切顺利，并向您全家问好。

张嘉湖 张嘉兴

1989.9.19

解说

　　张德禄早年留学法国并在军工部门工作，1940年巴黎沦陷时，钱三强逃难途中与其偶遇相识；1941年冬，两人约定一起离开巴黎回国，由于太平洋突发战事滞留于里昂。后张乘船前往美国，钱返回了巴黎，彼此再无联系。

徐飞致钱三强

（1989年9月26日）

钱老：您好！

首先，感谢您于百忙中及时给我这个比您老晚好几辈的小学生亲笔复信。本该及时回复，后因出差及组织学生政治学习反思等而延误至今，企盼见恕。

反复读了您的信后，又将书稿从头至尾修改了一遍。思前想后，还是觉得应将稿子寄上，烦劳您过目并赐教于一二。至少，您作为我国交叉科学研究的一位倡导者，我们这些年轻人的活动应向您作一汇报。因此，我斗胆将稿子寄去了，但同时又为它将可能对您带来的干扰和麻烦而惶恐不安。正因此，上次我才没将书稿直接寄上而单冒昧地提出"代前言"之求。若您老多有不便，则只将稿子处理一边即可，亦恳求原谅我的不恭与打扰。

这份复印稿基本已定稿（只有个别插图与文字还须修订）。书稿主要讨论自然科学内部诸学科间的交叉问题，至于自然科学与社会科学交叉结合的课题，我已单独列出申报了一九九〇年国家青年社科基金，此稿故而涉及不多。

钱先生，若您在时间、精力、身体等各方面情况许可的前提下，可否对小稿略作一瞥并给予指教。当然，如果您有可能为我这个无名小学生的学步之作写个短短的小序，则更是我企望于万一的。或者，将您的那篇"讲话"略作修改以为代序行吗？还有，极可能的是，稿子仍有致命性问题，那我也有信心继续研究修改。钱老，您是自然科学及交叉科学研究领域的大家，能得到您的指点，不仅是我的幸运，也将使我少走弯路，尽快"入门"，因此，多次冒犯您老的心情想必会得到您见谅的。稿子尚未发排，出版社和我将待到您的回教后再行文字编辑工作。

不论您的答复如何，我都将记住您在信中提出的希望，继续努力，争取取得更大的成绩。

最后，祝您老身体健康、愉快！

徐飞谨上
1989.9.26

另：稿子不必寄回了。那样会给您添更多的麻烦。切切。

任继愈致钱三强

（1989年9月27日）

三强同志：

　　承鼎力襄助，"文津廳"三字用青铜制成，镶在厅墙上。为新馆生色不少。如有暇，望能枉驾来看看。

　　此致

敬礼

任继愈
1989.9.27

王大珩致钱三强祝寿诗

（1989年10月）

自幼更名志气先，人道少年非等闲。
四载清华磋牛爱，一朝出国成大贤。
纷纭战事多辛劳，难得核（何）姊结姻缘。
堪称华夏约居里，铀核三分创名篇。
祖国革命新日月，英才驰骋有地天。
计穷顽敌施细菌，敢邀正义抗凶馅。
两研纵横珍往业，一院科学画宏颜。
原子大业铭贡献，春雷一声秉穹轩。
十年动乱经风雨，冷对横眉指百千。
霞光照晚红灼灼，赢得国际好名衔。
更喜继业满桃李，荣哉奋拓五十年。
相识六旬称莫逆，恭祝伉俪寿无边。

王大珩
一九八九，十月

1990 年

董光璧 * 致钱三强

（1990年2月4日）

钱老：您好！

您一贯鼓励和支持我们的科学史研究，这次申请《中国近现代科学技术史》研究基金，又得借助您的威望，恳请您为我们的申请赐一推荐意见。

敬祝

安康！

后学 董光璧 谨拜
1990年2月4日

---

*董光璧（1935— ），科学史家，时为中国科学院自然科学史研究所研究员，近现代史研究室主任。

钱三强致国家自然科学基金委员会

（1990年2月16日）

国家自然科学基金委员会：

中国近现代科学技术史研究起步较晚，难度也较大，但又是一项十分紧迫的任务。据悉，台湾［地区］已决定今年八月在台召开"中国近代科学技术史国际会议"，国内外十分关注我们的工作。系统地总结中国科学技术发展的成就和经验教训，可以为我国建设有中国特色的社会主义现代化，特别是科学技术现代化建设，提供有益的历史借鉴。

中国科学院自然科学史研究所已有的研究为进一步的系统研究打下了基础。该所责成董光璧同志主持编写《中国近现代科学技术史》是及时的。参加编写的是我国有经验的学者与业务骨干，他们计划的内容、做法和进度是可行的。我希望你委员会能给予资助，使得该所这项有意义的工作得以实现。

钱三强（中国科学院学部委员）
1990.2.16日

解说

钱三强读了董光璧2月4日信即写下："我认为科学史所决定编写《中国近现代科学技术史》是件有意义的事，应该给以支持。"2月16日便以学部委员名义致信国家自然科学基金委员会推荐，请求给予资助。全书于1992年完稿，计264万字，分上中下3卷（即中国近代科学技术的启蒙期、形成期和现代发展期），共18篇合订，由董光璧任主编，执笔编著者40余人（席泽宗先生作序，吴大猷先生题写书名）。由于种种原因，至1997年始由湖南教育出版社出版。

茅以升*之女致钱三强

（1990年3月6日）

敬爱的钱老：

兹由镇江市政协发起，经全国政协同意，编印《茅以升纪念文集》，将在本年内出版。

先父毕生从事科技教育工作，和您共事多年，素相推重，人所共知。我姊妹谨代表国内外亲属，恳请惠赐题辞（词），永垂荣光，存殁均感。

专此陈请，敬祝

健康

茅于美（人民大学教授）

茅于燕（中科院心理研究所研究员）

茅玉麟（中国科技馆图书管理员）

1990年3月6日

---

*茅以升（1896—1989），中国桥梁专家，教育家。美国卡耐基理工学院博士。中国科学院首批学部委员（院士）。历任河海工科大学校长、北洋工学院院长、北方交通大学校长、铁道科学研究院院长、中国科协副主席、中国土木工程学会理事长，全国政协副主席等。

宋振能*致钱三强

（1990年4月23日　关于科学院早期的专门委员）

三强师大鉴：

久未问候，本有一件事向您求教，知道您贵体欠安，不敢惊扰您。已托葛能全同志便时代询，因怕他说不清楚，特奉上此信，便于您回忆。

求教的问题只有一个，就是科学院聘任的专门委员是只限于院外的科学家还是院外、院内都有。为什么会提出这个问题，因为我查阅过刊物、档案后使我产生了疑惑。情况如下：

（一）1949年12月起计划局（当时您是副局长）进行了再次调查，从中选出165位院内外专家任专门委员，1950年《科学通报》一卷3期6月份刊登了全部委员名单，既有院外又有院内科学家，例如近代物理组院外有王竹溪、周培源、张宗燧等等，院内有吴有训、您、赵忠尧、何泽慧等等。这批名单都是基础学科的。

（二）1950年6月，院上报这批名单给政务院文教委员会，只报院外委员的名单110人（院内委员名单没有上报），并给他们发了聘书，院内委员似乎没有发聘书。

（三）1950年8月，李四光副院长在全国科学工作者代表会议上报告科学院工作谈到专门委员人数时，数字是161人（165人中有4人兼两个组的专门委员，如吴有训、周培源等）。看来李老是认为专门委员包括院外和院内的。

---

*宋振能，中国科学院院史研究专家。

（四）1950年10月，科学院上报第二批专门委员名单给文教委员会，这批名单主要是补报社会科学、工程学的专门委员，也增补了少数基础科学的。名单原来包括院内外专家，经郭老审阅时，郭老把院内委员勾掉，结果只上报院外的，也只给院外的发聘书。

　　（五）1951年2月2日，郭老在政务院报告科学院1950年工作总结和1951年工作计划，谈到专门委员的人数是160人（自然科学113人，社会科学47人）。显然，郭老报告的数字只是院外的委员。

　　（六）1951年10月，科学院就机构、人员调整问题向文教委员会写了报告，报告中检查发挥专门委员的作用不够，特别是与院内的专门委员缺乏经常的联系。从这个报告看，专门委员又是包括院内院外的。

　　从以上列举的情况看，郭老是有意识不上报院内名单和不统计院内专门委员人数的。这样就使我产生了疑问，郭老究竟是认为专门委员只需要聘任院外的就行了，不必聘院内的专门委员；还是承认院内聘任的专门委员也算，只是不需要上报、发聘书和把数字统计进去。

　　为此事我曾托人请教过严老（严济慈教授），但他记不清了。请教过黄宗甄、简焯坡等人，他们认为是有院内的专门委员，但不能明确肯定。因您当时先后任计划局副局长、局长，又亲自管过这件事，现在科学院只有您是能作出这个判断的唯一权威。因此不揣冒昧，在您养病中向您求教。

　　我就住在您附近（电话、住址略）。当然我是希望登门聆听您的赐教的（最多不超过10分钟），但考虑到您在养病，如能把您的回忆告诉家里人在电话里花2—3分钟通知我，我也就非常满足了。

　　祝您
早日康复

晚 宋振能 谨上
1990.4.23

　　（烦扰您了，实在对不起）

钱三强致国务院总理

（1990年5月7日　为中断十年的学部委员增选）

总理：

　　您好！我以科技界一个老兵的名义给您写这封信，反映科技界普遍关心的一个问题。

　　上月全国政协会议上和近日参加钱正英副主席主持的关于知识分子政策问题专题组讨论，许多政协委员对我国人才"断层"问题深表关切和担忧。人才断层不仅表现在中层，还表现在高层，例如代表我国最高学术荣誉称号的中国科学院学部委员，也面临这种状况。

　　据我所知，1955年建立学部时，学部委员年龄不过四五十岁，在科学技术各个领域都起着带头人作用，在他们的影响和带领下，特别是党中央和国务院的关怀和正确领导，广大科技人员团结奋斗，自力更生，打破了国际上的封锁，克服了重重困难，攻克了一道道难关。比如我国原子核科学技术得以从无到有迅速发展，有关的学部委员，不论是科学院系统的、国防系统的，还是工业部门、教育部门、卫生部门的，都自觉响应"大力协同"的号召，服从需要，长期奋斗在一线，发挥了重要作用。

　　但是，目前学部委员的现状却大为不同了。据了解，现有学部委员的平均年龄超过了75岁，322位学部委员中50岁以下的竟无一人，60岁以下的也仅有十几人。虽然大家具有强烈的爱国热情，都很想再为科技繁荣、祖国富强多出把力，多数人毕竟年事已高，力难从心。我们自己也常常为此感到焦急，希望能尽快改变这种"断层"状况。从多方面情况考虑，目前改变这种状况的办法，增选学部委员是比较可行的。尽管在实行学部委员制度和建立院士制度问题上，学术界内部有些不同意见（有关方面还组织过专门调研），但针对目前实行院士制度条件、时机尚不成熟的情况下，大家都认为应立即着手增选学部委员，使其年轻化，是当务之急。同时还可以进行院士制度的研究工作。

增选学部委员不仅有迫切需要和普遍要求，而且也完全具备条件。党的十一届三中全会以来，我国科学技术各个领域，全国各条战线，国家许多重大工程建设中，都涌现出一大批有学术造诣、有突出成就、有奉献精神的优秀中青年科学技术专家，他们在人民群众中和知识分子中有着很大影响。可以相信，把这批优秀专家增选进学部，不仅可以大大增强学部工作活力，解决"断层"问题，有利于促进科学技术面向经济建设；同时也会进一步激励和团结广大科技人员同心同德，为社会主义现代化建设努力奋斗。

根据世界科技发展趋势和我国国民经济发展的急需，我认为，强调对技术科学的重视是非常必要的，因此我建议在增选学部委员时，应适当扩大技术科学部学部委员的增选名额。据了解，中国科学院也有这种考虑。

以上如有不当，请批评指正。

致以

崇高敬礼！

钱三强

1990年5月7日

解说

这封个人信件是钱正英[*]建议写的，并由她转交总理。其时，中国科学院学部委员（后称院士）自1980年增选后又中断了十年，原因多种，而对

---

[*]钱正英（1923—2022），水利水电专家。上海大同大学肄业，中国工程院院士。曾任水利部部长。时任全国政协副主席，领导知识分子政策研讨小组（钱三强为副组长），为中央起草落实知识分子政策的文件。

知识分子整体状况认识发生偏差，是主要原因之一。

1990年初，全国政协由副主席钱正英为组长成立"知识分子政策问题专题研讨组"，准备向中央写一个切实解决知识分子问题的报告（后以《中共中央关于进一步加强和改进知识分子工作的通知》印发，即中发[1990]14号文件，时任全国政协常委、科技委副主任的钱三强为专题组副组长。一次，钱三强向钱正英讲了学部委员增选又十年停顿，造成高端人才断层的严峻情况，以及科技界为之焦急、忧虑的情绪。钱正英认为这正是落实知识分子政策应该解决的问题，便和钱三强亲自到科学院了解详细情况，而后建议说：要解决中断这么些年的学部委员增选，看来一份公文难以奏效，可以考虑请一位有影响的科学家，先以个人名义给总理写信。又说，我看三强同志很适合写这封信。钱正英还自告奋勇，信将由她亲自转交。钱三强当场表示愿意写信，并且交代葛能全起草信稿，他说信要写得恳切，有事实讲道理，还要有点个人情感。

总理看了钱正英转交的钱三强5月7日信后，6月2日在办公室约见科学院院长周光召和钱正英，表示同意进行学部委员增选；9月26日，国务院常务会议批准增选学部委员的报告，并决定此后实行两年一次的增选制度，不再报批。

钱三强复茅以升之女

（1990年6月9日）

玉麟同志并

于美和于燕同志：

　　最近各方面杂事比较多，所以来不及应命为茅老纪念文集题词。如果尚不过晚，我遵命写了你们撰写的题辞（词）中的一条，看是否能用。

　　茅老对我来说是长辈，他的榜样对我教育很大，因此我以晚辈的名义恭写了题辞（词）。我将不断遵循他给我们作出的榜样，为我国社会主义现代化作出应作的工作。

　　此致

敬礼

钱三强
1990.6.9日

钱三强为纪念茅以升题词手稿

都学山致钱三强

（1990年6月19日）

钱老：

　　您好！

　　我是您未曾见面就给添麻烦的，运培的朋友都学山。

　　您给运培的复信，她给我看了。您每日有许许多多的重要工作要处理，可是为我去美国进修之事，又是那么细心询问，周到的指教，使我深受感动和鼓舞，亲身体会到您老对我们中青年的关心。日后若能赴美学习，一定以实际行动，加倍努力学习，回国后多做工作，报答您的一片心意。

　　我与运培仔细研究您指教的每一条并按照去做。

　　此致

敬意

都学山　沈阳中科院金属所
90.6.19日

葛运培*致钱三强

（1990年6月23日）

亲爱的二姨父：

您好！收到您寄来的挂号信，我真是喜出望外。我立即给都学山送去了，他也非常高兴和感动，想必您已收到了他的信。我们对您这样认真耐心地帮助我们了解情况、写回信，真是非常感谢，也是出乎意料之外的。几十年前我就和妈妈讲，我二姨父对人热情、可亲，爸爸也象（像）二姨父那样多好啊！您真是我的好姨父！

告诉您，两天前都学山同志收到了科学院关于改派他到美国的公函，他马上跑来告诉我，他非常感谢您的关心所起的作用。要知道，我前一次给您写信之前，他已经对改派感到没有希望了，他以为金属所去了几次也没有得到答复，他也没主动去找关系，他就开始准备找西德的地方和学德语了，要不是学德语在合肥，他还不会到我这来谈这事呢。最近师昌绪**同志陪外宾来金属所，都学山同志也没有和他谈自己的事。所以我进一步认识到，都学山同志是个好同志。

请您多保重！

运培

1990.6.23

---

*葛运培系葛庭燧和何怡贞之长女。

**师昌绪（1918—2014），材料科学家。美国圣母大学博士，中国科学院院士，中国工程院院士。国家最高科学技术奖获得者。曾任金属所所长。时任中国科学院技术科学部主任。

钱三强致葛能全

（1990年10月11日）

能全同志：

我将三个文件送上，请参考。

今年七月份江泽民总书记又曾召开科学家座谈会，除宋健同志事先约好的国防与高新技术方面的专家外，钱学森、我和王淦昌作为特邀代表也参加了。

在这个会上，核工业方面的代表钱皋韵（朱光亚也在场，看来他们商量过的），谈到现在已进行的（或正进行的）核电站都是用天然铀作燃料的，真正用的能力是从天然铀中的铀235取出的，由于我国铀同位素分离厂的规模有限，除保住几个实验堆外，应注意快堆的研究设计（用全部铀的能力235+238），从现在起到2000年或略微晚些，研究设计快堆应作为重点。另外，再进一步就应该研究核聚变技术，这种方法世界上尚未实现，但美、日进行的很多，比较深入，我国王淦昌与他的合作者也开始进行这方面的研究（激光是我院上海光学精密机械所合作的）。估计二十世纪除快堆已可用来发电外，用核聚变来发电将是重要研究方向。

七月份江总书记召开的会，公开报纸还没有发表，我院的孙鸿烈副院长参加了。

钱三强

10.11日

葛能全致钱三强

(1990年10月23日)

钱老：

您的传记辞典稿，我起草了第一部分即"生平与事迹"，为了不致给您过于集中劳累，先将这部分送上，请初略看看，有突出不合适的地方作些校正，以便统稿抄清交黄胜年同志阅改时省些时间。

还有"学术成就与贡献""主要论著文献"两部分，正在进行，争取十月底前后完成初稿。

葛能全
十月廿三日

钱三强致葛能全

（1990年10月28日　修改传略初稿）

能全同志：

你写的"生平和事迹"一章，很简单明确，我改了一些小地方：

A）P5第二行、第四行，我把研究小组成员列了一下，同时指出四分裂现象由泽慧首先观测到，因为怕后面述说不到，因此先简要说明一下。将来你与黄胜年文中再提到的话，再看看如何调整。

B）P5第十一行，叶企孙是作为清华理学院院长，听了周培源的意见，正式提出聘请我的，并且曾与中央研究院力争要我到北平的。

C）P6第二行，应加上陪同宋庆龄、郭老出席维也纳世界人民保卫和平大会。

D）P7第十五、十八行，二机部和原子能所双重领导的关系应点明。

E）P8第四行，原子能所转入全力支援原子能工业的阶段应点清楚，与裴、秦、谷羽等一齐跑各地交任务应记一事；第七行，"分离膜的研制"是院、部合作一个重要项目，时间也占的最长（约四年以上）。

F）P9第十行，加上"文革"后，以表明该工作过去是由郭老领导，停了近二十年，1985年由我担任；第十二行，我加了"军官"两字，因为原文有Officer（即军官的意思），在国内得这类勋章只有曹禺，姜圣阶（核安全局长）得的比"军官"低一级称Chevalier（骑士），文艺界也有得这一级的。

这些都看全文如何安排，先提这样一点意见。

三强

10.28日

中共中央文献研究室致钱三强

（1990年10月29日　约写纪念毛泽东文章）

钱三强同志：

1993年12月26日，是毛泽东同志一百周年诞辰。为隆重纪念这个日子，我室准备编辑出版《回忆毛泽东》多卷本文集。鉴于您同毛泽东同志有过接触，特请您为这部文集撰写回忆文章。

关于回忆文章的要求：

一、文章用叙事体裁，以作者的亲见亲闻反映毛泽东的革命实践活动，他在制定党的路线、方针、政策中所起的作用以及他的思想品德和优良作风，也可以写一些您在同毛泽东接触中其他有意义和感人的事情。

二、记述的史实，力求翔实、准确。

三、文章以生动的回忆材料为主，寓观点、评价于叙事之中，既提供有教育意义的珍贵史料，又有较大的可读性。

四、文章字数一般在一万字以内，交稿时间望在1991年初以前。

文章写好后，请寄送中共中央文献研究室毛泽东研究组（邮政编号100017）。

请您收到信后，将能否撰稿的意见尽快告诉我们。

谨祝健康！

中共中央文献研究室办公室
1990年10月29日

联系人：蔡钊珍　电话：（略）
　　　　蒋建农　　　　（略）

王洲*致钱三强

（1990年11月8日）

尊敬的钱三强教授：

　　我国将于"八五"期间准备建设第一座快中子增殖堆，其发电功率为二万五千千瓦。建堆工程任务主要由房山原子能科学研究院承担。清华大学刚落成的"液态金属技术实验室"也承担一小部分任务。

　　我本人目前在房山原子能科学研究院担任快堆技术委员会主任，负责快堆研究与工程设计的工作。我又在清华大学热能工程系带博士研究生，并建立了一个"液态金属技术研究室"，其目的为研究有关快堆的工程及安全问题。为记忆你对我国核科学领域的贡献，我想请你为这个新建的实验室题名。题名石雕将挂在清华园"液态金属技术实验室"正门门口，清华的学生将不会忘记你的教诲。

　　现寄上题名样式，请用同样尺寸（20.7cm×29.7cm）白纸，按格式及字体大小比例用毛笔书法写几张，并用这个准备好的信封寄来。我们将把原稿放大几倍雕刻在石板上。

　　感谢你对我们工作上的指教和支持。

　　此致敬意

清华大学教授　王洲
1990年11月8日

---

*王洲（1931—　），巴黎大学数学博士，清华大学热能工程系教授、中国原子能科学研究院研究员。

钱三强致陈泓*、汤寿根**

（1990年12月22日）

陈泓同志并汤寿根同志：

我于11月底12月初收到中国科学技术出版社"科技专家传略编辑室"陶翔同志的信，说经理科编委会研究准备为我"立传"，并让我推荐撰稿人。我最近一个月比较忙，所以12月20日才回信给他，并推荐葛能全、黄胜年两位同志担任撰稿人，他们都是我多年在科学院的同事和中国原子能研究院的合作者。葛能全现任学部联合办公室副主任，黄胜年是原子能研究院的研究员兼研究生院的副主任，文笔都比较流畅与严谨。

鉴于你们拟于1991年第一季度出版，时间比较紧，写一篇5000—10000字的稿件恐怕也需要两三个月，并且他们都是忙人，因此我已向陶翔同志去信"第一季度交稿"。如果你们认为太晚了，那末就留着给将来用好了。

希望你们早日给我回信，以便我通知葛、黄二同志。

此致

敬礼

钱三强

1990.12.22日

---

* 陈泓时为中国科协书记处书记，兼任科技专家传略编辑办公室主任。
**汤寿根时为科普创作学会秘书长，兼任科技专家传略编辑办公室副主任。

胡丕显*致钱三强

（1990年12月25日　回顾核科技发展）

钱老：您好！

　　《去掉镣铐的普罗米修斯——关于伊格尔·库尔恰托夫的故事》终于问世了。这本书竟然拖了五年之久，算是一件奇事。今天我拿到样书，首先给您寄去，请您不吝提出批评意见，并再一次对您的鼓励表示感谢。

　　我于去年承担了《核科学技术》史料的编写工作，属核军工史的一个分册，内容以原子能研究所的活动为主体，反映核事业中科学技术的全貌。李毅等同志参加编委会指导工作。编写组一共五人，估计明年初可能拿出初稿。我们一直想去看望您和何先生，但怕打扰您，一直没有下决心去。我们知道采访您的人很多，再给您增加麻烦太过意不去。所以我们采取间接的办法，借到了杨克贤访问您的录音和您为科学院写的历史材料。《裂变之光》和《播春者》都看过了。我们访问了黄祖洽、丁大钊、黄胜年、邓晓明（生前）、戴传曾（生前）等许多同志，每提及您和何先生，大家都表示了十分崇敬的心情。胜年同志赠我一本《铀核三分裂和四分裂的发现》，以及他写的关于你们二位指导他和其他当时的青年工作的文章，文字朴实感人。胜年说，你们是我国难得的科学家，不仅是学问上，而且特别做人的品德上。黄祖洽和李德平说，您爱才如命，遇到肯上进的

---

*胡丕显系原子能所时期工作人员，时为核科技史的编写者之一。钱三强在家中接受胡丕显访谈，胡据以整理成文，钱亲自审核修改，几易其稿，历经年余，撰成以钱三强署名的《我国核科学技术早期发展的回顾》一文（13000余字），收入《中国核军事工业史料》丛书。

有才华的青年，你们总是尽力培养并放在适当的岗位上发挥他们的作用。在人才的聚集，识才、用才上您发挥了最大的作用。而核事业的建立和发展，人才是最重要的。

历史本来应该是由后人来写的，因为只有那样才能真正客观。但现在要写，我们只能作为任务来完成，但我们决心尊重历史事实，我们都是小人物，上面有编委会指导。

您的身体怎样？何先生好吗？我们始终想来看望您，听听您的指导，但不知是否会打扰了您，影响您的休息。

您的过去的最基层的部下工作人员
胡丕显
1990年12月25日

钱三强致葛能全

（1990年12月25日）

能全同志：

"中国科技专家传略"是科协要出版的系列理、工、农、医各卷书，理科编委会由林兰英等组成。

总的书由我担任主编，高镇宁等同志担任副主编。

这封附信中（复印品）的陈泓同志（女）系"传略"办公室的负责人，汤寿根是她的副手。我想把"第一季度交稿"作为我们最快的速度，他们若觉得太晚了，那么我们就把它推后，时间即不定了。等陈泓、汤寿根、陶翔来信后再给她回信，把你和黄胜年的工作单位通讯地址和电话告诉他们，如他们认为太晚了，就不告诉他们了。

三强

十二月廿五日

1991 年

张纪夫*致钱三强

（1991年2月1日　彭德怀关心原子弹研制）

钱部长：

最近，我在彭德怀传编写组处摘抄的材料有：

1954年8月20日，请著名核物理学家钱三强讲原子弹、氢弹的原理和结构。

1954年9月9日，率中国军事代表团赴苏参观核爆炸试验。20日回京。

王亚志同志（曾任彭的秘书）还谈到这样一些情况：

一、彭请你讲课的地点在彭家里（中南海永福堂）。彭还提了中国要研制原子弹该怎么办的问题。你怎么回答的他说不清楚，但他讲了一件与此有关的事情。他说，1954年10月，中国政府代表团在和苏联政府代表团（布尔加宁率领，参加中华人民共和国建国五周年活动）会谈期间，彭给李富春同志打电话："堆（即反应堆）的问题要提上。"王说，电话是彭来他办公室打的，他听的很清楚。彭这方面的知识不多，估计是钱对他讲的。

二、在苏联核实验场，布尔加宁送给彭一把飞行员空投原子弹的钥匙。在彭住的帐篷里，陈庚打开精美的包装盒观看时，说："光给把钥匙，不给原子弹有什么用？！"彭说："你是军事工程学院院长，培养人才自己造嘛！"

以上情况，供您在回忆往事时参考。

---

*张纪夫系原第二机械工业部领导人秘书，后参与编写我国研制原子弹的史料。

祝您健康长寿！祝何先生健康长寿！

张纪夫
1991.2.1

又及：等您身体更好，何先生允许时去看望您。

解说

钱三强曾任二机部副部长，"钱部长"系习惯称呼。

钱三强致葛能全转张玉台[*]

(1991年1月14日)

能全同志并转玉台同志:

　　昨日晚饭前钱正英同志来电话,说她已见到李鹏同志和国务院副秘书长刘忠一同志,听她说,教育部、国防科工委,还有卫生部、农业部都想进来(指全国政协由钱正英主持的"关于改进科技人员工作和生活条件的报告"),刘对钱(钱正英)的报告研究的很透,他说这里的大头是科学院。李鹏同志后来先走了,参加另外的重要活动,最后钱与刘谈,三月份开政协会前,无论如何要定个盘子,不然政协也不好交待。反正总要作点实事。

　　晚上我与玉台同志通电话,玉台夫人说去中南海开会去了。

　　特告。有何消息请告。

　　光召同志几天[前]来我家,也谈起[改进科技人员条件]不能全部兑现,给一部分也好。

钱三强
14日晨

---

*张玉台时任中国科学院副秘书长,学部联合办公室主任。

钱三强复葛能全

（1991年2月7日　修订传略及署名）

能全同志：

送来传略稿件已收到，细看了以后，只有两个地方需要改一下：

[A]①第10页倒数第八行（J. A. Wheeele）其中第三个"e"应取消，我已在文中改了。

②第21页倒数第六行P165和P200"和"应改为"et"（et是法文的和）。改的原因：前后都是法文，因此"和"应改为"et"。

[B]我在第22页签注：

已阅，同意。钱三强　1991.2.7日

[C]本文作者应请你填写："葛能全、黄胜年"。将来写何泽慧时，我建议我先写一个初稿，然后请你修改，最后拟请黄胜年和你署名，不知能否同意，因黄胜年对何泽慧了解多一点。何泽慧的项目，应写多少字（约数），请见告。出版社如不急着要，我们就晚点写也好。

钱三强

1991.2.7日

钱三强致葛能全

（1991年3月6日　回顾与毛主席的几段亲历）

能全同志：

①中共中央文献研究室要的纪念毛主席一百周年诞辰的文章，我写了一个稿子，送上。内容都是我亲自经过的，文字还是请你大胆修改，就当你自己的文章一样，大笔一改，但求能符合文献研究室的要求，题目也可以改。

改好以后，打出先送文献研究室看看（复制一份，我看看），征求他们的意见，再根据他们意见修改。

我把当初经过文件都附上，请你保存。

②汤寿根那边欠的"文债"（指中国科协《科技专家传略》中的钱三强传略），也要考虑了。你负责吧，实在对不起。

三强
三月六日晚

☆第13页倒数第二行毛主席对二机部批示，请查一下哪一年，我在医院中没有带这材料。

附：

钱三强撰写的纪念毛泽东同志百年诞辰文章。

自力更生、大力协同发展尖端技术

中华人民共和国成立后，我有机会真正授受到毛泽东同志的教导，在纪念毛主席生辰一百周年之际,谨将回忆所及的几件事,书写于下,以资纪念伟大的人民领袖毛主席。

（一）第一次为毛主席当翻译

在中国人民政治协商会议召开的过程中,1949年9月28日晚餐前,胡乔木同志来到怀仁堂大厅,悄悄地告诉我:"今晚毛主席、周副主席宴请意大利《团结报》记者斯巴诺,《团结报》是社会党办的,请你去为毛主席作法文翻译。"我当时是作为中华全国民主青年联合会的代表参加政协会议的,我们总会的主席是廖承志同志。我听到要为毛主席当翻译,很高兴,因为这样可以在更近的距离听得到毛主席的讲话。

在宴会厅里,我坐在毛主席和斯巴诺的中间。毛主席首先向记者介绍了在座的几位领导人,然后请他提问题。

记者提出许多关于这次政治协商会议的任务和经济建设方面的问题,特别提到新中国的安全问题。他毫不掩饰地说:"你们即将成立中华人民共和国,美国被从大陆上赶了出去,可能不会甘心。如果他们寻找借口,进行干涉,你们准备怎么办?"

这个问题,提得很尖锐。毛主席略加思索,诙谐地笑着说:"他们要干涉,就叫他们来吧!他们将捅一个马蜂窝。马蜂被惹急了,会飞起来蜇他们的!"

毛主席的话,语气坚定,充满了信心。可是他说的是湖南话,把"蜂"和"烘"读成一个音,我当时听不懂,不好翻译,只好转过脸问身边的同志:"马烘是什么动物?"经过一番解释,我赶快翻译,大伙都笑了,斯巴诺也笑了,他连连点头,被这种通俗易懂、巧妙生动的回答逗乐了。

（二）摸美国的老虎屁股

两年以后,捅马蜂窝的事终于发生了。刚成立不久的新中国,面临着一场最严峻的考验,美帝国主义联合十四个仆从国家出兵朝鲜,把战火一直烧到鸭绿江边。

在中南海内一宽大会议室，坐满了人，很少有人讲话，一片严肃的气氛。这里有中央各部委负责人，高等院校的校长，在京的政协委员，大家怀着忧虑和焦急的心情，等待着一个关系着全国人民命运的决定。

随着一阵热烈的掌声，在周恩来、刘少奇、朱德等国家领导人的陪同下，毛泽东走进会场，登上主席台，微笑着用鼓掌来回答那响亮而有节奏的大厅中的掌声。毛主席开始作报告，他的声音浑厚有力，开门见山，说明战争已经迫在眉睫的危险性。

"有人说，我们不能出兵，因为我们刚刚经历了八年抗战，三年解放战争，破坏太大，损失太多……"

"有人说，我们工业落后，武器装备很差，小米加步枪，无法抗击世界第一强国……"

"总之，可以列出九十九条理由，说明我们不能出兵。但抵不过一条理由，那就是：不能不打。我们不出兵不行，不打不行，这个老虎屁股我们非摸不可！"

毛泽东高高地仰起头来，提高了嗓音："为了维护中华民族的尊严，为了保护许多烈士用鲜血换来的胜利成果，我们准备再上山打游击！"

"我们准备，丢下大半个中国……"

"我们准备，打破一些坛坛罐罐……"

"敌人已经把战火烧到大门口了，我们决不屈服！"

掌声，暴风雨般的掌声震动了大厅。连那些原来反对出兵的人，也站起来，拼命鼓掌。

这不是毛泽东一个人的声音，这是这个古老的民族从胸膛里迸发出来的怒吼，这是足以震动世界的惊雷。

志愿军跨过鸭绿江，经过几场血战，把侵略者打退到三八线。经过三年苦战，中朝人民共歼敌百万人以上，其中包括美军三十几万人。"不可战胜"的神话，被打破了。这鼓舞了全中国人民，也鼓舞了全世界人民。

（三）感谢和平使者

1952年3月29日在挪威奥斯陆世界和平理事会执行局特别会议上，郭沫若建议成立科学组织到朝鲜和中国对美国使用细菌武器问题进行实地调查。在和大主席约里奥-居里的坚决支持下，通过决议组织"调查在朝鲜和中国的细菌战事实的国际科学委员会"。我陪同郭沫若出席了这次会议，并留在布拉格帮助和大组成这个委员会。委员会成员有英国、法国、巴西、意大利、瑞典和苏联六国科学家。经委员会一致邀请，我担任该委员会的联络员。周恩来总理指定廖承志同志全权负责接待委员会在朝鲜和中国东北进行调查工作。

英国代表李约瑟和我坐一辆吉普车。为了安全，汽车白天不能行驶，只有夜晚开。在车灯偶然闪亮时，可以看到一排排朝鲜妇女用自己的头，顶着食物、弹箱、武器等向前线运送。突然传来警报声，车灯顿时熄灭，进入隐蔽地；敌机一阵狂轰滥炸。敌机走后，吉普车又照常前进。经过多种调查，收集到证据和材料，初步证实美军使用细菌战的结论。在朝鲜某地见到金日成将军，他对委员会专家们敢于坚持正义、不畏强权的科学态度表示敬意。

在朝鲜工作结束后，委员会成员经过曲折的路程回北京，在北京写调查报告。委员会在调查报告中作出了这样的结论：

"朝鲜及中国东北的人民，确已成为细菌武器的攻击目标，美国军队以许多不同方法使用了这些武器，其中有一些方法，看起来是把日军在第二次世界大战期间进行细菌战所用的方法加以发展而成。……此为本委员会委员们过去所不易置信；现在委员会迫于事实，必须下这样的结论。"

毛主席、周总理在北京中南海亲自接见了委员会的成员，对他们主持正义表示赞赏与敬意，并且说："你们是保卫和平的使者，朝鲜人民、中国人民和全世界爱好和平的人们都应该感谢你们。"陪同接见的有郭沫若、廖承志和我（兼翻译）。

（四）发展原子能是时候了

1955年1月14日下午在周恩来总理办公室开了一个小型会议。参加这次会议的有国家建设委员会主任薄一波，地质部长、科学院副院长李四光，地质部副部长刘杰和我。这次会议是专门讨论原子核科学的研究和核工业的发展的。周总理先请李四光、刘杰汇报了铀矿的勘查情况，然后由我介绍了原子核科学研究的状况及原子反应堆、原子弹的原理和发展这项事业的必需具备的条件。最后他说："毛主席要听这方面情况的汇报，你们要作点准备，简单扼要，把问题说清楚。地质部可以带点铀矿石，三强可以带简便的仪器作汇报表演。"

第二天下午三时我们按时到会。这是一次中央书记处扩大会议，刘少奇、周恩来、朱德、陈云、彭德怀、彭真、邓小平、李富春和中央其他领导同志参加了会议。毛主席主持会议，开门见山说："今天，我们这些人当小学生，请你们来上课……"

毛泽东等同志兴致勃勃地听取了汇报，李四光取出了黄黑色的铀矿石，大家轮流地传看着，感到很有趣。我汇报了核物理学的研究和发展概况和我国这几年的准备工作，然后把自制的盖革计数器放在桌子上，又把一小块铀矿石靠近仪器，便听到"嘎嘎"的轻微响声，大伙看到这种表演，感到很有兴趣，都笑了。

毛主席问："请问原子核是由质子与中子组成的吗？"

我答："是的。"

毛主席又问："质子与中子是什么东西组成的呢？"

我答："根据现在科学研究的最新成果，只知道质子、中子都是构成原子核的基本粒子。"

毛主席又问："它们是不可分的吗？"

我答："现在的研究是这样，能不能分，还没有被认识。"

毛主席微笑着，特别和蔼可亲，缓缓地抽着香烟，思考着说："我看不见得。"他带着商量的口气，但充满自信地说："从哲学的观点来看，物质是无限可分的。质子、中子、电子也应该是可分的。一分为二，对立的统一嘛！你们信不信？你们不信，反正我信。现在，实验室里还没有证明，将来实验条件发展了，会证明它们是可分的。"

这是一个预言，一个哲学家的预言。1955年以后在美国发现了反质子、反中子。毛泽东的哲学预言，更加引起世界科学界的重视。

毛主席思考着，回忆着说："关于发展原子能工业，你们过去也反映过，由于种种原因，我们还没有腾出手来。现在是时候了，我们要大力发展原子能的研究和工业。"

毛主席望着大家说："你们看怎么样？苏联政府已经来信，愿意给我们积极的援助。这很好，我们要尽快把反应堆、加速器建立起来。苏联对我们援助，我们一定要搞好！我们自己干，也一定能干好！我们只要有人，又有资源，什么奇迹都可以创造出来！"

周总理发言，赞成毛主席的讲话，并且强调要大力加强科技干部的培养和训练工作。出席会议的中央领导同志都作了热情支持的发言，一致拥护毛主席的意见。

吃饭的时候，餐厅摆了三桌。毛主席坐的桌上，右边坐着彭真，左边坐着李四光，我坐在他的对面。彭真向毛主席介绍说："三强的父亲是钱玄同，五四时期是北大教授，主席那时也在北大，见过面没有？"

"知道，但没有见过面。最近我看过一本书，有你父亲写的文章——《新学伪经考序》。他在这篇长文章里，批评了他的老师——章太炎。"

毛泽东解释说："《新学伪经考》是康有为的著作，他说许多古书都是经过后人篡改过的。章太炎对这本书有反对意见。钱先生为这本书作了长序，代表他对经学今文古文问题的成熟见解。他在文章中提出：'总而言之，我们以后解经，应该以实事求是为鹄的，而破除《师说》《家法》……'钱先生就在这篇长序里，反驳了他的老师章太炎。有这种勇气来追求真理，是很不容易的啊！"

这次会议好像是一个学术会议，讨论了原子能，也讨论了哲学和经学，等等，使人增长知识，心情舒畅。菜上齐了，酒杯斟满了，毛泽东站起来，举起酒杯高声说："预祝我国原子能事业顺利发展，大家干杯！"

这是我国原子能事业的一次重要会议。

（五）党的"八大"再当翻译

1956年9月，中国共产党第八次代表大会在北京正式举行。这是一次空前的盛会，是从经济恢复走向全面建设的大会。大会代表1029人，还有58个兄弟党的代表参加了会议。我当时也是八大代表。一天下午，毛泽东同志会见各兄弟党代表团团长，胡乔木同志通知我要我去担任法语翻译。

在这个小型的内部座谈会上，各代表团的团长抢着发言。他们对苏共"老大哥"有意见，认为各国共产党不应该只有一个中心，应该有多个中心，比如中国共产党也可以成为一个中心。他们还说，在经济关系上，由于老大哥要求太苛刻，他们吃了不少亏。

毛泽东同志听了大家的发言，最后说："社会主义各国应该有一个中心，这个中心的头只有苏联配当。他是在列宁领导下第一个建成社会主义的国家，力量也最强，对各国革命也起过一定的作用。红花需要绿叶扶，一根篱笆三根桩，一个好汉三个帮。我们可以向老大哥提意见，帮助他们改进。你们都说吃了亏，我们也吃过不少亏。但是为了维护团结大局，我们现在不说……"

（六）不作贾桂式的奴才

1956年1月，苏共召开了二十大，赫鲁晓夫做了那篇有名的报告，批判、否定了斯大林。

4月5日，中国共产党发表了"关于无产阶级专政的历史经验"，就斯大林问题发表了与苏共不同的看法，从此中苏的分歧走向了公开化。1958年5月16日，毛主席在二机部的一份报告中批示："尊重苏联同志，刻苦虚心学习。但又一定要破除迷信。打倒贾桂！贾桂（即奴才）是谁也看不起的。"

1959年6月20日，当全国人民正为大跃进、浮夸风所带来的麻烦十分苦恼的时候，苏共中央来信，拒绝提供原子弹教学模型和技术资料。8月23日，苏联单方面终止两国签订的国防新技术的协定，撤走全部专家。中苏两个社会主义大国所出现的这场矛盾，震动了世界。"算命"的先生们大喊大叫："离开别国帮助，中国二十年也搞不出原子弹！"

面对着无理的要求，粗暴的干预，应该怎样回答？

"自己动手，从头做起，准备用八年时间拿出自己的原子弹。"1960年7月16日毛泽东在北戴河会议上向全党、全国人民发出号召："要下决心搞尖端技术。赫鲁晓夫不给我们尖端技术，极好！如果给了，这个账是很难还的。"

"极好！"两个字表达了一个民族的尊严和骨气。曾经谦虚过，现在不能谦虚了。

在党中央、周总理的亲自关怀和聂荣臻元帅的直接领导下，依靠全国工业部门、中国科学院、高等院校的科学家、工程技术人员和工人们，上万人的队伍，艰苦奋斗，努力拼搏，最后于1964年10月16日试验了我国第一颗原子弹。两年零八个月后试验我国第一颗氢弹，使我国成为从原子弹到氢弹发展速度最快的国家，加强了国防力量，提高了我国的国际地位。

毛主席1958年对二机部批示"大力协同，办好这件事"，得到了实现。

钱三强致葛能全

（1991年3月17日　对传略最后修订）

能全同志：

接到你为汤寿根他们写的中国科协的传稿。我作了一些修改，大体有以下几点，请考虑：

①第二页第四行"科协副主席兼促进自然科学与社会科学联盟委员会主任"——这是1986年的事，故改正。

②第二页第七行"当选为全国政协常委、政协科技委员会副主任"——这是1988年的事。1983年时裴丽生是政协常委兼科技组组长，我任副组长。

③第二行，我父亲曾担任北京师范大学教授兼国文系主任，黎锦熙担任师大文学院院长。

④第二页倒数第二行，我与约里奥夫人合作的工作，原文就是她的名字放在第一位，我放在第二位。在科学出版社的稿子，按他们的规则办理。但我觉得在科协的传略中可以改动一下，因此作此改动，请与汤同志商榷。同样理由在第二十页第一行与第四行和第二十页第三行，也作了同样变动。这里也有敬老的意思，当初严老与约里奥夫人都是我的老师。

⑤第十二页倒数第八行加上"但比已知的自然放射物放出的能力最强的粒子还要强些"。

⑥第十三页第二、三行，略改了一点，更符合当时的情况。

⑦第十六页倒数第八、九行，作一点修改，更符合实际。黄胜年他们会感到有亲切感。

⑧第十七页倒数第四行,"和机制"很重要,这是何祚庥同志自己加的,说明黄(黄祖洽)、于(于敏)等(也包括他自己的工作在内)工作的关键性,与氢弹加快速度爆炸有关。

⑨最后,根据科学出版社稿子,每篇论著的作者只能写三个,第四个以上就要用"等"字。我看科协的传稿应该改一下。所以,第二十一页第〔11—13〕,第二十二页〔16〕,我都把我们四人(Tsien, Ho, Chastel与Vigneron)的名字都写上了。我们回国后一两年内,Chastel与Vigneron都用这些材料,再加一些补充,作为他们的博士论文,通过考试。

我这些意见是否有点"离经叛道"。

你与汤同志商定后,即可排版,校样出来后,我大概也可出院了。诸多麻烦,请原谅。

钱三强
三月十七日

又及:昨晚与钱正英通了电话,她说蒋心雄(核工业部部长)已与她通过话了,看来还比较高兴。

钱三强复宋振能、樊洪业*

（1991年5月23日　回顾早期筹建科学院）

振能同志并转洪业同志：

接你们5月20、22日的信，现答复于下：

①《不尽的思念》一书中，我写的这段（即你们引的一段）是符合事实的。我与丁瓒**始终随同郭老同行，路过东北，回北京后我曾对青年报告过和大（即世界保卫和平大会）的成就。丁告诉我预备参加科学院的筹建与改组工作，是归国途中告诉我的。在筹备自然科学工作者会议的机会，开始注意到会科学家的专长、成就与学术见解，以备提供领导参考。这些工作确实我按丁的意见作的，比如，冯德培、贝时璋、童第周、王淦昌等，就是那时有意识去认识的，去谈的。

有关这些解放初期的事，现在活着的人吴征镒同志应该了解一些，黄宗甄也可能知道一部分。

②"人民科学院"的建议书，确是丁瓒要我参加起草的，经恽子强同志共同研究过（我估计吴征镒同志有可能会参加过讨论，但不敢确定）。

此致

敬礼

钱三强
1991.5.23日

---

*樊洪业系中国科学院院史研究专家。

**丁瓒（1910—1968），心理学家。1927年加入中国共产党。1935年毕业于中央大学心理学系。时为中国人民保卫世界和平大会副秘书长，中国科学院成立后任党组副书记。

附：

1991年4月钱三强与宋振能谈话，宋以钱的口气整理《筹建科学院前后我参与的一些事情》一文。

筹建科学院前后我参与的一些事情

早在1949年春，当丁瓒同志和我等人随郭老一起去参加在布拉格召开的世界和平拥护者大会时，丁瓒就向我透露了中央有在新中国成立后建立统一的科学院作为全国最高科学机构的意图，并说内定由郭老负责。

召开新政协筹备会时，我作为民主青联的代表参加了会议。在此期间，中央已决定由宣传部部长陆定一负责筹建科学院。协助他工作的是恽子强和丁瓒。因为丁瓒来自南方，对北方的情况不大熟悉，我又是北平研究院的工作人员，所以也被邀参加筹建工作。

大约在1949年9月，丁瓒和我共同写了一份《建立人民科学院草案》的文件。当时讲明由丁瓒写院部机构，我写研究所的部分。写后经恽子强看过送给陆定一。

中国科学院成立以后，1949年11月我被任命为研究计划局副局长，局长由竺可桢副院长兼任。当时办的一件事是聘任专门委员，情况大概是这样：那时对国外的情况了解很少，苏联科学院的情况也不太清楚。中国科学院是继承中央研究院、北平研究院、静生生物调查所等机构，经调整改组成立的。中央研究院有院士会议、评议会，北平研究院有学术会议，而科学院是全国的最高科学机构，又有研究实体，总得想个办法，组织院内外的科学家，特别是请不在院内的人参加意见，大家一起商量事情。用现在的话说，就是要走群众路线，发扬民主，也带有科学方面统一战线的意思。

专门委员是包括院外、院内的，物理学方面的院外专门委员如周培源、叶企孙等，都是知名的科学家，张宗燧在专业方面也很不错，院内的就是吴有训、严济慈和我们一些人，其它方面院内的如伍献文、庄长恭、吴学周等都是。庄长恭在化学界比较突出，在调整成立新机构时就把安排他担任规模较大的有机化学所的所长，吴学周担任物理化学所所长。郭老在报告专门委员数字时只统计院外委员的数字，当时这样做可能有着重强调吸收和团结院外科学家参与科学院工作的意思。估计这也是中央宣传部授意的，当时科学院行政上隶属政务院文教委员会，实际上是中央宣传部的陆定一同志和胡乔木同志在管，重要的事都是由中宣部向中央汇报同意后就定了。

搞院士当时认为不成熟，特别是社会科学方面。比如陈寅恪，是著名的历史学家，但对马克思主义有多少了解就难说了。我们的陶孟和副院长在当时情况也有点类似。但他们担任专门委员是没有什么问题的。至于开始时是要成立专门委员会，后来只聘专门委员，没有成立委员会，这个情况就记不清了。

另一件重要的事是调整和改组研究机构。把数理、社会科学集中在北京，生物、化学等在上海，天文、地学在南京，技术科学在东北，为了加强东北的基础科学研究部分，把在上海的物理化学研究所迁到长春。现在看来是个"大胆"的行动，有点过"左"。要是现在可能就不敢这么做了。

当时我们跟竺副院长相处得很好，我们想了什么意见和方法，向他汇报，一般他都是同意的。

（原载《院史资料与研究》1991年第4期）

钱三强致葛能全并汤寿根、林自新 *

（1991年6月15日）

能全同志并转

寿根同志和自新同志：

你们都做了很多工作，对你们的赞誉，当表示感谢。有几个问题需要解释一下。

①第三页上第四行、七行，I. Curie教授系老居里夫人（Marie Curie）的女儿，我1937年去时，严济慈把我介绍给她。I. Curie的爱人全名是Fréderic Joliot，他们在1940年以前发表文章都是用I. Curie et F. Joliot，到1945年以后，法国把德国占领军驱逐出去后，逐渐成立了原子能总署（Commissariat à énergie atomique），Joliot担任高级专员，Joliot夫人担任四个专员之一。那以后在公开署名上就都用Joliot-Curie了［见第五页倒数第十二、十三行］。

②自新同志提的第三点，照改了（按能全同志改的文字），其它少数改动，都用红色笔改的（如第三页倒数十九行Powell教授改为博士）。

现将改订稿送还以备进行下一步工作。此致

敬礼

钱三强

1991.6.15日

---

*林自新系《中国科技日报》社长兼总编辑，《中国科技专家传略》审稿人，他1991年4月7日对钱三强传稿审读意见称："此稿无论从内容上还是文字上，都是我看过的众多撰稿中的上乘之作。对于作者努力，表示衷心的感谢和钦佩。"

徐飞致钱三强

（1991年7月5日）

钱先生：

你好！很久未给您写信了，虽然工作忙且唯恐对您多有骚扰算是理由，但我们深感不安，诚请先生见恕。

在您老不厌其烦的关怀和鼓励下，虽几经周折，拙作《科学交叉论》还是终于出版了。我为自己在学步之初就能蒙先生错爱而深觉庆幸，个中心情，一言难尽。小书后记中亦只能抒其感慨而万一。实际上，与其视您为名人大家，我更愿把您当作自己真正步入人生的启蒙良师，不知您以为然否。

本学期，我尝试着依拙书的框架，在校内新开了一门选修课，居然受到出乎我意料的普遍欢迎，选修人数约500多人。这并不能说我这个人有什么魅力，实在是交叉科学这一课题迎合了科学与时代发展的需要。不少学生甚至建议本课改为必修课程。面对众多渴望新知的莘莘学子，我既感到了压力的沉重，也坚定了继续深究的勇气和信心。在此，亦盼望日后还能有机会得到您老的指教。

好，恕不多言，以免过多占用您老的时间。谨寄上《交叉科学论》样书两本，序言是按经您最后审定的原稿排印，未再作任何改动，恳望过目。

另外，出版社按他们的规定，给您开付了些微稿酬，并一再嘱我转达。财务规定严苛，区区百元之数绝难与您大文的价值相衡，只有敬请原谅了。

无论如何，这几年我都给您添了不少麻烦，如有不恭之处，愿聆先生教训。

最后，向您老表示一个无名晚辈诚心的祝福，祝愿您身体好，生活愉快，万事如意！

徐飞 谨上

1991.7.5

钱三强致葛能全

（1991年7月23日）

能全同志：

　　接你7.22日信，你要我写的题辞（词，为湖北大学校庆题词），我将日内写好送上。

　　①记得在数理学部开会前，你曾在我的办公室中谈到，院领导对今后院、院部、院的研究所的一些想法，我也注意到数理学部开会期间，钱学森同志一次也没有出席过；严老（严济慈）倒出席过两次并参加投票。听说你参加了数理学部会议后的院领导务虚会，不知有何可以通通风之事。最近《人民日报》登载的光召同志发表的《以我为主、迎头赶上》文，是否表示了院务会议的一部分精神？

　　②上次在京西宾馆数理学部闭幕会时，马大猷宣布的初选结果，因速度比较快，只有一个印象，不知能否可以有一个比较详细的材料，如有，请联合办公室的工作人员给抄一份（不必把全部得票数都抄上，只要包括李德平、黄胜年、张焕乔等人的得票数就成了）。上次介绍各候选人的主要工作时，于敏介绍的三个人（包括胡仁宇、吕敏），效果最好。核科学小组由于朱光亚作组长，情况比较好，若是朱洪元任组长，情况会比较差些。

　　生物学部的增补工作，可能也会有基础与应用等方面的争论。你经过这次各学部的初选工作，对学部这一环节的工作有一全面了解，将来大有好处。

　　匆此即颂

工作顺利！

三强
7月23日

钱三强致钱正英

（1991年7月25日）

正英副主席：

接你转来国家教委副主任朱开轩介绍高校内部改革的有关建议。我已将该文转交政协综合局。

有关高校内部改革的有关情况，应该说内容是比较好的，但与全国政协党组《关于改进科技人员工作和生活条件的建议》和李先念、王任重同志随报告的附信相比较，则显而易见缺了一大块，在农、林、医学等方面比以你为首的知识分子政策小组的文件安排得好一点，但除高教方面提高了科学研究（这方面过去确实重视不够）的重要性外，对解放以来在周总理和聂帅亲自关怀下为国防建设、经济建设、文化建设做出重要贡献的中国科学院各研究技术单位提的不多。

科学院现在正在忙于学部委员选举工作（这个工作也是得到过你的支持与推动的），初选已结束，最后选举将于今年十月底举行。

有关知识分子政策小组的问题，你有工夫时可以与王佛松、张玉台等同志联系一下，听听他们的意见。周光召同志你们应当见面机会很多，也可以了解一点他们的看法。

钱三强
7月25日

钱三强复刘梦梅[*]

（1991年8月12日　回忆中学时打乒乓球）

梦梅同志：

接到你六月九日信，现复于下。

①解放前1925年左右当时基督教青年会（米市大街）有乒乓球设备并组织活动，那时有些中学开始打乒乓球，如汇文中学等。

②北河沿孔德学校（孔德是法国实证主义哲学家的姓，该校解放后改名为北京二十七中学）中学化学教员张定钊，曾在日本学习过，乒乓球打得相当好，课余时候，在风雨操场与学生们打乒乓球，引起打乒乓球兴趣，男同学与女同学都在打。

③北京市第一次乒乓球比赛是1928年冬在米市大街青年会举行，男子取四名：

第一名　周丰一（孔德）
第二名　傅洵克（青年会）
第三名　金国光（孔德）
第四名　钱三强（孔德）

女子取二名：

第一名　金琼英（孔德）
第二名　陶凯孙（孔德）

---

[*] 刘梦梅时为北京市乒乓球协会副主席，为编修北京体育志致信钱三强，询征早年北京中学生开展乒乓球训练及比赛情况。

这些情况已过了六十多年，记忆不清了，可能有错误，比如男子第二名傅洵克（青年会），姓傅大概不会错，但"洵克"两字就记不清了。决赛有可能在欧美同学会举行。

以上情况谨供参考。

解放后，我国成为乒乓球的大国，又有乒乓球运动协会的成立，我相信我们一定能不断听到我国健儿在乒乓球比赛中取得优胜的消息。

匆此即颂

暑安

钱三强敬上

1991.8.12

朱光亚*复钱三强

（1991年11月12日　1946年赴美学习事）

三强主席：

　　1946年赴美时，助手六人只选了五人，徐贤修是华先生（华罗庚）到美国后过了一段时间才选定的，后来我一直未见过徐贤修先生。

　　王瑞駪（不是"端"，是"瑞"）是先到Washington大学，获博士学位后到Yale大学；以后又转往纽约州立大学，是该大学设立的Einstein讲座教授第二批五位中的一位（杨振宁是第一批五位中的一位）。王瑞駪先生现仍在Buffalo的纽约州立大学（State University of New York at Buffalo）。据唐敖庆先生告诉我，他1985年赴美访问时曾到Buffalo见到王瑞駪，王在分子生物学方面是很有成就的。也曾多次希望他回国参观访问，但由于这样那样的原因一直未能实现。

　　孙本旺到美国后在纽约大学，1949年12月回国后到武汉大学任教授，1952年转到哈军工，以后是长沙工学院（国防科大前身）、国防科大，1979年任国防科大副校长兼系统工程系主任。1983年底因身体不好免职（届时已年过七旬），1984年7月病故（胃癌）。孙本旺先生曾任第三届全国人大代表（1962—1965）、全国政协委员（1959—1962，1976—1984）。

---

*朱光亚（1924—2011），核物理学家，中国科学院院士，中国工程院院士，"两弹一星功勋奖章"获得者。曾任中国科学院原子能研究所研究员、二机部核武器研究所副所长，国防科工委科委主任，中国科学技术协会主席，全国政协副主席，中国工程院首任院长。

以上是我了解的情况，特向您报告。

致

敬礼

朱光亚

12/11-91

解说

1991年冬，钱三强撰成《我国核科学技术早期发展的回顾》稿，送请朱光亚审阅，特别请他作为当事者之一，对1946年国民政府拟筹组原子能科学机构，由西南联大曾昭抡、吴大猷、华罗庚三教授选六人（物理朱光亚、李政道，化学唐敖庆、王瑞駪，数学孙本旺、徐贤修）赴美学习一节，给以事实核定及经过情况补正。朱光亚就此亲笔回信作出说明。

后因美方拒绝中国学者接近有关原子核科学技术的工作，几位年轻学者只得各自联系学校读学位，国民政府的原计划设想就此搁浅。

钱学森致钱三强

（1991年11月13日　汉译两个科学名词的建议）

钱三强同志：

　　我写此信有一个目的，因您主管科学名词的审定，有两个词，不知是否已正式定了。一个是mesoscopic，一个是nanotechnology，前者有译为"介观"的，后者未见有译名。我以为"介观"是直译，介乎宏观与微观之间吧；但从字面看，未明确"介"于那两"观"之间。所以我建议mesoscopic在汉语中用"细观"，从"宏"到"细"，再到"微"，不是更带中国味儿吗？nanotechnology可直接用字头"nano"已定为"纤"这一点，译名为"纤技术"。这两个词在今后高技术发展中是重要的，我希望我们要把汉语名词定得妥当些。我的意见不知是否妥当，请您考虑。

钱学森
11.13

钱三强致葛能全

（1991年12月19日　说明冼鼎昌与冼星海关系）

能全同志：

今早冼鼎昌给泽慧送来祖玄通过高能所与CERN打来电信（有关祖玄的男孩李夏勃去法国探亲的事）。我顺便问起他是不是冼星海的亲属。他说他是见过冼星海，那时还小，冼星海的女儿小时候和他一块儿玩，那时大家生活都很困难，冼星海的女儿与他都管看护他们的老阿姨叫"娘娘"。所以他是与冼星海同宗是没有问题。我曾告诉你（在电话中）他们之间是叔侄（或伯侄）关系，不一定对，但同宗不成问题。他还说，冼星海有些信存在他处，"文革"时他把它埋在地中，后来都腐烂了。

此致

敬礼

钱三强

12.19日下午

解说

高能物理学家冼鼎昌1991年当选学部委员时，出现了一个无关科学成就的意外情况，数学物理学部常委会讨论，建议如实写一文字材料附于当选名单后报批。钱三强出席了学部常委会，会后他给负责学部委员增选工作并准备起草附件材料的葛能全打电话，强调对科学家中不是很原则性的问题，应取慎重态度。他赞同学部联合办公室的倾向意见，并且电话中顺便讲到冼鼎昌与冼星海可能有叔侄亲戚关系。

潘吉星*致钱三强

（1991年12月21日　评审著作《中国火箭史》）

尊敬的钱老：

敬祝您新年愉快，健康长寿。

您是我敬佩的老一辈科学家，当然您在物理学，尤其核物理学方面的成就令人敬仰，但除此，我更敬重您的为人。当我发愁《中国火箭史》无处发表时，是您批示给科学出版社出版的。此书是我1981—1982在美国宇航博物馆及宾夕法尼亚大学时收集资料而回国写成的，当时受美国火箭史权威Dr. Friderich Durant Ⅲ及李约瑟博士的鼓动，他们认为火箭为中国所发明，但何时发明，如何发展及西传，人们都不清楚，而弄不清这些，世界火箭史第一章将难以执笔。von Braun虽也提了一下，但语焉不详。因此我才决心拿下这个课题。1987年科学出版社出版，共三篇8章。第一篇论火箭起源，第二篇论火箭技术的发展，第三篇论火药及火箭技术的外传及世界影响。这是在这个领域内第一部系统学术专著。李约瑟大书V.7火药卷着重讲火炮，对火箭谈的少，他认为这是个困难题目。其他国家则没有系统而深入研究者。因此该研究目前居国际领先地位。

在这部书中驳斥了印度及拜占庭起源说，用一系列证据证明世界上最早火箭使用于1161年金宋采石战役，解开了近300年来中外搞不清的火箭起源具体时间及地点问题，对最早的火箭装置作了技术复原。对南宋至清

---

*潘吉星（1931—2020），科学史学家，中国科学院自然科学史研究所研究员。早期主要研究中国科学史与中外科学交流史，后在美国研究火箭史，在英国研究科学人物史，在日本研究中日科学交流史。其主编的《李约瑟文集》获1987年"中国图书奖荣誉奖"。

末中国历代火药及火箭发展作了系统论述，同时详细考证了火药、火箭技术从中国传入阿拉伯、欧洲各国、印度、日、朝及东南亚各国的经过。书中有50幅插图及中西原始新资料，对金元火箭亦作了技术复原。这项研究的难度很大，一是没有前人成果可兹参考，而史料又分散，同时很多史料在国外，国内看不到。这些史料又是用不同语种写的，有的还是手稿，很难看懂。另一困难是古代同一术语有不同含义，如"火箭"既指rocket，又指incendiary arrow，人们经常易于混淆。火箭西传前人没有信得过的研究，要从头开始。

我很高兴，通过5年努力，克服了困难，此书在国内外引起好评，还译成英文，正待出版。日本人正在翻译中。此书对宣扬我华人对火箭技术贡献将有意义。我想申请我院科研一等奖，请您作评审人。此书您上次莅所时，已亲自面呈给您。故此次不再呈上。

烦您拨冗评审。衷心感激。

后学晚生 潘吉星上
1991.12.21

附：李约瑟博士对《中国火箭技术史稿》评语。

It is an excellent summary of the subject. P'an Chi-hsing（潘吉星）is one of our own collaborators. We can hearlity recommend this book as an introduction to the history of rocketry and we should all be grateful to P'an Chi-hsing for undertaking it.

Joseph Needham
24 September 1990
Cambridge

宋健*致钱三强

（1991年12月25日　科学名词及有感"红专矢量论"）

钱老：

美籍华裔科学家朱传榘先生近年多次到京，疏通中美关系，为此他做出了不懈的努力，使SRI（Stanford Research International）与中国科学界的联系始终未断。他对中国文字改革十分关切，提出了一项重要建议：新出现的自然科学名词，可直接用拉丁文使用（或用英文），而不必再造氕、氘、锘、镥之类的新字，等等。因您是中国自然科学名词委员会主席，故将朱先生来信和马宾同志的信转呈于您，可否请批转名词委员会诸君研究决策？

朱先生的建议，我也曾亲聆到林家翘先生类似论述。后知国内科学界各有异议。但视世界潮流，如日本、苏东、西欧，均以原名音译推广，颇成时髦。不知可循否？或者，凡科学论著，如强子、胶子之类可否提倡中文名词后（用括号）注以原文名称？这对今后几十年的改革开放政策，或有策应之效，对后来人的中西交流或可创造更好的环境，请判决。

另，近读外交部一些同志写的纪念陈毅同志的文章，敬送一阅。其中第14页有一段精彩的关于红与专的论述。使我回想起，您六十年代曾阐明过的"红专矢量论"，那是绝对的正确，有如初等代数定理之再造。皇天后土，永无可能反顾。这与陈毅同志的论点不谋而合，是"英雄之见略

---

*宋健（1931—　），中国科学院院士、中国工程院院士。时任国务委员、国家科委主任。

同"。我不猜想您曾与他"同筹"过。可惜我并未拜读过大作，仅从"文革"大字报中得知一二。如原作能再布，必成历史杰作。

元旦将至，时值寒冬，至望为国珍摄。

敬颂先生并泽慧师母大安。

宋健

1991年12月25日

1992年

李政道致钱三强、何泽慧

(1992年3月5日)

三强、泽慧先生:

今年五月中旬吴大猷先生应我邀请将由台北到北京参加亚太-美国超级超导对撞机国际合作会议。这不但是海峡两岸关系的一大突破,也是使中国物理学界老前辈能有一次难得的聚会。我拟于五月二十一日下午三时在北京中国高等科学技术中心(CCAST)举办一次座谈聚会,请几位老前辈讲讲中国近代物理学发展的历史,以纪念这一盛会。晚上CCAST将在中山公园举办一个招待会,海峡两岸和海外几代物理学家可欢聚一堂,实乃一大佳事。极盼您能给予支持,并届时光临。

专此敬礼

健康

晚 政道

一九九二年三月五日

解说

钱三强接到李政道3月5日信后,很高兴有这样难得的机会相聚,尤其吴大猷先生更是近半个世纪未曾谋面,为此,他找出1945年在英国剑桥出席纪念牛顿诞辰三百周年大会期间,部分中国物理学家合影(有吴大猷)的照片,交代葛能全去照相馆放大两张,准备见面时奉赠吴先生。后未如愿。

钱三强复薛攀皋[*]

（1992年3月23日　关于中国科学院的外文译名）

攀皋同志：

接你3月17日信。

我参加院的组织工作比较早，但郭院长1949年11月14日对院干部讲话时讲到中国科学院的外文译名为Academia Sinica一事，我记忆里没有。看来这不像丁瓒、恽子强他们的意见，郭院长能讲出这样名称，我估计一定是与陆定一、胡乔木他们商量过的，并且穿过他们一定得到党中央批准的。因此此事可以通过谷羽同志请她问一下乔木同志，或者用院的名义写信问一下陆定一同志。

下面说一点我个人意见。

1949年底，台湾的形势并不稳定，那时"中央研究院"收集一部分跟着蒋介石到台的人，不知前途如何，陈省身那时就是这样一个人，他把"中央研究院"数学研究所搬到台湾不久，自己就跑到美国去了，一住二三十年。改革开放后，他回到中国大陆，到南开大学办了一个数学研究所。陈省身在我回国（1948年夏秋）时与赵九章一起为萨本栋（朱家骅）对我留在南京极力作说服工作，那时他们打的是"南北朝"的局面。但我解放军攻势极强，很快就打下南京。

严格来说Academia Sinica直译过来正好是"中国的科学院"，"中央研究院"译名也是人定的。所以朱家骅的言论也不一定对。五月底听说吴

---

[*]薛攀皋系中国科学院院史研究专家。

大猷要来北京，这事也可以请周光召与吴大猷当面谈谈。以上是个人看法，请参考。

钱三强

3月23日

徐文镐*致钱三强

（1992年4月4日）

钱所长：

您的信和"论铀核三分裂的机制"单印本已收悉，谢谢。

您的记忆力很好，多少年了，我的姓和名您都没有写错。记得1957年我刚参加工作时，是跟随陈子榕同志搞《原子能》与《原子能科学技术》杂志编辑工作的，1960年后作研究所的成果管理，83年后担任［原子能研究］院科技委主任秘书，89年后到了科技情报处，现任副处长，分管院的成果管理、学术活动、期刊编辑等。这次很荣幸，受孙祖训院长委托，参加您和何先生八十寿庆的论文集的收编工作。为了做好这件事，以后还少不了要去打搅您和何先生。

根据黄胜年同志提供的信息，我还想请您帮助找一下您回国后曾用中文字写的、尚未发表的介绍三分裂及有关机制解释的论文，也想收进论文选编中去，未知您意下如何？如蒙同意，望电话告知。我的电话是（略）。

敬祝

您和何先生健康长寿

徐文镐

92年4月4日

---

*徐文镐系原子能所工作人员，时为钱三强学术论文集编委之一。

葛能全致钱三强

（1992年4月10日　筹备学术论文集及纪念文集）

钱老：

您好！

为您和何先生出版学术论文集工作已经开始进行。根据光召同志批示的意见，成立一个筹备小组，由张玉台同志牵头，有核工业总公司、高能所、物理所等单位组成。筹备组开过第一次会，决定请孙祖训（原子能研究院院长）同志与核工业部方面商量提出一个编委组成名单。经过孙与钱皋韵（核工业部科技委主任）商定，并经部党组同意，他们先提出一个初步名单，让我们考虑，并征求您的意见，至于还要补充的其他成员，也一并请您考虑。我个人觉得，科学院方面的有关科学家似应加几位，如高能所、物理所有关同志。

以上请钱老一并指示，如需面谈，我将随时听从您的安排。

另，纪念文集编委会也正由孙祖训与钱皋韵同志共同商量，也提出一个初步名单送来再转呈您斟酌。

核工业总公司蒋心雄部长很重视此事，表示要负责一半的经费（光召同志也表示，为钱老办这些事的钱，科学院全力负责）。孙祖训同志说，钱老是原子能所创始所长，他们也愿意出一半的经费。这是各方面的心意，说明对钱老为我国科技事业所作出的贡献，众望所归。

有个消息，不知钱老知道不。孙祖训同志的爱人（只有52岁，化学家）于上月去世了，孙极度悲痛，今天他来院里，我是第一次听说的，特此顺告。

葛能全

4.10日

李政道致钱三强

（1992年5月30日）

三强先生：

　　中国科学院和中国科协请我协助朱光亚先生主持5月31日的中国当代物理学家联谊座谈。为了保护您和其他老前辈的健康，座谈总时间只能限于70分钟，因此需要把发言集中在几个问题上。为方便您准备，附上拟请您回答的问题（请不超过四五分钟），盼能略作准备，则不胜感激。

晚 李政道
一九九二年五月三十日

附 回答的问题：

　　三强先生，您在1948年回国时，国内的核科学几乎是一片空白，但很快地发展起来，很希望您谈一谈核科学人才的培养是怎样起步的？（请不要超过四五分钟）

解说

　　李政道这封信送到时，钱三强因心脏病复发，已于前一天（5日29日）住进北京医院救治，病情危重，后于6月28日谢世，享年79岁。

栗培良致钱三强

（1992年5月30日）

钱三强名誉会长同志：

您好！向您汇报。

今下午我出席了高校北京海外联谊会为海外学者吴健雄博士举行的祝贺80华诞的会。整个会充满了欢快亲切的气氛，60多分钟里欢声笑语不断。北师大由启功先生题写了贺幅，北京大学和北大校友会赠了寿联和120颗名章组成的寿字幅。中法大学校友会面陈并宣读了贺信，由于各位学长繁忙，这件事由我经办的。贺信宣读后获得热烈的掌声。我代您向吴教授贺寿，向袁家骝、吴健雄夫妇致意。吴健雄对我说，她去过了您当年在法国从事科学研究与实验的单位，进行了访问并对您当年的工作与成就表示敬佩，通过我问候您夫妇好，她当然很愿意见到您。

由于您未能出席，吴、袁二位教授是在朱光亚、王淦昌二位同志主持下参加这次欢迎和祝寿活动的。

到会的部分同志也让我代他们问您好。

您是高等院校校友会北京海外联谊会的荣誉会长，近年来多次活动和盛大聚会都向您发出过请柬，盼能出席主持或莅临指导。

这次费孝通先生正在南方，未能出席，他还特地请了假。

为吴健雄先生举办的这次祝寿活动是成功的，最后合影留念。

向您汇报，不妥之处，切盼指正。

祝好并祝

伉俪快乐幸福

中法大学校友会副秘书长 栗培良
1992年5月30日夜晚

附：吴健雄先生的生日是5月31日。

她这次来还分别出席南京大学和东南大学的校庆和校友返校活动。因为她的母校中央大学已经一分为二，而这两所大学校庆的日子又不在一天。吴、袁二位来京主要是向严济慈、周培源和赵忠尧三位长辈来祝寿的。

葛能全致钱三强

(1992年6月17日)

钱老：

　　昨天，何先生在山东临沂通过我院在那里挂职的科技副县长电话询问我，希望知道您近几日的情况，我由于未到医院只好向吴丽芸同志作了了解，当即给何先生去电话，白天她出去视察（由全国政协组织）未能找到。今日早晨一早我再拨电话，她正好在宾馆里，我把您的近况向她作了详细介绍，并请她放心。

　　何先生电话中说，她现在一切都好，定于星期天乘火车，可能于星期一回到北京。具体车次和时间，现在还不知道准确。

　　有关的工作，正照常进行中，请一切放心。待医院规定有所松动，情况进一步好转时，我再去看望您。

　　大家都希望您安心疗养，争取早日康复。

　　敬祝安康！

葛能全
六月十七日晨

解说

　　此件，钱三强阅过后存放于北京医院南楼病房案头抽屉，后清理他在医院的遗物时得到。

附录

此后为各界人士悼念钱三强

致何泽慧等的

信函、电报、诗文

宋守信*致何泽慧

（1992年7月9日于法国巴黎）

泽慧学长：

阅法国《世界报》（*Le Monde*）得知三强老兄已于六月二十八日在京病逝。噩耗传来不胜哀悼。回忆于1947年承三强兄盛情介绍给Joliot-Curie教授，因此我于该年十月一日起进了法国科研中心（C.N.R.S.）。惜三强兄于48年5月赶回祖国参加新中国科学建设，我缺乏了他高明指导，在人事上遇到些困难。一九七八年他来法见了一面，决定我于79年回祖国观光。他与严老及科学院其他数领导在民族饭店宴我。之后80年底我承科学院正式邀请在科学院工作三月。此情此景我无时或忘。他心脏不健全早为国人所知，有时住医院，好时在电视上看到他健康恢复就衷心高兴，不料此次忽然与世告别，年不到80岁。我比他小一岁，多年患糖尿病，但以药物维持尚能无大问题。泽慧嫂我们虽见面不多，但您和颜笑面与我印象很深。我和祖玄有几天教法文之谊，数年前她来法国惜不在巴黎区附近。

最后我希望您节哀，化悲痛为力量，继续为祖国贡献，为三强兄争光。专此敬祝

全家好，书不尽意

学弟 宋守信谨上
92年7月9日

---

*宋守信，法国巴黎大学自然科学教授。1937年留学法国，1947年钱三强介绍其进入法国国家科研中心。

顾毓琇*致何泽慧

（1992年7月27日于美国）

院长先生转何泽慧教授：

惊闻三强教授谢世，不胜哀悼！回忆1946（四十六年前）在巴黎与贤梁孟晤叙，甚为亲切。本来5月31日本人参加现代物理学术座谈会，首席有三强座位，但因病未能出席，心窃忧之。

三强教授对科学造诣对国家贡献，将永垂史乘，为国争光，可无遗憾，且将为后起者之模范也！

顾毓琇
1992年7月27日于美国

---

*顾毓琇（1902—2002），江苏无锡人。集科学家、教育家、诗人、戏剧家、音乐家和佛学家于一身。1928年毕业于美国麻省理工学院，是该校第一位获得科学博士学位的中国人。清华大学工学院以及国立音乐学院（中央音乐学院前身）、上海市立实验戏剧学校（上海戏剧学院前身）的创始人；曾任中央大学校长、政治大学校长、美国麻省理工学院教授、宾夕法尼亚大学终身教授和荣誉退休教授。

张劲夫致何泽慧

（1993年3月17日）

泽慧先生：

　　小女培华转达先生要我写点有关纪念三强同志的文章，这是我应该做的，我自己也有这一愿望。只是近年身体不大好，记忆力又差，勉力写了两千多字，作为对老友的追念。自觉内容不够充实，文字表达也不够好，请你审定。如觉可用，可否请彭桓武同志、葛能全同志帮助修改润色，然后再请你审定。顺问
近安！

张劲夫
一九九三年三月十七日

附：

怀念钱三强同志

张劲夫

　　1956年春我到科学院工作后，得知钱三强同志是一位著名的核物理学家，正为筹划发展我国原子能科学事业去苏联访问。他回国后和我一见面，就向我提出意见：这次十二年科学规划，为什么只提了"四项紧急措施"，而未对原子能科研也提出紧急措施呢？我向他解释说：原子能科研工作，毛主席亲自关怀，曾约你和李四光副院长谈过，早已是国务院要抓的专项大事，保密性又强，这次就未再提了。他立即表示理解。他这时虽

仍是科学院近代物理研究所所长，但已参加二机部的领导工作，主要任务是在筹建苏联援助我们的重水型实验性反应堆和直径1.2米的回旋加速器，要在房山县坨里建立一个新的研究实验基地，而他当时关心的是要吸纳一批人才。和三强同志一见面，就留给我很深的印象：事业心很强，性格非常坦率，心里有什么意见，就毫无保留地当面提出来。

在我和三强同志多年接触中，留给我难忘的印象，有以下几点：

一是，他不仅是一位有很高学术成就的科学家，而且是一位具有杰出才能的科研事业的组织家。最突出的事例，是在我到科学院前，三强同志对科学院的建院工作，尤其是在成立学部委员制度方面，组建、调整研究机构方面做了许多切实而有成效的工作。以后他任近代物理研究所所长，不仅将建国初期的人数不多的一个研究组，很快建成一个人才济济的研究所，而且后来又成为规模很大的原子能研究所，由二机部和科学院双重领导。三强同志对协调部院之间的合作，起了很好的桥梁作用。三强同志由于本身是一位有很高成就的科学家，而又具有知人善任的优点，因此，他不仅能从科学院内、高等院校等各方面吸纳人才，而且对所吸纳的人才，能以无私大度的胸怀，安排得各得其所，发挥所长。他从不以领导者自居，没有官气，总是以同志、朋友的身份和人相处。为人热情，到哪里都使人感到温暖。他善于理解专家、学者的特点，结合实际贯彻党的知识分子政策。经过多年的不懈努力，使原子能研究所成为我国第一个综合性的核科学技术研究基地。二机部的各有关厂、矿所需的科技人才，经过这里实习培养后，成了各方面的科研中坚，因此，原子能研究所又是一个名副其实的我国原子能事业的人才培养基地。

这个强大的研究集体，为我国原子能事业做出多方面的贡献，三强同志在其中起了关键性的作用。

三强同志作为科研事业的杰出组织家，还表现在他对科研选题的决策，能照顾全面，并且有远见。如他对课题安排既重视实验工作，又重视理论工作。他本人在实验物理方面，具有独到的特长，取得高水平的成就，发现铀核三分裂和四分裂现象，但他又很重视理论工作。在他主持近代物理研究所工作时，有五个重要的研究组，其中一个就是理论物理组，请彭桓武、朱洪元等我国杰出的理论物理学家主其事。以后在主持原子能研究所工作时，又受二机部委托，适时组织一批理论物理学家，开始对热核反应机理进行探索性研究，为氢弹研制做了一定的理论准备。这是使我国成为世界上从原子弹到氢弹发展速度最快的国家的一个重要原因。在60年代中期，三强同志积极支持我国粒子物理理论工作者，从事基本粒子结构问题的研究，提出"层子模型"的思想，受到国际物理学界的重视，并得到这一领域工作者的普遍承认。每当我们总结"任务带学科"的经验时，三强同志总是补充提出："学科也可带任务"，两方面都提到才较全面。他的意见是对的，我们都是赞成的。三强同志当时参与国家最重大的原子弹研制任务，亲自组织有关单位的专家攻克一个个技术难关，而他能在这时，具有远见，作出必要的理论研究安排，这是很难得的。

二是，他不仅是一位著名的科学家，同时又是一位社会活动家、政治家，是一位具备又红又专的领导干部。他在清华大学读书时，即具有强烈的爱国思想，与进步同学于光远等是好友，靠拢中共地下党组织。到法国留学后，他的导师约里奥－居里夫妇，是进步学者，又受到熏陶。他自己又主动和法国中共地下党接近，因此，他的政治倾向，日益靠近中国共产党。在1948年全国解放前夕，主动放弃在国外的优越工作条件、生活条件，回到国内，并拒绝国民党要他去南京的要挟，坚持到北平清华大学任教，不久即迎来了北平和平解放。当1949年中国科学院建立后，他即到科学院工作。于1954年入党，担任科学院的学术秘书长。在当时，像他这样著名的科学家成为共产党员是不多的，是很难得的。说明他的革命思想日益有所提高，政治上不断在进步，成为新中国建国初期一名杰出的红色科学家。随着新中国革命与建设事业的日益发展，他肩负的担子日益加重，他总是能做到以其所长，贡献于国家。需要他做什么，他就做什么，表现了一位革命知识分子热爱祖国、热爱人民、热爱社会主义的奉献精神。尤其值得一提的，他在培养年青一代成为又红又专的人才方面，做了杰出的工作。如对年青科技人员，他常以自己的亲身体会，用数学模式，讲红与专的关系，这就是他的著名的"红专矢量论"，对青年人的启发帮助很大。比之我们这些不懂科学只讲政治概念的人，更具有说服力，更受青年人欢迎。

在我和三强同志多年接触中，还感到他具有独特的个性：心热口直，刚正不阿。对人满腔热情，又具有爽朗的性格。因此，他和人谈话，在会议上发表意见，非常直率，内心有什么就说什么。他遇事独立思考，不赶表面潮流，坚持实事求是的科学态度，兢兢业业地工作。他的这些优点，充分反映他的品德是高尚的。他始终保持正直学者的本色，是一位学者型的领导干部。有时可能有点书生气，但较之官僚气要好得多，这是使我从内心油然产生一种感情，觉得他既可亲又可敬。

三强同志对我国的科学事业，尤其是对原子能事业，做出过多方面的贡献。是一位难得的又红又专的科学家，我们的革命、建设事业，是多么需要这样的科学家呀。在得知他逝世的噩耗后，我很悲痛。他一生所奉献于祖国、人民的业绩是永在的，他的高尚品德，是永远值得我们学习的。我和他的许多战友、朋友一样，永远在怀念他。

彭桓武改《送别钱三强》诗稿致葛能全

（1993年2月28日）

小葛：你好！

  前定稿"送别钱三强"四首诗中，第四首第二句"核能助世界和平"中第三字"助"，经友人（于敏）指点，拟用"促"更为有力，更符合钱公主动积极风格。兹特函知，如有可能，送排前或校对中，请酌情更改"助"为"促"为感！

  顺候
春日安好愉快！

彭桓武
1993.2.28

附：

送别钱三强
彭桓武

（一）

八宝灵堂送别哀，徐行无语思低徊，
人民站起新时代，科学还需指点才。

（二）

遍国贤才不断求，知人善任预为谋。

顺从需要多方面，组织科研一统筹。

（三）
各路英雄同会战，八方协作善为媒，
喜传捷报春雷响，请进花厅酒一杯。

（四）
科学为人民幸福，核能促世界和平，
忠心遵照党领导，服务竭诚终此生。

萨本豪忆述钱三强致葛能全

（2003年9月11日　忆述我国氢弹预研历史）

葛先生：你好！

　　按照张纪夫先生的嘱咐，将此稿径直寄给你，请查收，若能拨空给一电话回复，更是感激不已。电话（略）。顺祝
健康

本豪
2003.9.11

附：

卓越的科技组织领导人
——忆钱三强先生组织领导我国氢弹理论预研两三事

中国原子能科学研究院研究员　萨本豪

中国科学院高能物理研究所副研究员　刘宪辉

　　2002年3月的一天，在中国科学院高能物理研究所出席德国阿·费斯勒教授的学术报告会，遇见88岁高龄的何泽慧先生，数句寒暄，勾起了我们对钱三强先生的深深的思念。

　　钱三强先生不仅是举世闻名的核物理学家，还是我国科技战线久负盛名的组织领导人。他离开我们虽然十年有余了，但他在创建中国原子能事业中的辉煌业绩和爱国奉献、锐意开拓、真诚耿直的精神和品格，永远激励着我们，祖国不会忘记，人民不会忘记，历史不会忘记。这里，仅以我

们亲身经历回忆钱先生组织领导我国氢弹理论预研的两三事著此短文，表达我们对先生的崇敬心情。

一、预为谋，探索氢弹的物理规律

研制氢弹是研制和发展核武器的必然。其研制进度的快慢与领导者对任务的选择关系极大，中国和外国研制核武器的历史均证明了这一点。

中国关于研制氢弹开始时有关任务选择的决策情况是这样的：1960年秋，二机部党组决定，鉴于九所忙于原子弹的技术攻关，由原子能所组织力量在氢弹理论研究方面先行一步。这是我们43年前就知道的情况。现在知道得更具体了：这个决定，是二机部部长刘杰同二机部副部长兼原子能研究所所长钱三强先生研究共同做出的。他们一致认为，氢弹和原子弹原理和结构上有很大差异，研制氢弹必须首先从理论上弄清楚氢弹的物理定律。从事理论探讨，决非短期能够奏效，更不能在原子弹研制成功以后进行，要及早部署。刘杰是二机部部长、部党组书记，钱先生是副部长、部党组成员，把他们研究做出的决定说成是二机部党组的决定是当然可以的，而且当时钱先生向下传达时也这么讲。现在既然知道了决策的经过情况，还是还历史的本来面目为好。

这一决策，是极具远见卓识的。从钱先生来说，体现了他一贯的组织领导科研工作的两个特点：预为谋，即事先的计划与准备；重视理论研究，即探索事物的原理与规律。

决定做出后，钱先生便立即在原子能所四室（今十一室）组建了氢弹理论预研组，由黄祖洽先生任组长，有成员：蔡少辉、萨本豪、刘宪辉，共4人。我们俩当时是初出茅庐的大学生，党支部书记吕文义同志召集我们宣布此事时，我们激动得热泪盈眶，暗下决心：艰苦奋斗，刻苦钻研，绝不辜负党的信任。

俗话说没有不透风的墙。假如说原子弹研制因有多年历史，信息多少有点披露，那么氢弹研制当时尚是绝对的保密，起家全要靠自己。根据钱先生的要求，理论预研组最初的方针是：一方面加紧氢弹有关基本物理的学习和探讨，另一方面开展广泛调研，收集、整理和分析有关资料，特别是有关轻核反应截面数据等。黄祖洽先生亲自和蔡少辉同志一直研究氢弹有关的中子输运问题。萨本豪和刘宪辉同志则开展了历时半年多的氢弹有关物理特别是6Li、7Li、9Be等核反应截面数据的收集和整理。我们跑遍了当时北京大小图书馆，科学院情报所甚至军事科学院，查遍了馆存英、法、俄和德文的有关缩微卡片。那时的科技信息事业很落后，带保密性质的资料都以内部报告形式，譬如编号LA1548、ORNL1868等等，刻在约1/4A4纸大小的卡片上。读者需在特别的放大器下阅读，眼睛极易疲劳。那时我们是廿来岁的小伙子，热情极高，在放大机下一坐就是整整一天，真是不辞辛劳。黄祖洽先生则及时召集我们返所汇报。大家一块讨论和分析收集到的资料，去糟粕存精华，去伪存真，努力从字里行间寻找氢弹设计原理的启迪。他还督促我们将有用资料及时整理归类和绘成图表以提供使用。

钱先生组织领导氢弹理论预研工作另一个重要特点是实行理论研究与实验研究相结合。两个预研组成立之后数月，钱先生又在原子能所二室和七室（今十三室和十二室）调集一批精兵强将，组建了轻核反应实验组。这个组的任务：在调研国际文献的同时，对轻核反应数据特别是国际文献公布的很不一致但又很重要的数据进行实验测量，为氢弹理论研究工作提供比较可靠的数据基础。先是蔡敦九同志任组长。丁大钊同志从当时莫斯科联合核子所一回来就被钱先生看上，立即调入该组，增强了力量。不久丁大钊同志接任组长。萨本豪和刘宪辉同志所收集的轻核反应截面数据和公式以及绘制的图表等都移交丁大钊同志。在此基础上经丁大钊、周德麟、蔡敦九等同志的进一步调研和分析，在何泽慧先生的关心和帮助下出版了《轻核反应调研总结》一书。此书后来成为该组作轻核反应关键性和补充性实验测量的一个重要参考资料。此后，根据钱先生的要求，这个组在实验技术方面做了大量的工作，对中子与锂-6作用的氚截面等数据，有的进行了测量，有的进行了尝试性测量，有的选择了技术路线，加工了一些设备的部件，做了许多测量的准备工作。这些，很好地配合了轻核理论组的工作，并为原子能所1965年春夏完成九院氢弹研制急需的轻核反应截面数据任务打下了一定的技术基础。

钱先生身兼数职，既是二机部副部长，又是科学院副秘书长等，社会工作又多，极为忙碌。可是他对这两组工作抓得非常紧，经常要黄祖洽先生、于敏先生以及何祚麻先生汇报工作。钱先生平常日程紧，往往趁他们家都在城里的方便（于先生家在401），利用星期天在钱先生家里汇报。我们有幸也参加过一次，那时我们刚参加调研不久，对轻核反应和氢弹原理还不甚了解，思想又不解放，没敢插嘴。可是参加汇报本身，特别是钱先生嘱咐我们好好跟黄先生和于先生学习，鼓励我们努力工作多作贡献，这对我们是莫大的鞭策。

在钱先生的直接领导下，轻核理论组全组40来名科研人员用4年左右时间对氢弹的各种物理过程、作用原理和可能结构进行了探索和研究，认识了许多基本现象和规律，为突破氢弹技术奠定了一些必不可少的基础。正因为如此，我国氢弹研制才在两年又八个月时间内实现了从原子弹到氢弹的历史跨越，其发展速度之快，超过了美国、苏联、英国和法国。

上世纪60年代初期是我国经济困难时期，原子能所在房山坨里，属北京郊区，粮食、副食品供应标准比城区居民差一等，生活很困难。我们有的同志都浮肿了。但是，大家怀着对祖国的责任感，忍饥挨饿，科研激情不减。当时的工作条件也差，因为只有一台每秒1万次的104电子管电子计算机，主要机时要保证九所原子弹研制的需要，分给轻核理论研究的每周只有十几个机时。这么小的机器，这么少的机时，研究热核反应的理论问题，其困难可想而知。但是，在钱先生的直接领导下，黄祖洽、于敏率领我们四十来名科研人员团结协作，艰苦奋斗，在4年左右时间里，对氢弹的各种物理过程、作用原理和可能结构进行了探索和研究，认识了许多基本现象和规律，为突破氢弹技术奠定了一些必不可少的基础。

1965年初，黄祖洽先生、于敏先生等31位科研人员调到九院理论部，理论部主任邓稼先，黄、于均任理论部副主任。我们和另十来位科研人员，留在原子能所继续从事基础理论方面的研究工作。

在经过机构调整和力量重新整合后，氢弹研制工作进展非常快：1965年11月于敏先生等百来名科研人员在上海华东计算所经过100天的奋战，突破了氢弹原理，拿出了一个从原理到材料结构基本完整的方案；1966年12月28日，即我国第一颗原子弹爆炸试验后的两年零两个月，我国氢弹原理爆炸试验成功；1967年6月17日，即我国第一颗原子弹爆炸试验后两年零八个月，我国第一颗氢弹空爆试验成功。我国是继美、苏、英之后第四个研制成氢弹的国家，而且是世界上从原子弹到氢弹发展最快的国家。之所以能有如此高速的进展，氢弹理论预研是其重要原因之一。

二、广纳人才，任人唯贤

钱先生卓越的组织才能还表现在他能及时地把关键人物安排到关键岗位。随着理论预研组工作的开展，迫切需要充实资深的粒子物理和核物理理论专家。钱先生先是把从莫斯科联合核子所回来不久在轻核反应组工作了一段时间的何祚庥先生调入理论预研组。何先生学识渊博，思想活跃，他的加入无疑是为该组打了一剂至关重要的"强心针"。时过不久，钱先生又安排于敏先生担任该组副组长。

在对知识分子极左路线盛行的时候，钱先生起用了于敏先生，真有点"顶风而上"。于敏先生那时刚被批判不久，什么"粉红色的于敏道路"呀，什么"红烧中段"呀，等等帽子还扣在头上。同时钱先生自己也还蒙有所谓"金字塔，淘汰论""皮包公司"等责难。可是钱先生为了党的氢弹事业，断然起用于敏先生。事实雄辩地证明：钱先生是对的，于敏先生的加入是理论预研组胜利完成任务的一个重要关键。

又过些时，四室原子核理论和核反应堆理论组的卓益忠、王德焴、叶宣化、任庚未、韩文述和李泽清等同志也调入理论预研组，又一次充实和加强了这支队伍。

钱先生心里怀的其实不仅有原子能所二部的人才，还有一部的人才，全北京的人才，甚至全中国的人才。原子能所一部的朱洪元先生、汪容先生是和吴济民同志，北京大学的胡济民先生等也先后应钱先生之邀来理论预研组兼职。于是这个组成了一支结构合理、布局得体、力量极强的队伍。叶宣化、任庚未和李泽清同志主要在黄祖洽先生指导下研究中子核参数以及与氢弹有关中子等输运问题。萨本豪、刘宪辉和王德熵同志则在于敏和何祚麻先生指导下从事高温高密重物质中伽马射线和带电粒子物理研究和有关参数计算。韩文述和吴济民同志与汪容和朱洪元先生一道研究高温高密重物质中粒子谱反常及其对轻核反应截面的影响等。黄祖洽先生、于敏先生、何祚麻先生和朱洪元先生还经常聚在一块，设想各种可能的氢弹原理和设计方案，并亲自或与手下年轻同志一块作运动学、动力学或状态议程的计算。

黄祖洽先生兼职于九院九所，每周只一半时间在原子能所，而朱洪元先生则只周五来二部；平日更多是于敏先生坐镇。于敏先生和何祚麻先生他们俩办公桌相对，而萨本豪有幸与他们同在215办公室，于何两先生天天一块讨论工作，有时争得面红耳赤，有时两人哈哈大笑。何先生对于先生的聪明才智、敏捷思维和扎实功底极为推崇，于先生对何先生的思想活跃和主意繁多赞不绝口。他们在学术上亲密无间，互相切磋，彼此尊重的精神，我们看在眼里学在心中，并为他们而深深祝福。他们以及与黄祖洽先生和朱洪元先生间的这种学术上融洽无间的关系，是氢弹预研组成功的一个保证。

钱先生还时常邀请华罗庚先生来所指导工作。后来为了理论预研组总体设计方案计算的需要又亲自出面从上海邀请知名的微分几何和数理方程专家谷超豪先生来所指导工作。钱先生这种虚怀若谷、广纳人才、勇担风险、任人唯贤的高尚品德，令人敬佩。

三、及时总结，不断创新

氢弹理论预研不是基础科学而是应用科学研究，在当时是国家任务。做任务的往往习惯于一个任务完成，接着赶下一个任务，缺乏从科学技术角度进行总结，特别是写成科学技术论文的习惯。这当然与那时的学术空气和政治空气有关，写科技论文那时是要被嗤为个人主义和名利思想的。

钱先生高瞻远瞩，要求我们：每一段工作结束后要写出总结，每一研究课题完成后要写出科技论文。他还催得非常紧，甚至亲自督促及时送去国家科委，作为《原子能科学技术文献》印刷出版。那时批判"白专道路"方兴未艾，钱先生又在"逆向而行"。钱先生是极聪明的人，他哪会不知深浅；可他从国家两弹事业和科学技术发展的根本利益出发，无所畏惧。

据不完全统计，理论预研组成果以这种形式出版者就达肆拾余篇，其中有黄祖洽先生的《关于起反应的粒子混合系统的运动论》和《关于高温高压热核反应系统中的中子输运方程》等六七篇，有于敏先生的《处于辐射平衡的高温等离子体的动力学》和《高温等离子体中能量传递过程》等六七篇，有何祚麻先生、萨本豪和王德熠同志的《高温重元素物质内辐射输运问题》《高温状态的重元素中电子轨道能量及跃迁几率》和《高温等离子状态的重物质中辐射的罗塞兰德平均自由程的线效应》等七八篇。还有金星南先生等有关输运方程和流体力学议程数值解的若干篇。

这些论文的出版，不仅在当时起了很好的学术交流和互相学习、互相促进的作用，也不仅是作者个人、国家任务和科学技术发展的历史记载，而且在我国两弹发展的历程中都发挥着科技参考的作用。特别是黄祖洽先生和于敏先生的上述四篇论文以及何祚麻先生的论文等，实际上为我国氢弹的研制提供了一定的理论基础。王德熠和萨本豪同志的论文《高温等离子状态的重物质中辐射的罗塞兰德平均自由程的线效应》，相当长时期内都是九院九所有关研究的一篇参考文献。1996年郑绍唐和孙永盛教授的研究生袁建奎同学的论文中引到该文，2002年张本爱和孙永盛教授的研究生孟续军同学的报告中也提到了该文。

钱先生抓总结提倡写科学技术论文一举，对我们当时的年轻人，不仅是一种最好的培养，也是最大的鼓励与鞭策。萨本豪同志在于敏和何祚麻先生指导下完成并写出《高温等离子状态的重物质中辐射的罗塞兰德平均自由程》，两位先生称赞论文写得好，体现有提出问题、分析问题和解决问题的分明层次和科学精神。这对当时不到30岁第一次写科学论文的他是多么大的鼓励呵。两位先生总结的"提出问题、分析问题、解决问题"十二个字，至今仍然是他写科学论文的座右铭。

以上回忆的是四十多年前的事情了，其中具体的时间和数字等个别细节，可能会有些许出入，不过，钱三强先生在原子能所组织领导氢弹理论预先研究中展示的卓越的组织领导才能，我们记忆犹新，钦佩非常，他领导氢弹理论预研工作的思想原则，至今仍闪耀着真理的光芒，启迪着后人。

初稿于2002年秋末
修改于2003年盛夏

（本文曾在修改后，以《预则为谋理论先行》为标题发表于2013年12期的《物理》杂志）

丁大钊等忆述钱三强致葛能全

按：2003年10月钱三强90诞辰前夕，张纪夫电话告葛能全，丁大钊等几位当事人写了一篇回忆钱三强指导轻核反应研究的文章，里面很多别人不知道的情况，很有历史价值。我请他们把稿子寄给你，对你会有用。

附：

钱三强先生指导我们进行轻核反应研究
——献给钱三强先生诞辰九十周年
丁大钊 周德邻 蔡敦九 谢滋[*]

敬爱的钱三强先生离开我们12年了，但他的音容笑貌，仍历历在目。多年来，他作为老一代科学家敏锐的洞察力，渊博的学识，勇攀高峰的气魄，无私地献身于祖国科学和国防尖端事业的爱国主义精神，高度的责任感、使命感，都深深地教育着我们，并将永远激励、鼓舞、指引我们以及更年轻的同志们去尽心尽责地做好党和人民交给的工作。

我们感受最深的也最具体的，是在钱先生直接领导和指导下开展轻核反应实验研究的那段时光。记得1960年秋，钱所长分别叫我们到他办公室，对我们说，找你们来是让你们转向一项艰巨而光荣的事业——参加氢弹预研的有关工作。部党组决定组建轻核反应筹备组，放在原子能所，我和李毅同志（党委书记兼副所长）直接抓。大家知道，根据国防需要，原

---

[*]丁大钊，中国科学院院士。周德邻、蔡敦九、谢滋，中国原子能科学研究院研究员。

钱三强往来书信集注　495

子弹研制正在积极进行，氢弹必须抓紧预研、探索发展路子。你们要尽快了结手头工作，投入新的战斗任务，展开轻核反应调研和筹建实验测量等工作。你们来自几个研究室，主要是搞实验的，包括核物理微观实验和大块物质的宏观实验，人员涉及反应堆物理、核物理，还有电子学、探测器等。同时，原子能所还成立了由黄祖洽等人组成的轻核理论组，对氢弹理论进行预先研究。你们要加强与理论组的讨论，得到他们的指导。

一听说参加氢弹预研的轻核反应实验研究工作，我们就很兴奋、激动，心就被这项新的任务吸引住了。但是，那时我们都很年轻，丁大钊26岁，全组十几个人大都比他小，个别比他大的也超不过30岁。我们科研经验缺乏，而工作难度大，任务复杂艰巨，都感到有些犯难。钱先生还把轻核实验组的领导人（组长、副组长）的担子交给我们，心里更是忐忑不安。

钱先生看出了我们心里的秘密，一再鼓励我们：人家能搞出来，我们也一定能搞出来，相信大家团结协作，实验与理论结合，会取得较快较好进展的。在钱先生的鼓励和精心指导下，轻核实验组的工作一步步开展起来并取得了良好的进展，我们的犯难情绪消溶了，信心增强了。

钱先生是二机部主管科研工作的副部长兼原子能所所长，他在原子弹研制和核工业建设中承担的任务十分繁重。但他在百忙中经常挤出时间参加我们的课题研究讨论，提出他的构想，引导大家深入研究。例如，他说：可以设想氢弹装置是一个裂变燃料和轻核材料的组合体，在裂变和聚变过程中产生大量的中子、γ射线并释放大量的能量。据说，美国第一个氢弹实际上只能说是一个氚装置，而由苏联氢弹爆炸中测出了^{6}Li。到底起主要作用的反应机制如何？用到哪些材料和如何组合最佳？要认真研究，搞清反应机理、材料组分和关键数据。

当工作初步开展，他及时指示：这一段你们开展工作的思路对头。苏联《原子能杂志》出版的《轻核反应》专集，你们翻译出来了，这是启蒙学习，快送出版社出版；要系统调研轻核反应国际进展，弄清轻核反应数据现状，尽快拿出总结报告，我安排出版；要理出关键课题，例如n，P，d，t……轰击H至Be的靶核，产生中子和氚等的重要反应道；抓紧建立实验室，配套仪器设备，开展重点课题的测量研究。

钱先生的多次谈话，为轻核反应实验组指明了研究方向、目标任务、重要课题、工作步骤和方法。按照他的要求，我们小组第一步翻译了反映苏联20世纪50年代轻核反应实验工作的文集，两个月内即把定稿送《原子能译丛》发表。第二步，我们组在轻核理论组于敏、萨本豪等的配合下，进行轻核反应调研，用不到一年的时间，完成了《轻核反应调研报告》。接着，我们组又经过三年的努力，研制和建立了必要的实验设备、方法和技术；开展了d+Li、n+Li各反应道数据的实验测量，取得了初步结果，有的数据被轻核理论组和核武器研究所选录参考。不过，轻核实验组工作的成果进一步显示其对氢弹研制的推动作用还在1965年6月。

1965年2月，核武器研究院在氢弹理论设计中受到国外公布的轻核反应数据的困扰，急需一批可靠的轻核反应实测数据。这项工作，在一般情况下要两三年才能完成。但原子能所三十来名科研人员在何泽慧先生率领下鏖战4个月，于1965年6月便提交了第一套最急需的可靠的轻核反应实测数据。核武器研究院理论部对此十分满意，认为这"为研究选择氢弹装置的技术路线提供了重要数据，起到了探路定向的作用"。

为什么这项工作做得这么快，这么好，一个很重要的原因就是轻核反应实验组前几年的工作为之做好了一定的物理准备和技术储备。轻核反应实验组人员在完成紧急测量任务过程中都是技术骨干；他们研制和建立的试验设备、方法和技术，以及初步测得的一些轻核反应数据，无疑都派上了用场。这再次验证了这条真理：凡事预则立，不预则废。

我国继1964年10月16日第一颗原子弹爆炸试验成功后，1966年12月28日氢弹原理爆炸试验成功，1967年6月17日氢弹空爆试验成功，其间相距只有两年零两个月和两年零八个月，速度之快，超过美、苏、英、法，为世界之最。这里面包含了钱先生直接领导的和指导的轻核反应组的一份贡献。同时也证明了钱先生的科学构想和科学组织领导工作是及时的、正确的和卓有成效的。

上世纪60年代前期，由于参加轻核反应实验研究工作，我们有幸有较多的机会受教于钱先生，使我们深切的感受到他是一位有远大眼光的大科学家；是一位全局在胸、运筹帷幄的帅才。

他那渊博的科学知识和远见卓识，使他善于从全局和长远考虑问题，把握学科研究领域的方向，抓住问题的本质，迅速剖析出问题的主要方面、技术关键、解决方法和要领，恰当地调兵遣将，组织攻关。尤其是敢于让年轻人挑重担，放手锻炼培养，严格要求，寄予厚望，使他们能够迅速、扎实地成长。

他有丰富的科研领导经验，知人善任，长者风范，广揽人才，善于发挥相关学科的力量，调动我国核科学领域各方面的人才完成攻关任务，这都显示出他作为科学研究组织家的卓越才能。

他提倡科学为社会主义建设服务，并身体力行，艰苦创业，使我们的核科学研究从无到有，从基础到应用，迅速地发展壮大。作为创始人，以及多年的直接领导者，他在使我们原子能研究所（现为中国原子能研究院）成为中国原子能事业的老母鸡的过程中起到了关键的作用。为开创、扩展中国核科学和核事业做出了重要贡献。在核科学领域，他坚持"任务带学科""学科促任务"；他重视理论联系实际，强调实验促进理论，理论又反过来指导实验研究。

钱老在发展我国的核科学和核工业事业中做出了卓越贡献，建立了不朽功勋，他的名字和业绩将永远载入我国核科学和核工业发展的光辉史册。

钱三强生平大事年表

1913年

△10月16日出生于绍兴，取名秉穹，祖籍吴兴（今湖州市）。

1914年

△夏，随母迁居北平。

1919—1924年

△先后就读于北平高等师范附属小学和孔德学校。

1926年

△"秉穹"改名"三强"。

1928年

△冬参加北平全市中学乒乓球比赛，获男子单打第四名。

1929年

△读孙中山《建国方略》，产生"工业救国"思想。
△考入北京大学理科预科，拟提高英文再考上海交通大学，当工程师。

1931年

△升入北京大学物理系本科。

1932年

∆ 放弃北大三年学历，考入清华大学物理系。

1933年

∆ 父亲钱玄同勉励向牛顿和爱因斯坦学习，书赠"从牛到爱"。

1934年

∆ 参加清华合唱团和拔河队。

1935年

∆ 选修"实验技术"训练课，学会了吹玻璃做实验设备。
∆ 入选清华乒乓球校队，为五大学团体冠军主力。
∆ 参加"12·16"游行，反对当局出卖华北。

1936年

∆ 清华毕业，入北平研究院物理所任研究助理员。

1937年

∆ 年初，发表第一篇论文《铷分子离解的带状光谱和能量》（美国《物理评论》）。
∆ 考取公费留法名额，入巴黎大学居里实验室读镭学研究生。
∆ 10月，开始由导师伊莱娜·居里和弗莱德里克·约里奥指导博士论文。

1938年

∆ 听伊莱娜报告接近发现核裂变的实验，后由哈恩得出正确结论。
∆ 在东方饭店庆祝"台儿庄大捷"，结识中共旅法支部孟雨。
∆ 与伊莱娜合作发表《铀和钍产生稀土放射性同位素的比较》。
∆ 协助约里奥改建成"可变压力云室"，并用它首先拍到核裂变径迹照片。

1939年

△父亲钱玄同于1月17日在北平逝世，终年52岁。

△在法兰西学院见证约里奥"链式反应"的实验。

△在巴黎接待王大珩、彭桓武等清华校友。

1940年

△以《含氢物质在PO-α粒子轰击下所产生的质子群》获法国理学博士学位。

△巴黎沦陷，随难民逃难。

△重回法兰西学院，获"居里–卡内基研究讲学金"。

△发表《射钍的γ射线》等研究报告。

1941年

△回国途中因日美太平洋战事爆发，滞留里昂。

△在里昂大学临时受邀指导两名学生做毕业论文实验。

1942年

△在里昂物理学会报告α粒子对照相乳胶底版的影响作用。

△去往法国和瑞士边界疗养院，看望在此疗养院治病的伊莱娜·居里。

△得到约里奥代为办理的证明文件，重返占领区巴黎，继续科学研究。

1943年

△通过国际红十字会，接到何泽慧寄自德国的25个单词短信。

△任法国国家科研中心副研究员，代约里奥指导研究生。

△发表研究论文和报告共5篇。

1944年

△在实验室储物柜内，无意中发现约里奥秘密加入法共的材料，予以暗中保护。

△4月，给在瑞士旅游的何泽慧寄信，托转告国内家人，在巴黎平安。

△发表研究论文4篇。

△升任法国国家科研中心研究员，自带研究生。

1945年

△被派往英国布列斯托尔大学鲍威尔研究室，学习新发明的核乳胶技术，并成为法国应用该技术的开创者。

△往伦敦帝国学院拜访汤姆逊教授。

△在英法宇宙线会议上做报告，并投影何泽慧寄来的正负电子弹性碰撞照片，被《自然》称之为"一项科学珍闻"。

△在伦敦会见了中共人士邓发和陈家康，获《论联合政府》剪报。

△应胡适和赵元任约见，胡、赵诚邀钱回国到北大执教和做研究。

1946年

△在伦敦出席世界科学工作者协会，当选为个人理事。

△与何泽慧在东方饭店举行婚宴，约里奥-居里夫妇亲临祝贺。

△搅散特务机构企图操纵的"和平促进会"，被华文报纸戏称为"李逵式的人物"。

△带领研究小组研究三分裂现象，并发表《俘获中子引起的铀的三分裂》等文章。其间，何泽慧发现首例四分裂。

△接待竺可桢、赵元任、李书华参观在法兰西学院的实验室。

△获法国科学院亨利·德帕维尔物理学奖金。

1947年

△ 接受清华大学邀聘，致信梅贻琦成立原子物理研究中心。梅允拨5万美金启动。

△ 升任法国国家科研中心研究导师，指导三名研究生。

△ 发表个人署名文章《论铀三分裂的机制》。

△ 胡适致信国防部长和参谋总长，提出研究原子物理"关系国家大计"，钱被列为"第一流物理学者"之首。

1948年

△ 回国前夕获约里奥-居里夫妇共同签署的评议书，称其十年期间所指导的学者中"钱最为优秀"。

△ 偕何泽慧回国抵上海，全部行李被海关无端扣两月余。

△ 美国驻中国大使馆查询钱在北平主办原子物理中心事，并责成有关机构督促停办。

△ 拒绝登机"南往"，坚留北平迎接解放。

1949年

△ 提出带外汇托约里奥购科学仪器，获尚在西柏坡的周恩来批准。

△ 随郭沫若团长在布拉格出席世界和平大会，其间获解放南京消息，相拥喜泣，彻夜难眠。

△ 致信在美国的葛庭燧和《留美学生通讯》编者，动员中国学者回国服务。

△ 陪同郭沫若访问苏联科学院，听取瓦维洛夫院长介绍情况。

△ 缺席当选全国青年联合会副主席之一（主席廖承志）。

△ 为毛泽东、周恩来接待意大利《团结报》记者担任翻译。

△ 起草《建立人民科学院草案》，获得批准。

△ 被任命为中国科学院计划局副局长，参与筹建科学院，"实为科学院最初组织时之灵魂"。

钱三强往来书信集注　503

1950—1951年

△ 近代物理所成立，任副所长，1951年起任所长。

△ 请来彭桓武成立理论组，并亲自选调黄祖洽、邓稼先、于敏等一批骨干。

△ 被选为中国物理学会副理事长（1983年起任理事长）。

△ 选址中关村建起第一栋科研楼——原子能楼。

1952年

△ 陪同郭沫若出席奥斯陆世界和平理事会执行局会议。

△ 受郭沫若和世界和平理事会委托，在布拉格邀组国际委员调查美国在朝鲜和中国施放细菌武器事。调查团由来自英、法、意、苏、瑞典、巴西的七名独立科学家组成。

△ 受邀为唯一联络员，陪同国际调查团赴朝鲜和中国东北实地调查取证。

△ 出席国际调查报告书签署发布仪式，证明美国进行了细菌战。

△ 为毛泽东、周恩来和郭沫若会见国际调查团做现场翻译。

△ 陪同宋庆龄、郭沫若出席维也纳第三次世界和平大会，其间由巴西生物学家代表调查团宣读调查结论。

1953—1954年

△ 率中国科学院代表团（26位各学科著名科学家）访问苏联二月余，参访98个研究机构、11所大学等多处。

△ 向苏联科学界做《中国近代科学概况》报告。

△ 先后在科学院院务会议和政务院会议上报告访苏工作，决定采纳建立学部委员制度等建议。

△ 任中国科学院学术秘书处秘书长，后改任科学院副秘书长。

△ 被批准加入中国共产党，介绍人为张稼夫、于光远。郭沫若书赠马克思语录祝贺。

Δ应邀向彭德怀等介绍原子弹技术，建议要建反应堆和回旋加速器。

1955年

Δ应约同李四光向周恩来讲解原子能发展和铀矿资源情况。

Δ向毛泽东主持的中央书记处扩大会议讲解原子弹、氢弹原理。中央作出决策中国启动发展原子能应用。

Δ被推选为中国科学院首批学部委员。

Δ赴苏签订合作协议，苏援建重水反应堆和回旋加速器。

Δ被任命为建筑技术局副局长，负责"一堆一器"的建设。

Δ率热工实习团（共40余人）赴苏对口全面学习，要求"弄懂会做"，时间半年到一年。

1956年

Δ赴苏谈判参加杜布纳联合核子研究所，培养中国急需人才。

Δ选为党代表出席党的"八大"，做个人发言，并为毛泽东会见各国与会代表团团长担任法语翻译。

Δ成立主管原子能应用的三机部（后改二机部），被任命为副部长之一，部长为宋任穷。

1957—1958年

Δ制订和平利用原子能发展规划，纳入国家12年长远规划。

Δ为接收苏联提供原子弹教学模型，推荐邓稼先到核武器所工作。

Δ接连在二机部党组会上受到批判。

Δ重水反应堆和回旋加速器建成，研究所实行二机部和科学院双重领导，改名原子能研究所，仍任所长。

1959—1961年

Δ出席杜布纳联合核子研究所政府代表会议。

Δ苏联专家撤走后，先后推荐朱光亚、程开甲、郭永怀、王淦昌、彭桓武、周光召等到核武器研究所顶替苏联专家。

△布置王承书等为铀浓缩厂启动攻克理论难关，使铀浓缩厂顺利投产。

△布置王方定等研制点火中子源，并合成新化合物于1964年成功应用。

△组织攻关协调组联合攻关，在上海冶金所研制成扩散分离膜，并达到量产，解决了铀分离厂急需。

△选调黄祖洽、于敏、何祚庥等成立轻核理论组，指导对氢弹开展预研，共计写出69篇研究报告，探讨并解决许多关键问题。

△选调丁大钊、蔡敦九等成立轻核反应实验组，指导配合理论探索。两组工作成果在我国氢弹快速研制成功中起了重要作用。

1962—1965年

△出席聂荣臻主持的广州科技会议，听了周恩来和陈毅对我国知识分子队伍的评价，觉得迎来科学春天，心情愉快。

△推荐程开甲和吕敏、陆祖荫等组建核试验技术研究所，并审定该所提出的试验方案，上报获准。

△核试验前几小时得到刘杰告知消息，充满信心说"一定会响的"。

△原子弹爆炸后第三天，被派往河南信阳农村"四清"，过阶级感情关一年。

△受张劲夫委托，组织理论物理学家开展基本粒子结构研讨，提出物质结构的"层子模型"。

1966—1972年

△被作为"靶子"抛出来，并发动群众批判。

△被隔离审查和监督劳动两年余。

△在陕西郃阳"五七干校"劳动近三年。

△1971年7月恢复组织生活，每月交党费100元。

△1972夏因病回到北京。

1973—1976年

△偶尔经批准接待外宾，先后接待过A.玻尔、吴健雄和袁家骝等。

△1975年8月起，胡耀邦整顿科学院期间，受委托组织并主持系列"百家争鸣"座谈会9次。

△与何泽慧共同撰写《原子能发现史话》。

1977年

△主持高能加速器方案论证会。

△率科学代表团出访澳大利亚。

△在黄山主持基本粒子和天体物理会议，邀请杨振宁到会做学术报告。

△陪同邓小平先后会见邀请来华的西欧、联邦德国、美国高能加速器专家。

△率科学代表团出访罗马尼亚和南斯拉夫。

1978年

△出席全国科学大会，聆听邓小平论述"科学技术是生产力"和"知识分子是工人阶级一部分"，感触尤深。

△任中国科学院副院长、党组成员。

△率科学代表团出访法国和比利时。其间，前往巴黎梭镇坟地祭奠两位导师约里奥–居里夫妇。

△在庐山主持基本粒子会议。

△在桂林主持微观物理思想史讨论会。

△主持推荐人工合成胰岛素申请诺贝尔奖工作。

1979年

△国务院任命兼任浙江大学校长（至1983年）。

△主持起草关于增选学部委员的报告和实施办法。

△出席全国第一次科学学讨论会，发表讲演。

Δ在青岛主持"生物学未来"会议。

1980年

Δ在从化主持广州（国际）粒子物理理论研讨会，杨振宁和李政道受邀同时与会。会后陪同邓小平在人民大会堂会见并宴请海外华裔学者。

Δ出席中国核学会成立大会，任名誉理事长，作《温故而知新》演讲。

Δ在中南海为中央书记处首讲《科学技术发展简况》。

Δ主持学部委员增补工作结束。

Δ率中国科学院代表团访美，与美国科学基金会和史密森博物研究院签订合作协议。

Δ由诺贝尔奖得主西博格陪同参访劳伦斯实验室，并获其回赠的《论铀三分裂的机制》等三篇英文稿件。

1981—1984年

Δ患急性心肌梗塞住院救治。

Δ在第四次学部委员大会上仍被推为副院长兼数理学部主任。

Δ任国家学位委员会副主任，学位制自此设立。

Δ任国家奖励委员会副主任，恢复中断20余年的科学奖励制度。

Δ免去科学院副院长，改任特邀顾问。

Δ出版《科坛漫话》。

1985—1989年

Δ任自然科学名词审定委员会主任。

Δ接受法国总统签署的"法兰西荣誉军团军官勋章"。

Δ与朱洪元合写《新中国原子核科学技术发展简史（1950—1985）》。

Δ出席核裂变发现50周年纪念会，做《我对五十年前发现核裂变的一些回忆》演讲。

△ 主持"科学与文化论坛"系列讨论会5次。

△ 出版《重原子核三分裂与四分裂的发现》科普著作。

△ 应邀向清华大学全校学生干部发表关于知识分子应如何成长的演讲。

1990—1992年

△ 参加全国政协知识分子政策研讨组，为改善科技人员工作条件和待遇向中央提出报告。

△ 以个人名义致信国务院总理，促使又中断了10年的学部委员增选实现制度化、规范化，为实行院士制度创造了条件。

△ 为香港《紫荆》创刊撰文《中国原子核科学发展的片段回忆》，《人民日报》海外版全文转载。

△ 应中央文献研究室约稿，撰写回忆毛泽东的文章。

△ 1992年5月29日，出席缅怀聂荣臻座谈会，做《科技工作者的知心领导人》回顾发言，几度哽咽。座谈会当晚心脏病严重复发。

△ 1992年6月28日在北京医院逝世，终年79岁。

1999年

△ 党中央、国务院、中央军委追授"两弹一星功勋奖章"。

索引

A

Adler, S. L. 226
Anfinsen 244
Anfinsen, C. B. 244
Arima 241
艾大惠 5
艾维超 4, 5
安德琳（Andrean Andreen） 99
安子介 263
奥基亚勒 82
奥莱森（Poul Olesen） 194
奥恰里尼（Ochialini） 45, 68

B

Berman 129, 130
Brown 131, 176
Byeis, N. 211
巴杭德, P.（P. Parandce） 133
白崇禧 ii, 31, 32
白伟民 342
贝时璋 41, 157, 257, 449
贝索亚（Samuel Pessoa） 99
波特（Bothe） 26

玻恩（Max Born） 82
玻尔（N. Bohr，尼尔斯·玻尔） 129, 185, 347, 348, 353, 393
玻尔, A.（A. Bohr，阿格·玻尔） 129, 131, 185, 186, 193, 194, 226, 347, 393
玻尔, H.（Hano Bohr） 131
勃林格, 卡尔·H.（Carl H. Boshringer） 62
布尔加宁 435
布莱克特（Lord Patrick M. S. Blackett） 82
布朗利, A.（Allan Bromley） 192, 205

C

Coolide 327
Croucher 264
蔡敦九 489, 495
蔡驹 363, 364
蔡少辉 488, 489
蔡元培 i, 1, 398, 399
蔡钊珍 429
曹昇尘 195
曹宏生 201

曹魁尘　196
曹述敬　380
曹天钦　256, 262—267
曹维霁　195
曹维霖　195
曹维霈　196
曹维霆　195
曹维霄　196
曹维震　196
曹禺　428
曾淑媛　401
曾昭抡　407
陈诚　ii, 31, 32
陈独秀　104
陈芳允　85
陈庚　435
陈翰笙　110, 112
陈泓　431, 434
陈荒煤　214
陈家康　104
陈景润　292
陈君哲　373
陈康白　108
陈匡武　201, 204
陈芒　277
陈难先　403
陈聘之　373
陈琪　125
陈省身　189, 468
陈虒　277
陈寅恪　451
陈云　248, 443
陈泽　108

陈子榕　470

D

Dorothy Hodgkin　244
Durant Ⅲ, Friderich　463
戴传曾　95, 432
戴维森, C. J.　22
戴文赛　155—159
戴元本　324
戴远东　188
邓发　104
邓稼先　85, 118, 386, 387, 491
邓小平　178, 344, 369, 376, 443
邓晓明　432
邓裕民　299
丁大钊　324, 432, 489, 495, 496
丁石孙　214, 403
丁瓒　369—371, 449, 450, 468
丁肇中　293—295
董大酉　275
董德, 狄（T. E. de Donder）　170
董光璧　414—416
董无极　337
都学山　424, 425
杜石然　349, 350
杜雨苍　244
杜致礼　211, 241
段一士　188

E

厄利孔　82

F

Fessler　241

樊洪业　449

方纪生　349

方守贤　324

方毅　176, 178, 219, 221, 223—225, 227, 231, 238, 243, 248, 256, 262, 265, 284, 296, 299, 348

费斌军　363

费孝通　473

费彝民　263

冯·卡门，T.（Theodore von Kármán）　82

冯秉芬　263

冯德培　449

冯锡璋　130

冯至　214

弗洛里奇博士（Dr. Frolich）　36

福勒（Fowler）　34

傅承义　160

傅润克　372, 457, 458

G

甘柏　248, 249

高沂　299

高占祥　214

高镇宁　434

葛拉求西　99

葛能全　41, 190, 219, 254, 313, 320, 321, 324, 326, 331, 335, 338, 342, 344, 347, 351, 355—357, 360—363, 374—376, 388, 394, 418, 422, 426—428, 431, 434, 437—439, 447, 452, 455, 462, 467, 471, 475, 481, 485, 487, 495

葛庭燧　28, 56, 57, 76, 77, 108, 270, 425

葛运培　424, 425

龚育之　157, 214

谷超豪　188, 490

谷羽　296, 311, 312, 366, 428, 468

顾迈南　326

顾毓琇　480

关肇直　163, 164

管惟炎　310, 318

郭梅尼　397

郭沫若　76, 79, 88, 92, 96, 98, 99, 105, 108, 221, 369, 442, 468

H

Hamilton　324

Henri de Parville　49

海特勒（Walter Heinrich Heitler）　82

韩素音　263

韩文述　491, 492

郝柏林　170

何炳郁　263

何澄　28

何怡贞　20, 21, 26—28, 56, 425

何应钦　125

何泽慧　ii, 20, 21, 25, 26—28, 30, 31—33, 40, 41, 48, 49, 54, 56, 57, 62, 73, 84, 85, 89, 119, 135, 137, 139, 142—144, 147—151, 190, 191, 250, 252, 253, 290, 310, 328, 330, 352, 396, 397, 401, 406, 418, 438, 467, 479—481, 487—489, 497

何祚庥　117, 197, 199, 229, 324, 342,

403, 448, 490—493
赫鲁晓夫　445, 446
侯伯羽　188
侯祥麟　41
胡定一　165
胡济民　490
胡克实　255, 256
胡宁　32, 269, 270, 324
胡丕显　432, 433
胡启恒　337
胡乔木　152, 219, 221, 222, 224, 353, 366, 440, 445, 451, 468
胡适　31—33, 63, 104, 108, 110, 111
胡文瑞　161
胡耀邦　154, 216, 299
胡永畅　285, 299
华罗庚　298, 459, 460, 492
黄秉维　407
黄静仪　136, 145, 146, 148—151, 154, 250, 328, 330, 398
黄玛莉　263, 264
黄胜年　427, 428, 431, 432, 434, 438, 447, 455, 470
黄书麟　254
黄文宗　263
黄永涛　357
黄宗甄　419, 449
黄祖洽　342, 448, 488—493, 496
霍安祥　325
霍秉权　40
霍英东　263, 264
霍震霆　263

J

Jacob　129
加香　82
简焯坡　88, 419
江泽涵　176, 177
姜伯驹　176
姜圣阶　428
蒋建农　429
蒋南翔　171
蒋心雄　448, 471
金国光　372, 457
金琼英　457
金尧如　263
金耀基　2
居里, 皮埃尔　306—308
居里夫人（玛丽·居里）　16, 306—309, 452

K

卡尔涅伊罗　110, 111
康明　403
克拉皮夫（Клопов）　107
克里比埃, 丹尼尔（Daniel Cribier）　402
奎尔（Cuer）　34

L

Langenberg, D. N.　236
Leprince-Ringuet　363
莱特（Latter）　34
郎之万, 保罗（Paul Langevin）　82, 87, 308
黎锦熙　14, 447

黎景宋　263
李宝恒　403
李昌　152, 171, 175, 214, 224, 229, 248,
　　254, 255, 257, 258, 261, 269, 284, 294,
　　298, 299, 403
李德伦　214
李德平　432, 455
李弗西（Livercy）　36, 44
李富春　369, 377, 435, 443
李华钟　188, 197, 199
李明德　227
李佩珊　270
李启斌　161
李荣镜　158
李石曾　1, 71
李寿楠　102
李书华（润章）　39, 54, 71, 72
李四光　376, 377, 418, 443, 444, 481
李维汉　369
李侠文　263
李薰　124
李一氓　98
李怡严　198, 203
李毅　113, 432
李约瑟（Joseph Needham）　82, 97, 99,
　　132, 165, 256, 262—271, 316, 317, 321,
　　349, 442, 463, 464
李泽清　489, 490
李政道　172, 185, 187, 197, 199, 200,
　　202, 204, 212, 231, 234, 237, 238, 274,
　　279, 280, 284—286, 296, 301, 303,
　　304, 311, 318, 460, 467, 472
李祝霞　188

李宗基　263
李宗瀛　263
力一　113, 133
利荣康　263, 264
利荣森　263
栗培良　473, 474
梁超　113
廖承志　256, 440, 442
林炳良　263, 264
林伯遵　75
林家翘　161, 162, 166, 167, 257, 269,
　　270, 465
林文澄　342
林自新　452
刘道玉　214
刘杰　108, 117, 377, 443, 488
刘静宜　336
刘梦梅　457, 458
刘宁一　100, 104, 370
刘少奇　441, 443
刘盛纲　404, 405
刘恕　407
刘宪辉　487—494
刘心武　214
刘忠一　437
龙期威　126
卢嘉锡　284, 285, 337
鲁桂珍　165, 263, 265
鲁子贤　244
陆璀　104
陆定一　98, 450, 451, 468
栾中新　342
罗孚　263

罗启林 113

罗森布鲁姆（Rosenblum） 34

罗森菲尔德 82

罗兹，弗兰克（Frand H. T. Rhodes） 227，228

吕敏 117，455，506

M

Marshak 237

Moore, Stanford 180

马宾 465

马大猷 320，455

马戴尔（Jean Malterre） 99

马临 263，276

马仕骏 32

毛文奇 263，264

毛泽东 140，157，261，269，271，289，376，377，429，439—446，481

茅以升 417，423

茅于美 417，423

茅于燕 417，423

茅玉麟 417，423

梅贻琦 2，39，40，43，49，50，53—55，58—61，63，64，73—75

蒙民伟 263

孟雨（孟稜崖） 86，87，101，104，

孟治 54，59

莫拉塞 110

莫朗，M.（M. Morand） 18，19

莫勒 82

莫尼克·柏德烈 402

莫特（Mott） 36

莫伟 236

N

倪平 378

聂华桐 188

聂荣臻 120—128，152，369，446

纽经义 178，179

O

欧利佛（Oliviero Olivo） 99

P

Pal, Yash 129，130

Panofsky 237

潘国驹 318

潘吉星 463，464

潘克奎 355

裴丽生 120—128，447

佩韩 308

彭德怀 376，377，435，443

彭桓武 81，83—85，89，113，129，269，270，324，326，479，481，483，484

彭真 376，377，443

普列高津（I. Prigogine） 169，170

普斯多瓦罗夫（Пустовапов） 107

Q

启功 473

钱保功 125

钱秉雄 7，12—15，145，148—152，154，250，275，329，330，357—359，373，380，398

钱德充 ii，6，7，12，15，136，140，145，146，148—152，154，250，328—330，398，399

钱皋韵　426, 471
钱临照　269—271
钱民协　ii, 149, 150, 151
钱思进　ii, 136, 137, 142, 143, 145, 147, 148, 235, 237, 302, 332, 337, 352
钱伟长　214, 248, 255, 371
钱玄同　i, 1, 2, 6—14, 20, 289, 330, 331, 338, 349, 357—359, 362, 378, 379, 398, 399, 444, 447
钱学森　41, 119, 163, 164, 214, 299, 355, 381, 403, 405, 426, 455, 461
钱恂　15, 275, 358
钱振常　i, 338
钱正英　420—422, 437, 448, 456
钱祖蕙　140, 141
钱祖同　140, 141, 144
钱祖玄　ii, 135, 136, 141, 145, 462, 477
乔玲丽（王乔玲丽）　238, 311, 312
秦惠箬　202, 204, 212, 238, 274, 279
秦力生　108
屈智潜　396

R

Ralph Simmons　195
Rotta　291
任辨琴　326
任庚未　489, 490
任继愈　214, 398, 399, 400, 412
任欣发　374, 375, 386
茹科夫·维勒斯尼科夫（Zhukov-Verezhnikov）　99

S

Saillant, M.　82
Salfelai　211
Samios, N.　311
Šip　129
萨本栋　ii, 40, 55, 59, 62—64, 345, 468
萨本豪　487—494
萨维奇, P.（P. Savitch）　168
沙普利　82
沙士戴勒（R. Chastel）　29, 30, 41, 44
单不庵　357, 358
单士厘　15, 338, 356, 359
沈兼士　13
沈君山　198, 203, 210
沈克锜　179, 180, 181
沈令扬　6, 12
沈庆垓　223, 225
沈同　157, 223
师昌绪　425
石根华　176
司翁可夫（Звонков）　107
斯巴诺（Velio Spano）　440
宋健　381, 426, 465, 466
宋庆龄　99, 428
宋任穷　113
宋守信　477
宋振能　418, 419, 449, 450
苏步青　257
苏民生　373
孙本旺　459, 460
孙汉城　396
孙鸿烈　426
孙瑞璜　75

钱三强往来书信集注　517

孙涛　139
孙祖训　470, 471

T
Tillrnan Durdin　251
汤姆孙, G. P.（(G. P. Thomson）
　　22—25
汤佩松　257
汤寿根　431, 434, 439, 447, 452
唐敖庆　459, 460
唐达成　214
唐孝威　294, 295
陶凯孙　457
陶孟和　451
陶翔　431, 434
陶虞孙　373
童大林　214, 403
童第周　171, 449
图尔纳　111
涂长望　98, 99
托布捷夫　107, 108, 110

W
Wilson　237
Wuhman　129
万德里耶斯（Vandryes）　334, 335
万里　256, 298
汪德熙　27
汪德昭　27, 87
汪敏熙　254
汪容　490
王大珩　89—91, 270, 413
王德焴　491—493

王佛松　456
王淦昌　84, 85, 113, 116, 223, 225, 292, 324, 426, 449, 473
王国荣　156
王浩　174, 179—182, 243—245
王匡　263
王樵裕　313, 384, 388, 389, 391
王任重　456
王瑞骙　459, 460
王守竞　326, 327
王绥琯　214
王惟本　311
王亚志　435
王耀东　373
王应睐　171, 172, 174, 243—245
王玉春　272
王豫生　396, 397
王允智　401
王洲　430
王竹溪　257, 269, 270, 418
王祝翔　324
王梓坤　214, 403
微聂隆, L.（Léopold Vigneron）　41, 44
魏建功　13
魏荣爵　195
吴大猷　32, 33, 200, 204, 279, 280, 284—286, 301, 318, 460, 467, 468, 469
吴济民　492
吴家玮　232, 233, 251
吴健雄　32, 33, 473, 474
吴丽芸　475
吴汝康　157
吴惕生　406

吴文俊　189
吴学周　451
吴泳时　188, 226
吴有训（吴正之）　49, 55, 92, 345, 366, 406, 418, 451
吴玉章　82
吴征镒　449
吴仲华　298
吴祖强　214
伍步方　231
伍经元　231
伍献文　257, 451
武衡　108, 219, 221, 222, 224, 272, 273, 316

X

西妮思，马卢西亚　153
夏小雨　213
夏衍　214
冼鼎昌　129—131, 194, 197, 199, 226, 347, 462
冼星海　462
谢家麟　274, 296, 297
谢毓章　310
谢滋　495—498
忻元龙　188
徐飞　410, 411, 453, 454
徐婳贞　15, 289
徐世燕　289, 290
徐微鸿　198, 203
徐文镐　470
徐贤修　459, 460
徐宗士　363, 364

许根俊　244
许嘉璐　214, 403
许寿裳　14
薛定谔　83
薛攀皋　468, 469
薛士莹　318

Y

严东生　293—295, 297, 313
严济慈　229, 256—258, 270, 285, 298, 337, 348, 363, 364, 381, 419, 447, 451, 452, 455, 474, 479
严希纯　95
阎爱德　198, 203
杨承宗　270, 363, 364
杨澄中　205
杨福家　393
杨克贤　432
杨立铭　277, 278
杨奇　263
杨石先　257
杨威生　188
杨振宁　161, 172—175, 178, 183—184, 187, 188, 197, 199, 201, 203, 211, 238, 240—242, 257, 277, 278, 287, 288, 311, 386, 387, 459
杨振玉　188
姚蜀平　242
叶企孙　39, 40, 43, 50, 54, 73, 75, 132, 345, 428, 451
叶宣化　491, 492
尹达　106
于光远　3, 157, 214, 219, 221, 222, 224,

229, 299, 403, 483
于敏　85, 131, 342, 448, 455, 485, 490—497
余理华　188
郁维民　372
郁文　108, 333
袁葆华　101
袁翰青　365, 371
袁家骝　32, 473
约里奥, 安娜　315
约里奥, 皮埃尔　315
约里奥-居里夫妇　16, 22, 24, 41, 49, 62, 65—67, 81—83, 93, 94, 308, 375, 396, 402, 452, 483
约里奥-居里, 弗莱德里克　16, 22—24, 29, 64, 65, 82, 93, 98, 313, 314, 369, 370, 375, 442, 452
约里奥-居里, 伊莱娜（伊莱娜·居里）　16, 17, 19, 22, 24, 25, 65, 93, 308, 314, 375, 452
恽子强　449, 450, 468

Z

张德禄　408, 409
张定钊　457
张含英　350
张厚英　296, 297
张焕乔　455
张纪夫　435, 436, 487, 495
张嘉湖　408
张嘉兴　408
张稼夫　106, 171, 229
张劲夫　107, 108, 110—114, 152, 481—484
张麟玉　334, 335, 363, 364
张明远　108
张培华　481
张庆林　108
张绍进　195, 196
张维　214, 403
张文佑　157
张文裕　32, 194, 235, 274
张笑洋　192, 205
张燮林　372
张星　180
张兴根　227
张友尚　244
张友萱　299
张玉台　437, 456, 471
张云岗　342
张肇西　226
张宗健　396
张宗燧　32, 418, 451
章太炎　1, 14, 359, 444
章义朋　318
赵春生　368
赵九章　468
赵文利　335
赵忠尧　40, 49, 55, 59, 92, 113, 114, 324, 366, 418, 474
甄纳（M. Zener）　57
郑必坚　214
郑大培　188
郑德坤　263
郑林　113
郑淑芸　368

钟盛标　270
周德邻　493—496
周恩来　172, 173, 368—371, 376, 377,
　　441—443
周丰一　372, 373, 457
周光召　117, 118, 234—237, 318—320,
　　324, 328, 337, 347, 348, 367, 381, 422,
　　437, 455, 456, 469, 471
周培源　39, 49, 54, 58, 240, 241, 248,
　　249, 257, 258, 269, 270, 284, 285, 291,
　　292, 318, 348, 418, 428, 451, 474
周作人　330, 372
朱传榘　465
朱德　441, 443
朱光亚　85, 284, 426, 455, 459, 460,
　　472, 473, 506
朱洪元　197—199, 203, 226, 274, 277,
　　324, 455, 483, 492
朱厚泽　214, 403
朱家骅　73, 468
朱开轩　456
朱镕基　123
朱永行　256, 262
竺可桢　84, 85, 89, 132, 266, 450
竺玄　232, 251—253
庄长恭　451
卓益忠　489
兹伏磊金　108, 110—112
邹承鲁　244
邹祖德　188